同济大学本科教材出版基金资助

交通数据采集与分析

暨育雄　沈　煜　编著

同济大学出版社
TONGJI UNIVERSITY PRESS
·上海·

内 容 简 介

作者综合了国内外的研究和实践并结合自己在相关领域的研究成果及教学经验编写完成本书。本书主要包括交通数据采集技术基本原理、数据概括统计及可视化、交通数据处理、交通数据质量评价及预处理、交通数据分析等内容,并介绍了交通数据在道路交通拥堵识别和公交运行状态评价等方面的应用。

本书可作为高等学校交通工程类专业的本科教材,或者交通信息工程及控制学科研究生的教学参考书,也可作为智能交通相关行业的工程技术人员的参考书。

图书在版编目(CIP)数据

交通数据采集与分析 / 暨育雄,沈煜编著. --上海:同济大学出版社,2022.3(2025.1 重印)

ISBN 978-7-5765-0101-8

Ⅰ.①交… Ⅱ.①暨… ②沈… Ⅲ.①交通信息系统—数据采集 ②交通信息系统—数据处理 Ⅳ.①U495

中国版本图书馆 CIP 数据核字(2021)第 277112 号

交通数据采集与分析

暨育雄 沈 煜 编著

责任编辑 陆克丽霞 **责任校对** 徐春莲 **封面设计** 陈益平

出版发行 同济大学出版社 www.tongjipress.com.cn

(地址:上海市四平路 1239 号 邮编:200092 电话:021-65985622)

经　销 全国各地新华书店、建筑书店、网络书店

排　版 南京月叶图文制作有限公司

印　刷 苏州市古得堡数码印刷有限公司

开　本 787mm×1092mm 1/16

印　张 12

字　数 300 000

版　次 2022 年 3 月第 1 版

印　次 2025 年 1 月第 3 次印刷

书　号 ISBN 978-7-5765-0101-8

定　价 58.00 元

前　　言

交通运输作为城市经济发展的基础，是居民生活与出行的必要支撑。工业化与信息化技术的发展虽然推动了全球城市化发展的进程，但是也增加了城市交通环境的复杂度，交通拥堵问题日益凸显。在此背景下，建设智能交通系统以缓解交通拥堵，从而让出行更加便捷，已成为交通领域的一个重要发展方向。

从20世纪60年代提出至今，智能交通系统不断发展，以适应交通系统的变化。智能交通系统将先进的信息技术、通信技术、传感技术、控制技术和计算机技术有效集成并运用于整个交通运输管理体系，以实现对交通运输实时、准确、高效的管理，从而提高交通运输效率，减少事故、能耗和污染。

交通数据是智能交通系统高效运行的重要基础。本书重点关注智能交通系统中交通数据采集与分析的技术和方法，为对智能交通领域感兴趣的读者提供一定的参考。全书共分为12章，内容涉及交通数据认识、采集、处理和分析四个方面。首先，介绍了认识数据的基本工具和交通流基本分析方法；其次，介绍了车流和客流数据采集技术的基本原理和数据特征；再次，介绍了交通数据处理、交通数据质量评价及预处理、交通数据相关性分析及分类与聚类等方法；最后，介绍了道路交通状态描述及拥堵识别、公交运行状态评价分析等交通数据的应用。

交通数据经历了从数据匮乏到海量数据的变化过程，在如今的大数据时代，我们如何从丰富的数据中提取有效信息是智能交通系统发展过程中始终关注的重要问题。交通数据采集与分析的方法及技术的发展提升了智能交通系统对于交通运行环境的感知和理解能力，拓展了智能交通系统空间维度的范围和时间维度的预测水平，同时也增强了智能交通系统的可靠性和精准性，从而使智能交通系统能发挥出更大的社会价值。

本书由暨育雄、沈煜共同撰写。曹朋亮等10余位研究生参与了本书的资料收集和文字整理工作，其中杨颖、褚天舒负责第2章，曹朋亮负责第3章，刘冰、倪澜涛负责第4章、吉毓晗、陶莎负责第5章，杨颖、刘冰负责第6章，吉毓晗、陈丹璐负责第7章，刘冰、许书红负责

第 8 章，翟志康负责第 9、10 章，郑玉靖负责第 11、12 章。全书由暨育雄、沈煜共同统稿，由曹朋亮、刘冰校稿。

鉴于作者水平有限，书中难免有疏漏和不足之处，敬请广大读者批评指正。

暨育雄

2022 年 3 月

目　　录

第1章
绪　论

智能交通系统(Intelligent Transportation System，ITS)通过将先进的信息技术、通信技术、传感技术、控制技术和计算机技术有效集成并运用于整个交通运输管理体系，从而实现对交通运输实时、准确、高效、全方位的监控管理。实践表明，智能交通系统可有效提高交通运输效率，缓解交通阻塞，提高路网通行能力，减少交通事故，降低能源消耗以及减轻环境污染。自20世纪60年代工业化汽车得以普及，到如今多种交通模式协同运行，交通系统发生了翻天覆地的变化，智能交通系统也随之不断调整方向和策略，逐步由简单的信号控制系统演化为以智能驾驶、车联网为代表的新一代智能交通系统，如图1-1所示。

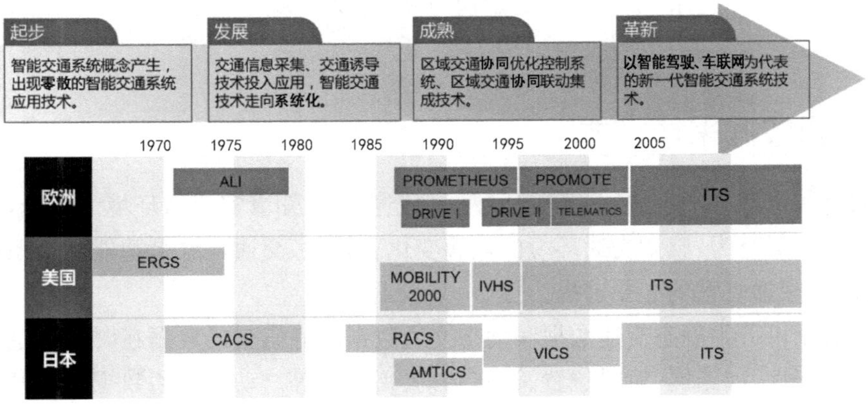

图1-1　智能交通系统发展历程

近年来，大数据与车联网技术成为国际交通系统发展的普遍共识。美国的《ITS行动计划2014—2018》《美国2045年交通发展趋势与政策选择》《ITS战略规划(2020—2025)》，以及东南欧洲国家《SEE-ITS计划》、欧洲《H2020地平线计划》等交通战略规划都将建设高效、安全、舒适、智能的交通服务体系作为主要发展目标，强调车联网、自动驾驶、大数据、人工智能等新兴技术在交通领域的深度应用。同样地，我国也在持续推进智能交通系统的转型升级。2014年，国家发改委、交通运输部等八部委印发的《关于促进智慧城市健康发展的指导意见》明确指出智慧城市的发展要推进新一代信息技术的创新应用。2019年，中共中央、国务院印发了《交通强国建设纲要》，明确提出要大力发展智慧交通，推动大数据、互联网、人工智能、区块链、超级计算等新技术与交通行业深度融合；推进数据资源赋能交通发展，加速交通基础设施网、运输服务网、能源网与信息网络融合发展；构建泛在先进的交通信息基础设施，构建综合交通大数据中心体系。2019年，中国工程院会同交通运输部开展“交通强国战略研究”，提出交通强国智能交通战略的主要建设目标是全面建成世界领先的智能交通系统，领跑世界智能交通的发展。

ITS 是新时代科技和社会发展以及信息革命推动下的产物，涉及交通工程学、智能控制科学、计算机科学、通信科学、车辆工程等众多学科，强调系统性、实时性、信息交互性和服务广泛性。为了推进 ITS 建设，一方面，要将已有的信息技术、通信技术、控制技术以及传感技术有效集成并应用在交通运输系统中，以获取海量交通数据，从而全方位感知城市交通动态；另一方面，要建立实时、准确、高效的一体化综合交通信息平台，实现跨类型、跨部门、跨行业、跨区域数据资源的有机整合以及智能分析决策，为破解城市交通难题、提升城市交通水平提供有效支撑。

我国各地正如火如荼地开展信息化建设，全天候不间断地获取海量交通数据。上海综合交通信息平台、滴滴交通大数据平台、阿里云 ET 城市大脑等各大平台均将数据采集、存储、处理、分析、智能决策功能集于一体形成了全生命周期管理应用，以满足交通管理、规划、运营、服务等业务需求，推动城市交通智慧化发展。

交通数据种类繁多且动态多变，而数据覆盖有限、数据价值挖掘不足等痛点和难点日益凸显。如何将信息感知、人工智能、大数据等技术有效地融合以采集和分析交通数据、提炼关键信息、满足应用需求、提供有效的解决方案，成为各城市交通系统升级创新的重大机遇与挑战。

1.1 交通数据采集技术

交通是一个复杂的系统，各类交通数据则充当着认知真实交通环境的媒介，通过它们可以捕捉各种交通行为，感知交通环境的点滴变化。因此，交通数据是智能交通系统的重要基础，也是高效交通管理的必要前提。

交通数据可分为静态交通数据和动态交通数据。静态交通数据在时间和空间范围内具有一定的稳定性，如路网、桥梁位置、设施结构、兴趣点等。动态交通数据在时间或空间上具有动态变化特征，如道路交通流、公共交通客流等。本书主要关注动态交通数据的采集、处理和分析。

早期，交通数据是通过人工方式进行采集的，如安排人员临时观测通过道路固定断面的车流量或公交车载客量等。而人工采集数据随意性较大，数据的准确性、实时性和连续性较差，并且采集成本也较高。随着技术的进步以及交通诱导和交通控制等应用需求的扩展，交通数据采集技术从固定式向移动式、从单一采集方式向多种方式集成的方向发展。

固定式交通数据采集设备安装在道路路段或交叉口处，可采集道路断面的交通参数，典型的固定式交通数据采集设备为环形线圈。美国从 20 世纪 60 年代开始普及应用环形线圈，最初以采集高速公路的交通流量为主，后来逐渐普及到城市道路和交叉口以采集车流量、速度、占有率等交通参数，并用于交通信号配时方案优化以及自适应交通信号控制。固定式交通数据采集技术还包括地磁、微波、视频等。与环形线圈采集到的交通数据相似，地磁检测也能获取车流量、速度、占有率等交通参数，还能检测车辆行驶方向、车长、车型等数据。雷达测速仪则属于微波检测器，可进行实时测速，用于超速执法。目前，视频检测应用十分广泛，它可提供丰富的车辆特征信息、交通流运行参数和事件信息。

移动式交通数据采集是通过安装在车辆上的特定设备来采集路段或路网的交通运行参数。典型的移动式交通数据采集技术为全球定位系统(Global Positioning System, GPS)。利用GPS定位卫星,可在全球范围内进行实时定位和导航,另外,在车辆上配置GPS接收装置后,便能以一定的频率记录车辆的三维位置坐标及时间,通过与地理信息系统(Geographic Information System, GIS)相结合,可计算出车辆通过特定路段的行程时间和行程车速等交通参数。移动式交通数据采集技术还包括RFID射频识别技术和手机信令技术等。RFID射频识别技术主要用于汽车电子标识等车辆管理系统以及ETC等自动收费系统,如装有RFID电子标签的车辆在经过读写设备时,即可完成对车辆身份的自动识别。手机信令数据则是利用基站定位服务来获取用户的运动轨迹信息,为城市交通调查和规划提供丰富的信息。

1.2 交通数据质量评价与预处理

交通数据是交通业务和应用的基础。数据质量评价体系主要用于判断数据的可靠性,它是数据管理的重要内容。交通数据采集到的原始交通数据或多或少存在不同程度的数据质量问题,须经过数据预处理流程来改善其质量,以提高数据的可用性,从而保障各类交通业务的正常开展。

1. 交通数据质量评价

数据质量评价体系主要评价数据的完整性、有效性、准确性和实时性等。其中,完整性是描述数据缺失的程度,检测是否存在记录缺失或字段缺失等情况;有效性是描述数据的合理性,即针对所检测的字段设定有效性规则,以判断是否满足既定语法、定义、取值范围等;准确性是描述观测值与真实值之间的接近程度;实时性是描述数据采集对分析决策的时间价值,以评估数据的延迟性。

2. 交通数据预处理

交通数据预处理主要包含两方面内容:一是从数据本身着手,识别故障数据并进行修复;二是通过平滑和滤波等数据处理手段来消除数据中的噪声,以便提取数据中蕴含的信息。

原始交通数据可能存在冗余、缺失、错误或不准确等多种质量问题,导致其难以正确反映交通运行状态。因此,我们需要结合具体应用进行故障识别,并结合数据特性进行修复,从而提高数据的可用性。对于错误和不准确数据,由于它们反映的是虚假交通情况,因此需要仔细甄别。对于缺失和异常数据,选择有效的修复方法能够提高数据的可用性,从而保证在数据分析过程中有足够的样本量。由于大多数的检测方式采样频率较高,而高频下的数据扰动现象会影响数据分析结果,利用数据平滑和滤波手段则能从一定程度上消除数据噪声,提升数据的稳定性,从而有助于后续的交通建模及分析。

1.3 交通数据处理方法

交通数据具有多源异构特性,故需要结合数据特征进行数据处理,将其转换为易于分析的格式及结构，提炼关键交通参数，为后续的交通数据应用奠定基础。

由环形线圈等固定式设备直接采集得到的交通流参数（包括流量、车速和占有率）可用于分析交通流的内在逻辑关系，同时，可采用数据聚合方法在更粗的时间粒度上对数据进行分析，以满足具体应用需求。

由浮动车、手机信令等移动式检测方式直接采集得到的是设备的轨迹数据，如何从轨迹数据中获取有用的交通信息成为该类数据处理的关键。首先，由于采集得到的原始数据存在噪声，因此，需要根据用户移动规律进行异常数据剔除。其次，基于数据的特点完成由定位信息到交通信息的转换。对于浮动车数据，往往采用地图匹配的方式，将数据点关联到邻近道路上，从而根据道路上的采样点来估计行程时间和行程车速等交通参数；对于手机信令数据，通过识别停留点来获取用户的单日出行链，并利用长期观测的数据来判别职住地，从而分析用户的出行特征。

自动乘客计数、自动售检票等检测方式能直接采集客流数据，对其做进一步处理可得到公交运营指标及客流 OD（Origin-Destination）分布。自动乘客计数技术可统计各站点的上、下车乘客数量，通过平衡处理修正检测误差，能获取载客量、乘客平均行驶距离等指标，再基于统计方法进行客流 OD 推算。自动售检票技术则包含了使用者信息，在完成乘客计数的同时，能够刻画出使用者的出行链，进行上、下车及换乘站点的一体化识别。

1.4 交通数据分析

交通数据分析是指基于有效的交通数据，针对特定的交通场景开展具体分析，以揭示城市交通运行规律，及时发现交通问题并针对性地提出交通管理措施，从而改进城市交通服务，缓解城市交通拥堵，保障城市交通安全、有序、畅通、高效运行。

1. 交通数据统计分析

对经过预处理的数据进行初步探索，了解数据的分布情况、变化趋势和相关性等，将统计量与统计图表相结合，全面了解数据特性，从而为后续的建模做准备。数据的分布情况指数据本身的数值分布，而交通数据同时还具备时间分布和空间分布特性。例如，交通流数据随时间出现高峰和低谷、商业区周边人流量更大等。数据的变化趋势指数据的稳定性和变异性，一方面，数据分布在时间上和空间上具有一般规律，呈现出相似性；另一方面，由于受到天气、事件等因素的影响，数据又会表现出一定的随机性。交通数据统计分析有助于把握数据全貌。

交通系统始终处于动态变化中，所获取的数据往往与时间和空间相关联，隐含着许多难以发现的模式，因此，需要借助数据挖掘技术来揭示数据中隐含的规律。数据挖掘是一门交叉学科，涉及机器学习、模式识别等技术。各种交通传感器的广泛应用带来了数据的爆炸式增长，这对于数据处理能力提出了较高的要求：时空数据不仅包含时间序列，还依赖于电子地图；异构的数据模式对数据处理方法和算法性能要求较高，需采用分布式等处理方式应对海量数据；时空数据中的时间和空间关系较为复杂，且隐含着可度量的和不可度量的关系，须结合时空推理来理解时空模式。

2. 交通流运行分析

从交通数据中可探索交通运行规律，并发现交通问题的成因，精准分析交通态势，及时预警交通事件。自动化和智能化的交通管理控制手段则可以让信息的价值最大化，从而有效解决交通问题，切实改善交通生态。

我们需要把握交通态势的长期运行规律，同时，基于实时交通信息，从事后研判逐渐转向主动预防。一方面，通过对前端采集的数据进行处理和分析，判别拥堵路段，获取拥堵长度信息，以实现对整个城市交通状况的实时监测；另一方面，积累有效的数据，借助数学模型和智能算法等手段，预测不同时段、不同区域的路况演变趋势，从而对可能的交通拥堵或事故进行预警，以保障交通安全畅通。

综合交通信息集成使得智能化交通管理与控制成为可能。一方面，多源信息为自动化管理控制手段提供输入，能够在不依赖于人工参与的情况下生成较优的方案，如根据实时交通状态自适应地调整交通配时，避免发生拥堵，提高通行效率；另一方面，多样化的交通信息有助于管理部门准确把握交通运行规律和特点，通过历史回放或者关联事件分析来确定交通事故成因，从而对重点区域加强管控措施。

1.5 本书的主要内容

本书共 12 章，内容框架如图 1-2 所示。

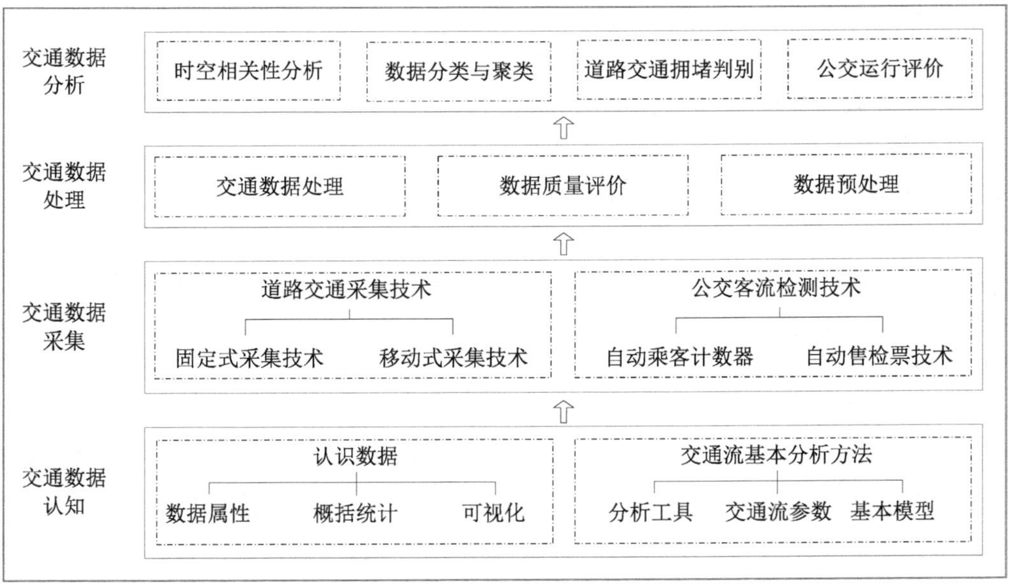

图 1-2 本书主要内容框架

第 1 章为绪论，简要介绍智能交通系统的发展情况、交通数据采集相关技术手段以及数据处理分析方法，对全书的主要内容进行概述。

第 2 章为认识数据，主要介绍数据对象与属性类型，以及交通领域常用的数据可视化方法，指导读者从汇总统计和相似性度量方法的角度初步认识数据。

第 3 章为交通流基本分析方法，主要介绍交通流的基本分析方法及其应用。基于累计曲线和时空轨迹图两种基本的交通流分析工具，引出交通流基本参数的定义及交通流宏观参数的普适化定义，并对交通流三参数(流量、流速和密度)之间的关系进行探讨。

第 4 章为固定式交通检测技术，主要介绍三种固定式交通检测技术：磁频车辆检测技术、波频车辆检测技术和视频车辆检测技术，并对三种检测技术的检测设备、检测原理、技术特点和主要应用进行讲解。

第 5 章为移动式交通检测技术，主要介绍利用载有特定设备的移动车辆采集交通数据的方法，对基于浮动车 GPS 数据的交通信息检测技术、基于 RFID 射频车辆的交通信息检测技术和基于手机信令的交通信息检测技术的检测原理、检测设备、技术特点及主要应用进行讲解。

第 6 章为客流检测技术，主要介绍公共交通中的自动乘客检测技术和自动售检票系统，并对其使用的技术、检测原理、数据获取等进行阐述。

第 7 章为交通数据处理方法，主要介绍了几种常见的交通数据(包括环形线圈数据、浮动车 GPS 数据、手机信令数据、公交自动乘客计数数据和公交自动售检票数据)的处理方法，从而获取各类交通参数，并利用这些交通参数挖掘更深层次的交通信息。

第 8 章为交通数据质量评价及预处理，主要介绍了交通数据质量评价方法和常见的交通数据预处理技术。首先，基于交通流数据内在的规律特性，结合工程应用的实际需求，确定交通数据质量评价指标，形成数据质量评价框架。其次，介绍有关数据问题及其成因的判别方法、数据修复方法及数据平滑滤波方法。

第 9 章为交通数据相关性分析，主要介绍交通数据的时间和空间特征及相关性分析方法。首先，介绍假设检验，即验证样本数据特征与总体是否一致；其次，从线性回归模型拓展到广义线性模型(GLM)；再次，考虑到数据的时空特征，引入时间序列方法与空间自回归方法；最后，为解析数据的内在规律，介绍了数据关联方法。

第 10 章为交通数据分类与聚类，主要介绍了有标签数据的分类方法和无标签数据的聚类方法。在数据分类方法中，重点介绍了决策树与神经网络方法以及其中的典型算法。在数据聚类方法中，重点介绍了 K-means 方法、Hierarchical Cluster 方法和 DBSCAN 方法的原理及实现流程。

第 11 章为道路交通状态描述及拥堵识别，主要介绍道路交通运行状态的描述方法，即描述某一时刻或时段内交通流在一定路网范围内的运行情况，对交通运行状态指标体系中拥堵的定义、分类和产生机理进行重点介绍，并简述了几种拥堵识别算法。

第 12 章为公交运行状态评价分析，详细介绍了多种公交线网性能指标、客流特征指标以及运营水平指标的定义及其分析方法。

第 2 章
认识数据

认识数据可为后续的数据处理与分析提供思路和方向。认识数据的第一步就是对数据有一个初步的了解，如数据的存储形式、数据的属性或字段、每个属性的数据类型等。这看起来很简单，却是一个不能忽略的重要步骤。

在对数据的直观表现有了初步认识以后，可对数据进行概括统计。现实世界中的数据一般具有噪声且数量较大，仅通过直接观察可能无法全面地理解数据特征，而借助基本的统计参数(如均值、中位数、方差等)则可更好地认识数据。在概括统计的基础上，可采用数据可视化工具，将数据转化为图的形式，辅助理解数据的特征与数据属性之间的关系。

在有些情况下，需要考察数据对象的相似性(或相异性)，如车辆路径的相似性。数据对象的相似性指标常用于离群点检测、数据聚类和分类等。相似性度量又称作邻近性度量，可看作对象之间距离的函数。当然，邻近性也可以基于概率而不是基于距离来计算。

2.1 数据对象与属性类型

数据集由数据对象组成，一个数据对象代表一个实体。例如，在浮动车数据库中，对象是车辆；在公交数据库中，对象可以是公交车或乘客。数据对象又称作样本、实例或数据点，用属性描述。

1. 属性类型

属性是一个数据字段，表示数据对象的一个特征。例如，描述车辆对象的属性可能包括车辆编号、车牌、车主、品牌等。用来描述某个给定对象的一组属性称作属性向量或特征向量。属性的类型由该属性可能具有的值的集合决定。

1) 标称属性

标称属性的值是一些符号或事物的名称。每个值代表某种类别、编码或状态。

例： bus_id(公交车辆编号)和 route_id(公交线路编号)是描述公交的属性。bus_id 的可能值为 001 号、002 号等。route_id 的值可以是 1 路、2 路等。bus_id 和route_id 都是标称属性。

标称属性的值也可以用数表示，但针对标称属性，数学运算没有意义。尽管一个标称属性可以取整数值，但是也不能把它视为数值属性。

2) 二元属性

二元属性只有两个类别或状态：0 或 1。二元属性又称布尔属性。

例： 倘若属性 FINT_CARRY_PASSENGER 用于描述浮动车的空车和载客情况，则 0 表示空车，1 表示载客。类似地，公交车的到站情况可以用二元属性 arrive_or_left 表示，其中 1 表示到站，0 表示离站。

3）序数属性

序数属性可能的值表示具有意义的序，但是相继值之间的差表示的意义未知。

例：假设属性 vehicle_size 对应于车辆的尺寸。这个标称属性具有 3 个可能的值：小、中和大。这些值存在有意义的先后次序，即对应于递增的车辆尺寸，但不能说“大”比“中”大多少。

序数属性常用于等级评定调查。例如，交通调查中乘客对于城市交通管理的满意程度进行评价，有如下序数类别：0—很不满意，1—不太满意，2—一般，3—满意，4—很满意。

4）数值属性

数值属性是可度量的，用整数或实数值表示。

（1）区间标度属性。

区间标度属性用相等的单位尺度度量，没有真正零值，可以计算差值，但不可以计算倍数、比率。除了值的秩评定，也允许比较和定量评估值之间的差。

例：浮动车数据中 FDT_TIME（采集时间）属性是区间标度的。假设有多条采集时间数据，其中每个时刻是一个对象。把这些值进行排序，可以得到这些对象关于时间的秩序。此外，还可以量化不同值之间的差。例如，同一天的 17:00 与 16:00 相差 1 h。

（2）比率标度属性。

比率标度属性的度量是比率的，且具有固有零点，可以用比率来描述两个值，即一个值是另一个值的倍数，也可以计算两个值之差。例如，不同于摄氏温度和华氏温度，开氏温度具有绝对零点。

例：浮动车数据中 FFL_SPEED（实时速度）属性具有零点，如 17:00 的实时速度是 50 km/h，16:00 的实时速度是 25 km/h，那么，可以说 17:00 的速度是 16:00 速度的 2 倍。

2. 离散属性与连续属性

如前所述，属性可以分为标称、二元、序数和数值类型，属性还可以分为离散的和连续的。离散属性具有有限个值或无限可数个值。如果属性不是离散的，则便是连续的。

2.2 数据概括统计

概括统计是指用单个数或数的小集合来表征更大数集的特征，它是最常见、最基本的统计形式。

1. 频率和众数

给定一个在 $\{v_1, \cdots, v_i, \cdots, v_k\}$ 上取值的标称属性 x 和 m 个对象，值 v_i 的频率定义为

$$frequency(v_i) = \frac{\text{具有属性值 } v_i \text{ 的对象数}}{m} \tag{2-1}$$

属性的众数（mode）为具有最高频率的值。

例：公交车具有一个标称属性线路，可以从集合{1 路，2 路，3 路，4 路}中取值，显示线路属性每个值的公交车数如表 2-1 所列。线路属性的众数是 1 路，其频率为 0.33，表示

因 1 路需求较多，故发车间隔较短，需要的车辆数较多。

表 2-1　　一个公交系统中各线路公交车数

线路	车辆数	频率
1 路	20	0.33
2 路	16	0.27
3 路	13	0.22
4 路	11	0.18

对于连续数据，因为单个值的出现可能不超过一次，所以，通常先定义区间，统计数据落入不同区间的频率，然后找出频率最高的区间。

2. 百分位数

给定一个有序或连续的属性 x 和 0 ～ 100 之间的一个数 p，第 p 个百分位数 x_p 是一个 x 值，使得 x 的 $p\%$ 的观测值小于 x_p。例如，第 50 个百分位数是值 $x_{50\%}$。

常用的百分位数有 $x_{2.5\%}$，$x_{5\%}$，$x_{25\%}$，$x_{50\%}$，$x_{75\%}$，$x_{95\%}$，$x_{97.5\%}$ 等。其中，$x_{25\%}$，$x_{50\%}$，$x_{75\%}$ 又称为四分位数，用 $Q1$，$Q2$（中位数）和 $Q3$ 表示。

3. 位置度量

对于连续数据，使用最广泛的概括统计是均值（mean）和中位数（median），它们是值集位置的度量。考虑 m 个对象的集合和属性 x，设 $\{x_1, \cdots, x_m\}$ 是这 m 个对象的 x 属性值，设 $\{x_{(1)}, \cdots, x_{(m)}\}$ 代表以递增顺序排序后的 x 值，如此，$x_{(1)} = \min(x)$，$x_{(m)} = \max(x)$。于是，均值和中位数定义如下：

$$mean(x) = \bar{x} = \frac{1}{m}\sum_{i=1}^{m} x_i \tag{2-2}$$

$$median(x) = \begin{cases} x_{(r+1)}, & \text{如果 } m \text{ 是奇数，即 } m = 2r+1 \\ \frac{1}{2}(x_{(r)} + x_{(r+1)}), & \text{如果 } m \text{ 是偶数，即 } m = 2r \end{cases} \tag{2-3}$$

仅当值以对称方式分布时，才可将均值解释为值集的中间。如果值的分布是倾斜的，则中位数是中间位置更好的指示符。此外，均值对于离群值较为敏感。对包含离群值的数据，中位数可更稳健地提供值集中间的估计。

为了克服均值对离群值敏感的问题，有时使用截断均值（trimmed mean）的概念。首先，指定 0～100 之间的百分位数 p，分别丢弃高端和低端 $(p/2)\%$ 的数据；然后，用常规方法计算均值，所得的结果即为截断均值。中位数是 $p = 100\%$ 时的截断均值，而标准均值是对应于 $p = 0$ 时的截断均值。

4. 散布度量

值集的散布度量表征属性值是否散布很宽，或者是否相对集中在单个点（如均值）附近。

最简单的散布度量是极差（range），给定属性 x，具有 m 个值 $\{x_1, \cdots, x_m\}$，x 的极差定义为

$$range(x) = \max(x) - \min(x) = x_{(m)} - x_{(1)} \tag{2-4}$$

如果大部分值都集中在一个较窄的范围内，并且极端值的个数相对较少，则极差的值可能会引起误解。

方差(variance)也是表征数据散布的一个常用度量。属性 x 观测值的方差记作s_x^2；标准差(standard deviation)是方差的平方根，记作 s_x，它与 x 具有相同的单位。

$$variance(x) = s_x^2 = \frac{1}{m-1}\sum_{i=1}^{m}(x_i - \bar{x})^2 \tag{2-5}$$

与均值类似，方差也对离群值较为敏感。数据散布度量还包括绝对平均偏差(Absolute Average Deviation，AAD)、中位数绝对偏差(Median Absolute Deviation，MAD)和四分位距(Inter-Quartile Range，IQR)：

$$AAD(x) = \frac{1}{m}\sum_{i=1}^{m}|x_i - \bar{x}| \tag{2-6}$$

$$MAD(x) = median(\{|x_i - \bar{x}|, \cdots, |x_m - \bar{x}|\}) \tag{2-7}$$

$$IQR(x) = x_{75\%} - x_{25\%} \tag{2-8}$$

5. 多元概括统计

多元数据是指包含多个属性的数据，其位置度量可以通过分别计算每个属性的均值或中位数得到。例如，给定一个数据集，数据对象的均值 $\bar{x}$ 由式(2-9)给出，其中，$\bar{x}_i$ 是第i个属性x_i 的均值：

$$\bar{x} = (\bar{x}_1, \cdots, \bar{x}_i, \cdots, \bar{x}_n) \tag{2-9}$$

对于多元数据，由于每个属性的散布可以独立于其他属性，因此能用上述介绍的散布度量方法计算。对于连续数据，数据的散布更多的是用协方差矩阵 **S**(covariance matrix) 表示，其中，**S** 的第i行和第j列的元素s_{ij} 是数据第i个和第j个属性的协方差，如x_i 和x_j 分别是数据的第 i 个和第 j 个属性，则

$$x_{ij} = covariance(x_i, x_j) \tag{2-10}$$

$$covariance(x_i, x_j) = \frac{1}{m-1}\sum_{k=1}^{m}(x_{ki} - \bar{x}_i)(x_{kj} - \bar{x}_j) \tag{2-11}$$

式中，x_{ki} 和x_{kj} 分别是第k个对象的第i个属性和第j个属性的值。注意，协方差矩阵的对角线上是属性的方差。

两个属性的协方差是两个属性一起变化并依赖于变量大小的度量。协方差的值接近 0 表明两个变量不具有(线性)关系，但是不能仅靠协方差的值来确定两个变量之间的关联程度。两个属性的相关性直接指出两个属性(线性)相关的程度，对于数据探索，相关性比协方差更可取。相关矩阵(correlation matrix) $\boldsymbol{R}$ 的第i行和第j列元素是数据的第i个和第j个属性之间的相关系数，如 x_i 和x_j 分别是第i个属性和第j个属性，则

$$r_{ij} = correlation(x_i, x_j) = \frac{covariance(x_i, x_j)}{s_i \times s_j} \tag{2-12}$$

式中，s_i 和 s_j 分别是 x_i 和 x_j 的方差。$\boldsymbol{R}$ 的对角线上的元素 $correlation(x_i, x_i)=1$，而其他元素在 -1 和 1 之间。

6. 概括数据的其他方法

当然，还有其他类型的概括统计指标。例如，值集的倾斜度(skewness)表示数据对称地分布在均值附近的程度。还有一些其他数据特征很难被定量度量。例如，值的分布是否是多模态的(multimodal)，即数据具有多个“肿块”，所谓“肿块”是指大部分值集中的区域。在许多情况下，理解属性值如何分布最有效的方法是通过直方图等方式观察。

2.3　数据可视化

数据可视化是指通过图形清晰有效地表达数据，可以利用可视化技术的优点，发现原始数据中不易观察到的数据特征。

1. 基本图

基本图包括散点图、折线图、条形图、饼图、直方图、箱形图等，下文将进行简要介绍。

1）散点图

散点图的 X 轴和 Y 轴分别表示同一数据对象的两个不同属性数值，如图 2-1 所示，考察坐标点的分布，判断两变量之间是否存在某种关联或总结坐标点的分布模式，直观展示二元(双变量)连续数据的全局分布特征，判断是否存在异常值。散点图常用于直观评估两个数值变量之间是否存在联系，同时，它也是分析模式和趋势的有效方法之一。

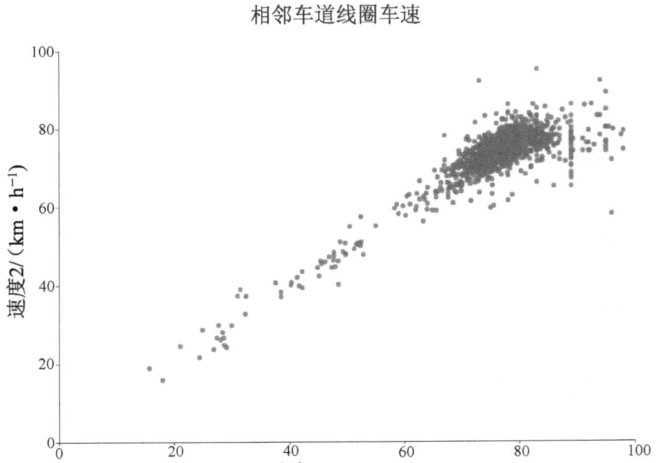

图 2-1　散点图示例

2）折线图

折线图可同时表达 1 个或多个连续型变量的数据随时间变化的趋势。此时，X 轴为时间，Y 轴为变量数值。折线图也可表达不同类别数据的变化趋势。此时，X 轴为类别，

Y 轴为变量数值。折线图是表达变量变化趋势(特别是时间序列趋势)的一种常用图形,常与条形图同时使用。

3) 条形图

条形图是通过垂直的或水平的条形来展示标称变量的分布(频数)。绘制条形图时,需要指定条形的高度(height),简单条形图的高度是向量,复杂的条形图也可以将高度设置为矩阵。

4) 饼图

饼图一般用于表述不同类别(离散数据)或区间(连续数据)数据系列的组成和比例,但只能表达数据的一元分布(一个属性的数据),如图 2-2 所示。

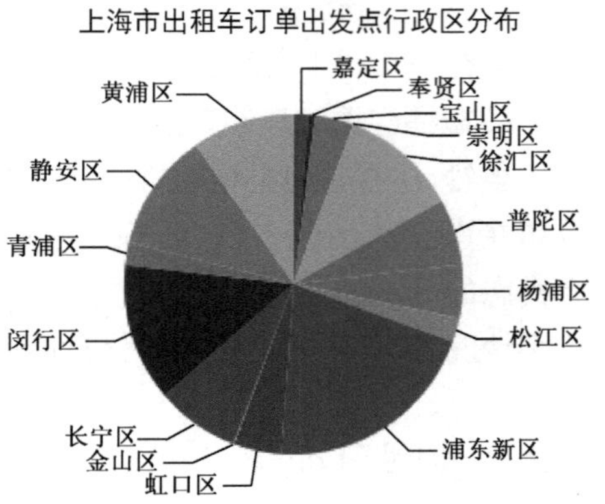

图 2-2　饼图示例

5) 直方图

直方图又称柱状图,描述的是连续型变量的分布,用柱子的长短表示不同分组数据的频数或比例。直方图通过在 X 轴上将值域分割为一定数量的组,在 Y 轴上显示相应值的频数,从而展示连续型变量的分布。

累计频率曲线经常与直方图组合使用,采用双纵轴表达,如图 2-3 所示。累计频率曲线可以表达数据点较多的连续型单一变量的累计概率分布特征。

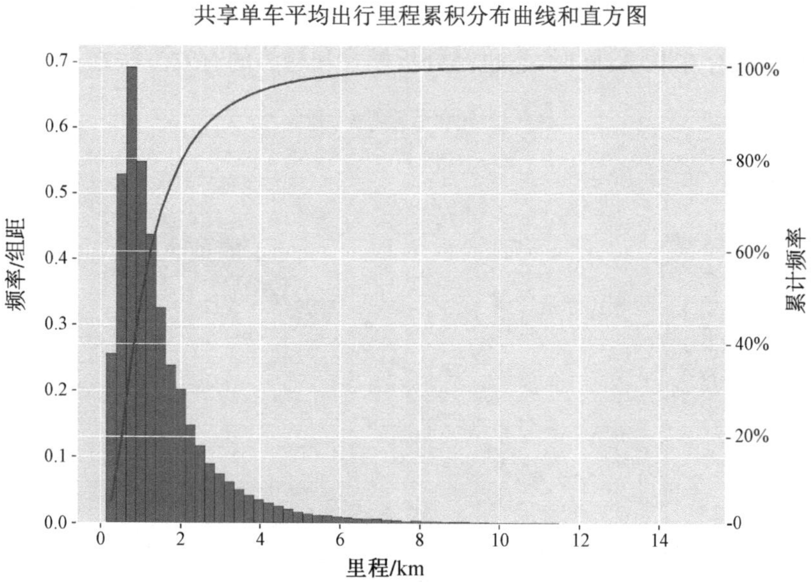

图 2-3　直方图和累计频率曲线组合示例

6) 箱形图

箱形图又称盒须图,如图 2-4 所示,通过绘制连续型变量的五个数来概括数据,这五个数即最小值、下四分位数(第一分位数 Q_1)、中位数、上四分位数(第三分位数 Q_3)以及最大值,从而描述连续型变量的分布。箱形图能够显示出可能为离群点($Q_3+1.5IQR$ 或 $Q_1-1.5IQR$ 以外的值,IQR 表示四分位距,即上四分位数与下四分位数的差值)的观测情况。箱形图可以表征数据的分散程度,从而有效地筛选出异常值。

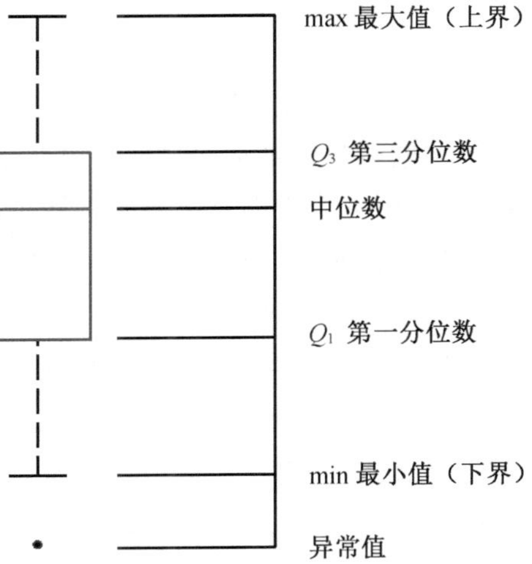

图 2-4 箱形图介绍

2. 伪彩色图

伪彩色图常用于以二维平面图表现三维图形的效果,用颜色表示三维图形的高度。伪彩色图把像素当成调色板或颜色查找表的表项入口地址,根据该地址查找出包含实际 R, G, B 的强度值,如果图像中的颜色在调色板或彩色查找表中不存在,则调色板会用一个最为接近的颜色来匹配。由于查找出的 R, G, B 强度值产生的色彩并不是图像本身真正的颜色,因此称为伪彩色。

3. 等值线图

等值线图又称等量线图,是以相等数值点的连线表示连续分布且逐渐变化的数量特征的一种图形。等值线图是用数值相等各点连成的曲线(即等值线)在平面上的投影表示被摄物体的外形和大小,它可以反映平面上各点的属性值的大小关系。通常,我们可以绘制二维等高线图,也可以绘制三维等值线图,如图 2-5 所示。

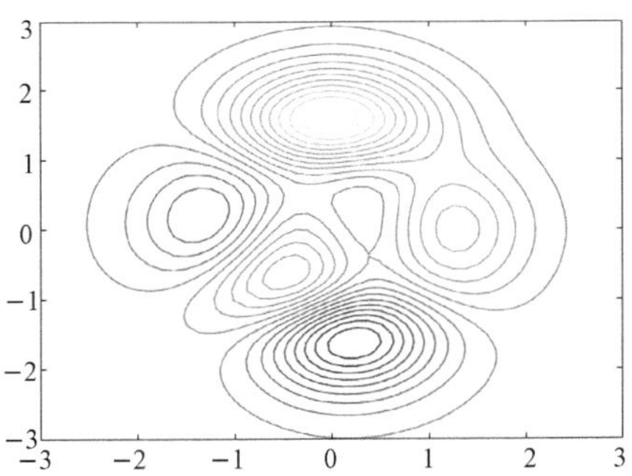

(a) 二维等高线图

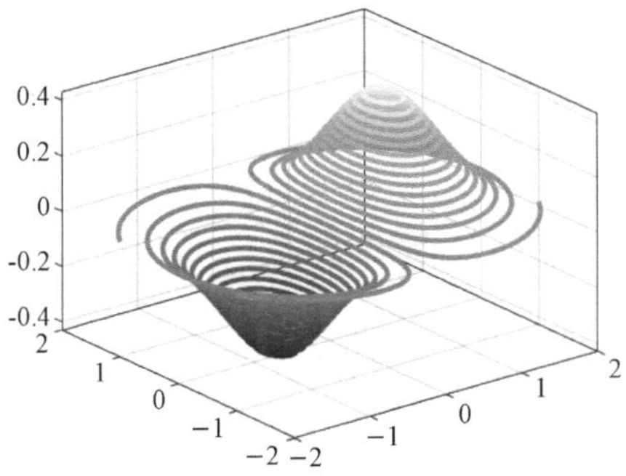

(b) 三维等值线图

图 2-5 等值线图示例

(左图图片来源:https://ww2.mathworks.cn/help/matlab/ref/contour.html;
右图图片来源:https://www.mathworks.com/help/matlab/ref/contour3.html)

4. 复杂网络图

在复杂网络图中把对象变成点,点的大小、颜色是该对象的两个参数。两点之间的关系可以用连线来表示,连线分为无向和有向,线的方向可以表示连接关系,线的粗细可以表示连接强度。

5. 地理信息可视化

地理信息可视化是将与地理位置相关的数据直观、形象地表现、解释和传输,并揭示其中的规律。常用的软件有 ArcGIS 和 Mapbox 等，常见的表示手段有热力图、柱状图和散点图等。

6. 数据可视化工具

数据可视化是指通过计算机基于数据生成符合人类感知的图像，通过可视元素传递信息，将不可见或难以直接显示的数据转化为可感知的图形、符号、颜色和纹理等。目前已经有很多工具能够以不同的方式来展示数据，包括无须编程语言的工具、软件开发包以及基于 GIS 的软件。在实际应用中，可根据数据特点、分析需要以及可视化目的进行合理选择。

最为常用的可视化工具为 Excel。Excel 除了可进行数据记录，还能提供不同的图模板。Power Map of Excel 是微软官方发布的一个 3D 可视化 Excel 数据地图插件，对接了 Bing 地图的数据，只要在表格中录入城市的名字或经纬度数据，这个插件就会自动地把数据标记在地图的相应位置。Tableau 软件适合大数据智能化演示，且可添加数据库，其数据处理能力强于 Excel。Echarts 是百度研发团队开发的一款开源报表视图 JavaScript 插件，具有丰富的可视化类型，能进行深度的交互式数据探索，并提供动态数据以及特效展示。另外，MATLAB，R 以及 Python 等软件均具有很好的数据可视化功能。

第 3 章
交通流基本分析方法

本章介绍交通流分析的两个基本工具：累计曲线和时空轨迹图。前者常用于研究道路瓶颈处车辆排队所造成的延误情况，后者常用于研究车辆在道路中的行驶过程。在此基础上，引出交通流参数的基本定义及普适化定义，并探讨流量、速度和密度三者之间的关系，以用于道路交通流时空特征分析，把握道路交通运行状态及变化趋势。

3.1 累计曲线

车辆排队现象是一种典型的交通拥堵表现。由交通瓶颈引发的车辆排队始于交通瓶颈处，然后向上游延伸。在交通需求量持续过高的情况下，车辆排队长度可能延伸至上游，并导致上游交叉口堵塞，从而影响相邻城市道路的交通流，最终导致整个路网处于严重的交通拥堵状态。这种交通拥堵是一个由点到线再到面的演变过程。

累计曲线是研究单个瓶颈处车辆排队情况的有效工具，其强项是展示一系列瓶颈处的上游车流和下游车流，尤其是单个瓶颈处的到达和离开曲线。累计曲线最早被用于水文综合分析方面，如确定水库的容量，后由加州工程师 K. Moskowitz 等[1]引入交通领域。随后，G. F. Newell[2]在排队论和交通流理论研究中证明了累计曲线的应用潜力。

累计曲线用于表达给定时间 t 内通过固定断面的累计车辆数，通过函数 $N(t)$ 曲线表示，如图 3-1 所示。在大多数交通场景中，累计统计的对象都是不可分割的物体，如乘客、车辆等，因此，$N(t)$ 是一个阶梯函数。若统计样本足够大，为了能够使用微分进行分析，常使用 $N(t)$ 的平滑逼近曲线。例如，在图 3-1中，对每个阶梯的顶点进行插值，可得到 $N(t)$ 的近似平滑曲线 $\widetilde{N}(t)$。

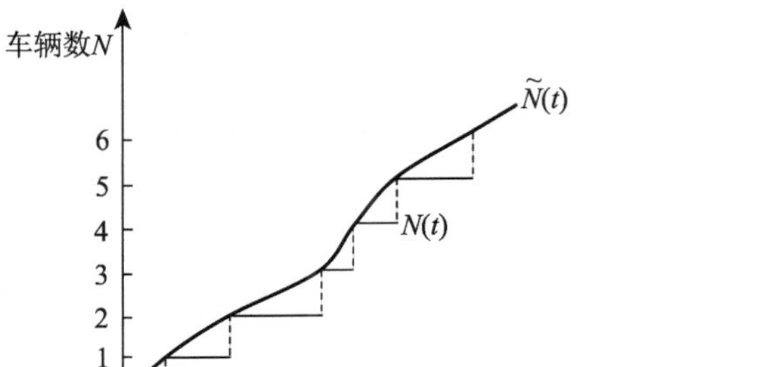

图 3-1　累计曲线图及其连续近似[3]

图 3-2 给出了道路上两个断面处获取的累计曲线。曲线 $A(t)$ 和 $D(t)$ 分别表示车辆的到达曲线和离开曲线，由观测员在某个交通瓶颈的上游和下游记录生成。若将 $Q(t)$ 定义为在t 时刻，上、下游观测点之间的车辆数，则曲线 $A(t)$ 和 $D(t)$ 的纵向间距表示两个观测点之间容纳的车辆数，即 $Q(t)=A(t)-D(t)$。需要注意的是，系统在时间段 $(0, t)$ 内的输入是 $A(t)-A(0)$，输出是 $D(t)-D(0)$。那么，输入与输出之间的差就是所观察对象的累计变化量：

$$Q(t)=Q(0)+[A(t)-A(0)]-[D(t)-D(0)]=A(t)-D(t) \quad (3\text{-}1)$$

从图 3-1 可知，第 n 辆车被观测到的时间是累计曲线图中第 n 个阶梯的横坐标。若使用上标“-1”表示特定车辆 n 被观察到的时间 t，即 $t=N^{-1}(n)$，则 $A^{-1}(n)$ 和 $D^{-1}(n)$ 分别描述了车辆 n 进入和离开一个区域的时间。如果车辆按照先进先出（First-In-First-Out，FIFO）规则进入和离开该区域，则可采用 $w(n)$ 表示第 n 辆车通过系统所用的时间：

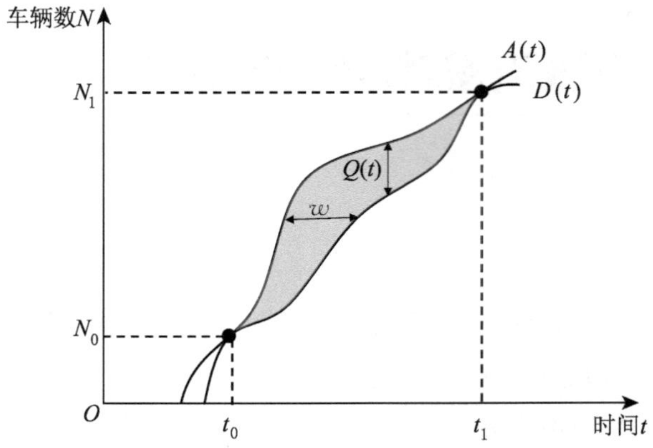

图 3-2　两个断面处观察到的到达曲线和离开曲线

$$w(n)=D^{-1}(n)-A^{-1}(n) \quad (3\text{-}2)$$

从式(3-2)可知，$w(n)$ 是曲线 $A(t)$ 和曲线 $D(t)$ 在第 n 辆车处所对应阶梯的水平间距。如果不同车辆在系统内存在跨越动作，即车辆在系统内的顺序发生了改变，此时式(3-2)将不再适用。

由于 (t, N) 图的水平间距表示时间，纵向间距表示车辆累计量，那么，曲线 $A(t)$ 和 $D(t)$ 以及任意两个竖线 $t=t_0$ 和 $t=t_1(t_0<t_1)$ 之间围成的区域就是时间段 (t_0, t_1) 内系统总的车辆等待时间。时间段 $(t, t+\mathrm{d}t)$ 内系统总的车辆等待时间是 $Q(t)\mathrm{d}t$，随后对时间段 (t_0, t_1) 内的 $Q(t)\mathrm{d}t$ 进行积分，即可得到面积：

$$Area=\int_{t_0}^{t_1}Q(t)\mathrm{d}t=\int_{t_0}^{t_1}[A(t)-D(t)]\mathrm{d}t \quad (3\text{-}3)$$

图 3-2 中的阴影区域就是时间段 (t_0, t_1) 内系统总的车辆等待时间。应当注意的是，当 $N=N_0$ 和 $N=N_1$，即在时刻 t_0 和 t_1 时，到达曲线与离开曲线接触，即曲线 $A(t)$ 和 $D(t)$ 与 $N=N_0$ 和 $N=N_1$ 所围成的区域同曲线 $A(t)$ 和 $D(t)$ 与 $t=t_0$ 和 $t=t_1$ 所围成的区域是一样的，都表示时间段 (t_0, t_1) 内系统总的车辆等待时间，说明从 (N_0+1) 到 N_1 的到达和离开的车辆数量是相等的，此时可以忽略车辆到达和离开所观测区域的顺序。

根据式(3-3)所表达的在 $t=t_0$ 和 $t=t_1$ 时间段内到达车辆的等待情况，可以得到车辆的平均等待时间：

$$\bar{w}=\frac{Area}{A(t_1)-A(t_0)}=\left(\frac{Area}{t_1-t_0}\right)\left[\frac{t_1-t_0}{A(t_1)-A(t_0)}\right] \quad (3\text{-}4)$$

第二个等号右边的第一项表示 $Q(t)$ 在时间段 (t_0, t_1) 内的平均值，即系统的平均等待车辆数 Q，第二项是连接图 3-2 中两个圆点的曲线的斜率的倒数，即时间平均到达率 $\bar{\lambda}$。因此，式(3-4)被视为经典排队论模型：

$$\bar{Q}=\bar{\lambda}\bar{w} \quad (3\text{-}5)$$

由此可知，累计曲线 (t, N) 图使得式(3-5)的起源更易被追溯，同时也帮助大家明确公式所适用的场景。

如果所研究的系统是某个路段，那么，车辆通过系统所用的行程时间与其在系统中的等待时间是不同的概念。假设 τ 表示车辆在系统起点和终点观测者之间的自由行驶时间，并假设所有车辆的自由行驶时间相同。此时，可以引入一个"虚拟"到达曲线 $V(t)$，表示在排除自由驾驶行为后的车辆到达情况。例如，假设系统以某个收费站为终点，其起点在距收费站一段距离前的某个道路断面。那么，$A(t)$ 表达的是车辆进入系统的到达情况，$V(t)$ 表达的则是车辆到达收费站处的情况。显然，虚拟到达曲线是 $A(t)$ 向右平移 τ，即 $V(t)=A(t-\tau)$，如图 3-3 所示。此时，车辆 n 在系统中总的花费时间为

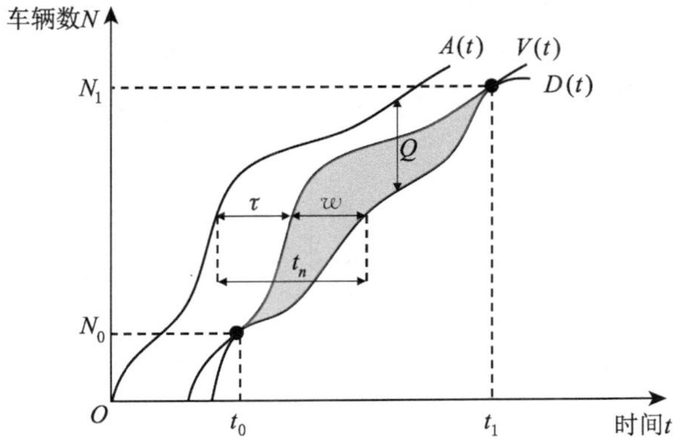

图 3-3　虚拟到达曲线

$$t_n=\tau+w_n \tag{3-6}$$

式中，w_n 为车辆 n 在系统中所花费的排队等待时间。

3.2　时空轨迹图

累计曲线图是研究路网中某一点交通运行状态的工具。然而，交通运行分析常常需要沿着一维道路追踪车辆的位置变化情况，此时可借助时空轨迹图来研究交通工具在点与点之间的运动和相互作用。时空轨迹图提供了直观、清晰和完整的车辆行驶信息，是交通研究的基本工具和有效手段。

1. 单车时空轨迹图

给定一辆车，通过记录车辆在不同时间点的位置，绘制距离与时间关系图，连接所记录的车辆位置，便能得到车辆的行驶轨迹。我们可以将车辆位置表征为时间的函数 $x(t)$，变量 x 表示车辆沿道路行驶的距离，变量 t 表示车辆行驶的时间。通过函数 $x(t)$ 可获得单车行驶的速度和加速度以及车辆行驶的平均速度等信息。在 (t, x) 平面中，$x(t)$ 的图形是一条表示车辆时空行驶轨迹的曲线。根据轨迹的物理含义可知，车辆轨迹的一次时间导数和二次时间导数分别表示车辆的速度 v 和加速度 a ：

$$v(t)=\frac{\mathrm{d}x(t)}{\mathrm{d}t} \tag{3-7}$$

$$a(t)=\frac{\mathrm{d}^2x(t)}{\mathrm{d}t^2} \tag{3-8}$$

因此，在时空轨迹图中，轨迹的形状揭示了车辆速度和加速度的信息。直线段表示车辆匀速行驶的过程，向下弯曲的曲线段表示车辆加速行驶的过程，向上弯曲的曲线段表示车辆

的减速行驶过程。曲线的曲率越大，表示车辆加速度的绝对值越大。

根据上述内容，分析图 3-4 所示的案例，曲线(a)表示车辆始终沿 x 轴正向行驶，先加速后减速的行驶过程；曲线(b)表示两辆车先正向匀速行驶，在后面的车追上前面的车之后，二者以同一速度向前行驶的过程；曲线(c)不是车辆的行驶轨迹，因为在某些时间点 t(如t_0)，车辆可以同时出现在多个位置，这在现实世界中是不可能发生的。

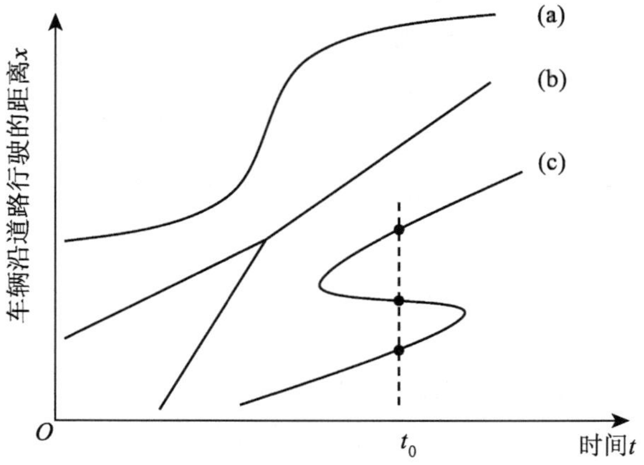

图 3-4　时空曲线

时空轨迹图在车辆事故分析中具有重要的意义，它可以帮助我们在不知道车辆在各时间点位置的情况下，从车辆的速度和加速度信息中推测车辆的行驶轨迹。在这种情况下，可以通过刹车痕迹来判断事故发生时车辆的行驶速度，其中车辆刹车时的加速度是已知的(即轮胎和道路之间的摩擦系数可根据坡度、车型和车重等因素进行判断)，从而便能估计车辆的行驶轨迹。

2. 多车时空轨迹图

时空轨迹图的真正作用在于提供了一种同时跟踪多辆车位置的方法，能够分析多个对象沿着同一道路行驶时相互影响的问题。例如，图 3-5 所示为高速公路某路段上一些车辆

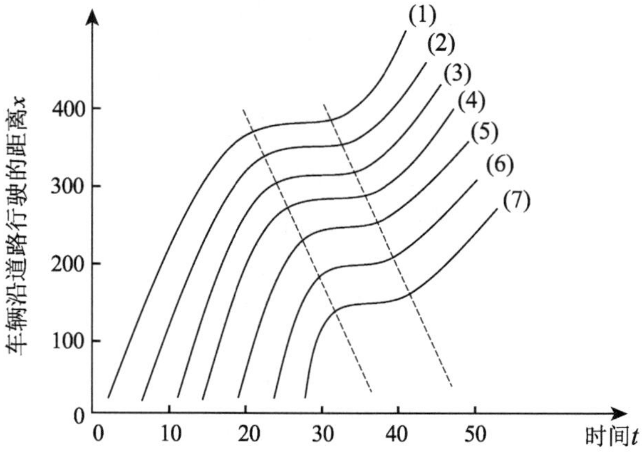

图 3-5　多车时空曲线

的时空轨迹。由图可知，车辆 1 由于某种原因而刹车，引发后续车辆产生刹车行为以避免碰撞。图中虚线表示刹车行为的传递过程。若从空中观察这些车辆，能够看到刹车行为的传递如波浪的移动过程，该现象被称为交通波的产生和传递。由此可见，时空轨迹图能够刻画车流状态转化过程中流量、密度和速度之间的关系。

3.3　交通流参数

时空轨迹图为交通参数的获取提供了一种方式。交通流参数是用于描述和反映交通流特性的，根据研究对象的不同，可将其分为微观参数和宏观参数。微观参数用于描述交通流中车辆之间的运行特性，包括单车车速、车头时距和车间空距等；宏观参数用于描述将交通流作为一个整体时，其所表现出的特性，包括交通量、密度和平均速度等。

1. 单车车速

瞬时车速 v_t 为车辆通过道路某一点时的速度，其表达式为

$$v_t = \frac{dx}{dt} = \lim_{(t_2 - t_1)\to 0} \frac{x_2 - x_1}{t_2 - t_1} \tag{3-9}$$

雷达和微波监测得到的速度可以非常接近此定义。

行程车速 v_s 为车辆行驶距离与该距离对应的行驶时间的比值，其表达式为

$$v_s = \frac{x_2 - x_1}{t_2 - t_1} \tag{3-10}$$

式中，x_1 和x_2 分别表示时刻 t_1 和t_2 的车辆位置。车辆行程车速的近似值可以通过路段调查获得，如通过间隔一定距离的视频检测器调查。当时间趋于 0 时，则可得到瞬时车速。

由行程车速的定义可知，其考虑了路段中停车的情况，即行程车速受道路和交通状况的影响，故其为一综合速度。行程时间中的停车时间表示道路上交通的延误，是判别道路交通状况的一个重要因素。

2. 车头时距和车间空距

车头时距是指在同一车道上行驶的车辆队列中，两连续车辆车头通过某一断面的时间间隔。车头时距代表当前车刹车时，后车驾驶员所具有的最大反应时间。为了安全起见，最小车头时距通常取 2 s。车头时距是衡量驾驶安全性的重要指标，它与交通流组成、驾驶行为密切相关，同样也是反映道路通行能力和服务水平的重要依据，对于优化道路设计和管理具有重要意义。

车间空距是指在同一车道上行驶的车辆队列中，两连续车辆之间的空间距离，一般用车辆上具有代表性的点来衡量，如前保险杠或前轮。车头时距与车间空距的关系是：车间空距≈车头时距×速度。

3. 流量

流量是指在单位时间内通过道路某一点、某一截面或某条车道的车辆数。流量可通过定点调查直接获得，目前常用的方法是采用线圈检测器采集，其表达式为

$$q=\frac{N}{T} \tag{3-11}$$

式中 q ——流量，veh/h；

T ——观测时段长度；

N ——观测时段内的车辆数。

观测时段长度与车头时距有如下关系：

$$T=\sum_{i=1}^{N} h_i \tag{3-12}$$

式中，h_i 表示第 i 辆车的车头时距。

将式(3-12)代入式(3-11)，可得到流量和平均车头时距之间的关系：

$$q=\frac{N}{T}=\frac{N}{\sum_{i=1}^{N} h_i}=\frac{1}{\bar{h}} \tag{3-13}$$

式中，$\bar{h}$ 表示平均车头时距。

不同时间、不同地点的交通量都是不同的。交通量随时间和空间而变化的现象称为交通量的时空分布特性。研究或观察交通量的变化规律，对于交通规划、交通管理、交通设施的规划、设计方案比较和经济分析以及交通控制与安全均具有重要意义。

4. 密度

密度 k 代表车辆的空间密集度，即某一瞬间单位道路长度上存在的车辆数，密度是道路服务水平分级的重要标准，其表达式为

$$k=\frac{N}{L}=\frac{1}{\bar{S}} \tag{3-14}$$

式中 N ——观测时段内的车辆数；

L ——观测路段的长度；

$\bar{S}$ ——平均车间空距。

交通量接近或达到道路通行能力时的交通密度称为临界密度。临界密度反映了道路交通流量最大时的密度，因而又被称为最佳车流密度。密度继续增大，导致所有车辆无法通行时的密度称为阻塞密度，此时，车辆的速度趋于0，交通流量也趋于0。

5. 平均车速

时间平均车速 v_t 即观测时段 T 内通过道路某断面的车辆速度的平均值：

$$v_t=\frac{1}{N}\sum_{i=1}^{N} v_i \tag{3-15}$$

式中，v_i 为观测时段 T 内第 i 辆车的速度。

空间平均车速 v_s，即固定时刻距离 L 内所有车辆的速度平均值：

$$v_s = \frac{1}{N}\sum_{j=1}^{N} v_j \tag{3-16}$$

式中，v_j 表示距离 L 内第 j 辆车的速度。

3.4　交通流基本模型

宏观交通流参数能够描述和反映道路的交通流特性，同时也是交通规划设计的重要依据。本节首先介绍道路交通流的速度、流量和密度的关系。随后将 3.3 节所给出的流量、密度和速度的定义拓展至更一般化的定义。

1. 交通流三参数

在某条车道中取相距为 v_s 的两个断面 A 与 B，假设该车道中的所有车辆始终保持速度为 v_s 行驶，因此通过两个断面之间路段所用时间正好是单位时间。如果从车辆 P 在 A 断面时开始计时，直到车辆 P 到达断面 B 时为止，那么，通过断面 B 的车辆即为初始时路段 AB 内的车辆。

若交通量为 q，密度为 k，则路段内的车辆数为 $v_s k$，因此有下式：

$$q = v_s k \tag{3-17}$$

该式表明了交通流的流量、密度和速度三者之间的关系，称为交通流基本模型。后面将进一步探讨流量、密度和速度参数定义的推广形式。

2. 流密速普适化定义

根据本书 3.3 节中流量的定义可知，图 3-6 中区域 A 中的车流量可表示为

$$q = \frac{N}{T} = \frac{N\mathrm{d}x}{T\mathrm{d}x} = \frac{\mathrm{d}(A)}{|A|} \tag{3-18}$$

式中　$\mathrm{d}(A)$ ——区域 A 中车辆行驶的总距离，veh • km；

$|A|$ ——目标区域 A 在时空图中的面积，km • h。

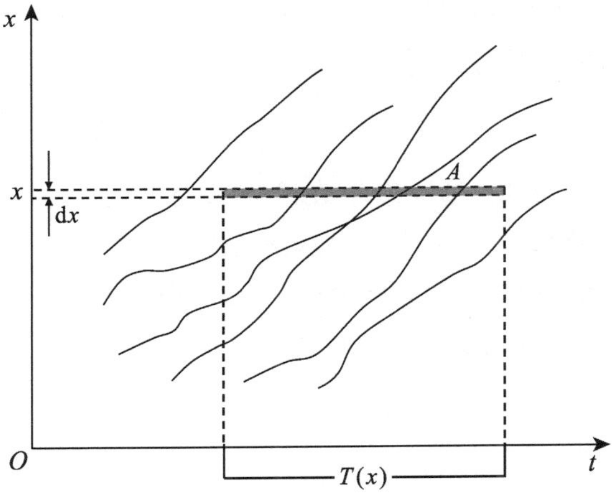

图 3-6　广义交通流变量：流量

根据本书 3.3 节中道路密度的概念，即在特定时间观察到的车辆数除以路段长度，对于图 3-7 中所示长度为 L 的路段，可知其在 t_0 时刻的车辆密度为 $k=N/L$。将该表达式的分子和分母同乘以一个小的时间段 $\mathrm{d}t$，可得：

$$k = \frac{N}{L} = \frac{N\mathrm{d}t}{L\mathrm{d}t} = \frac{t(A)}{|A|} \tag{3-19}$$

式中，$t(A)$ 表示所有车辆在区域 A 中所花费的总时间，veh • h。式(3-19)即为密度的广

义定义。

根据空间平均车速的定义，对于某个固定位置有

$$v_s=\frac{\sum_{i=1}^{n}v_i}{n}=\frac{\sum_{i=1}^{n}v_i\,\mathrm{d}t}{n\,\mathrm{d}t}=\frac{\mathrm{d}(A)}{t(A)}\quad(3\text{-}20)$$

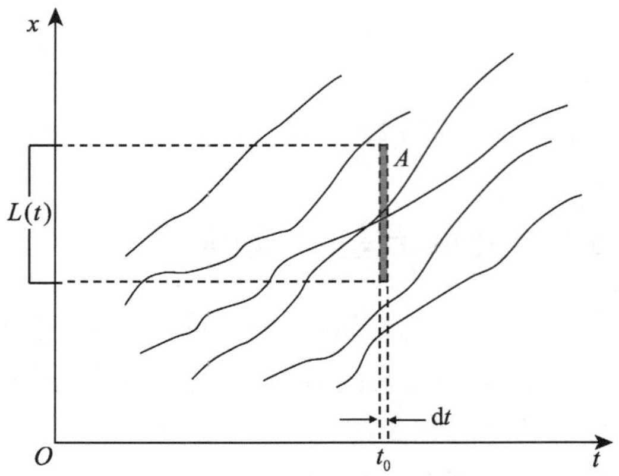

图 3-7　广义交通流变量：密度与速度

3. 流密速的时空统一

整理式(3-18)、式(3-19)和式(3-20)，可以得到

$$k\cdot v_s=\frac{t(A)}{|A|}\cdot\frac{\mathrm{d}(A)}{t(A)}=\frac{\mathrm{d}(A)}{|A|}=q\qquad(3\text{-}21)$$

式(3-21)表明：平均流量(veh/h)＝平均密度(veh/km)×空间平均车速(km/h)。根据式(3-21)可知，任意形状时空区域的交通流密速参数最终都可以通过 $|A|$，$\mathrm{d}(A)$ 和 $t(A)$ 求出。前述内容给出了 $|A|=L\mathrm{d}t$，$\mathrm{d}(A)=N\mathrm{d}x$ 和 $t(A)=N\mathrm{d}t$ 的定义，因此，本小节尝试探索上述变量定义从另一个角度理解的方式，从而实现变量的时空范畴统一。

首先，对于时空区域的面积，如果其形状为规则的矩形，如图 3-8 所示，则有 $|A|=LT$。而对于不规则的时空区域，如图 3-8 中椭圆形，则可以从时间和空间两个维度进行积分，即

$$|A|=L\mathrm{d}t=T\mathrm{d}x\qquad(3\text{-}22)$$

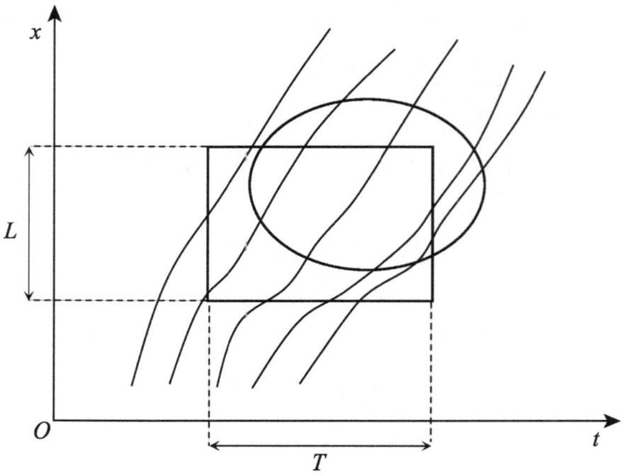

图 3-8　不同形状时空区域

其次，所有车辆在区域 A 中的总行驶距离 $\mathrm{d}(A)$ 既可以理解为车辆数对观测区域长度的积分 $\mathrm{d}x$，又可以理解为观测区域内所有车辆的速度之和对时间的积分 $\mathrm{d}t$。因此

$$\mathrm{d}(A)=m\,\mathrm{d}x=\mathrm{d}t\sum_{i=1}^{n}v_i\qquad(3\text{-}23)$$

最后，对于所有车辆在区域 A 中花费的总时间 $t(A)$，对于某个固定观测时段 $\mathrm{d}t$，由于时间相同，因此只需对车辆数求和即可；而对于某个固定观测空间 $\mathrm{d}x$，只需对每辆车在此空间中所花费的时间 $\mathrm{d}x/v_i$ 进行求和，即

$$t(A)=n\,\mathrm{d}t=\mathrm{d}x\sum_{i=1}^{m}\frac{1}{v_i}\qquad(3\text{-}24)$$

针对上述内容举例说明，假设某固定位置检测器检测到 30 s 内经过了 3 辆车，车速分别是 30 km/h、40 km/h 和 50 km/h，则可以计算得到

流量：$q=\dfrac{d(A)}{|A|}=\dfrac{N}{T}=\dfrac{3}{30/3\,600}=360\ \text{veh/h}$

密度：$k=\dfrac{t(A)}{|A|}=\dfrac{\sum\limits_{i=1}^{m}\dfrac{dx}{v_i}}{T dx}=\dfrac{\sum\limits_{i=1}^{m}\dfrac{1}{v_i}}{T}=\dfrac{(1/30+1/40+1/50)}{30/3\,600}=9.4\ \text{veh/km}$

空间平均车速：

$$v_s=\frac{d(A)}{t(A)}=\frac{m dx}{\sum\limits_{i=1}^{m}\dfrac{dx}{v_i}}=\frac{m}{\sum\limits_{i=1}^{m}\dfrac{1}{v_i}}=\frac{3}{(1/30+1/40+1/50)}=38.3\ \text{km/h}$$

以上结果整理验证可得

$$k\cdot v_s=q$$

如果把 $1/v$ 看作是“配速”(p，马拉松运动训练中使用的概念，即每公里所需要的时间，以 h/km 作为单位)，因此可以把空间平均速度 v_s 表示为在空间的某个固定点所观测到的车辆平均配速的倒数。

表 3-1 总结了本小节广义变量定义结果。表中每一行对应一个不同的广义变量，第 1 列给出了变量名称，第 2 列给出了固定时刻的公式，适用于时空图的垂直切片，其中观测到的任意车辆 $i(i=1, 2, \cdots, n)$ 的速度为 v_i，第 3 列给出了固定位置的公式，适用于时空图的水平切片，其中观测到的任意车辆 $j(j=1, 2, \cdots, m)$ 的配速为 p_j。为了简化表达，在一个时间间隔内对固定位置的观测使用“速度”表达式，而对长路段的瞬时观测使用“配速”表达式。

表 3-1　　两种观测方式得到的广义交通流参数

变量名称	固定时间观测	固定位置观测
密度	n/L	$\frac{1}{T}\sum_{j=1}^{m}p_j$
流量	$\frac{1}{L}\sum_{i=1}^{n}v_i$	m/T
空间平均速度	$\frac{1}{n}\sum_{i=1}^{n}v_i$	$\left[\frac{1}{m}\sum_{j=1}^{m}p_j\right]^{-1}$
平均配速	$\left[\frac{1}{n}\sum_{i=1}^{n}v_i\right]^{-1}$	$\frac{1}{m}\sum_{j=1}^{m}p_j$
$t(A)$	$n dt$	$dx\sum_{j=1}^{m}p_j$
$d(A)$	$dt\sum_{i=1}^{n}v_i$	$m dx$
$\|A\|$	$L dt$	$T dx$

第 4 章
固定式交通检测技术

根据交通检测器工作地点的不同,交通检测技术可以分为固定式和移动式两大类。其中,移动式交通检测技术采用装有自动定位系统或电子标签的车辆所提供的车辆瞬时速度、行程时间等数据进行交通检测;固定式交通检测技术则采用安装在路边的固定传感器提供地点交通参数,如交通流量、地点平均速度、车头时距、车型分类和车道占有率等基本的交通流信息。

另外,根据检测器的工作方式及工作时的电磁波波长范围,可进一步将固定式交通数据采集技术分为磁频车辆检测技术、波频车辆检测技术和视频车辆检测技术。

4.1 磁频车辆检测技术

磁频检测主要利用电磁原理,通过检测磁场强度的变化来判断是否有车辆通过或者停放。常见的磁频检测器包括环形线圈检测器和地磁检测器。

4.1.1 环形线圈检测器

环形线圈检测器通过安装在地面上的环形线圈来感测导电金属物体的存在,其主要由环形线圈、传输馈线和电子单元三部分组成,如图 4-1 所示。环形线圈安装在地面切槽中,电子单元安装在路侧控制箱内,环形线圈与电子单元之间通过馈线传输信息[3,4]。

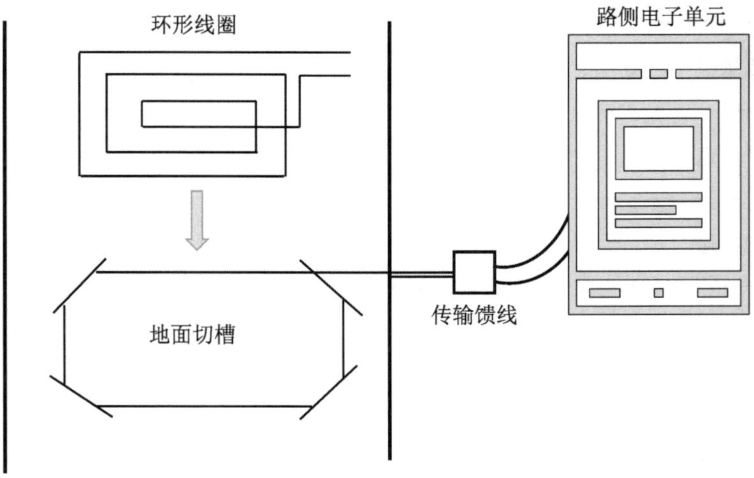

图 4-1 环形线圈检测器的构成

1. 工作原理

环形线圈对车辆的检测主要依靠车辆与地面线圈之间产生的电磁感应，最主要的部分是通电的环形导电线圈，通过监测环形线圈的电感量变化即可检测相应的交通参数。

环形线圈检测交通参数的基本原理是自感和互感。环形线圈是携带电流的导线，而携带电流的导线都会产生环绕导线的磁场。当线圈通过电流时，在线圈中会形成感应磁场，感应磁场又会产生感应电流来抵制通过线圈中的电流。这种电流与线圈的相互作用关系称为电的感抗，即电感，单位是亨利(H)。

当导体中的电流发生变化时，它周围的磁场也会随之变化，并由此产生磁通量的变化，在导体中产生感应电动势，这个电动势总是阻碍导体中原来电流的变化，此电动势即自感电动势，这种现象就叫作自感现象。当一线圈中的电流发生变化时，在邻近的另一线圈中产生感应电动势，这叫作互感现象。由于互感现象的发生，环形线圈的电感量会发生变化，通过监测这种电感量的变化即可检测到车辆的通过。

环形线圈工作时，路侧电子单元通过传输馈线将电流传输到安装在地面切槽中的环形线圈中，以激发环形线圈，使线圈内部产生磁场。环形线圈是电感元件，如果导电物体(如车辆底盘)进入该磁场，并且磁场或磁场的分量垂直于物体所在区域，则会在导电物体中感应出涡电流。涡电流产生另一个与环路磁场相对的磁场，从而导致环路周围的总磁场减小。由于回路电感与磁通量成比例，因此回路电感减小，减小的电感驱动电子单元向控制器发送脉冲，通过监测脉冲即可获取相应的交通参数，其具体工作原理如下。

1）无车辆经过

当无车辆经过时，线圈内部电感量稳定，其计算原理如下。

多匝线圈磁场可看作是均匀且方向垂直于线圈围成的平面，内部磁场强度如下：

$$H=\frac{NI}{l} \tag{4-1}$$

式中　H——线圈内部磁场强度，A/m；

N——线圈匝数；

I——电流，A；

l——线圈长度，m。

由于线圈内部磁场近似于均匀磁场，故其内部磁通量如下：

$$\Phi=BA \tag{4-2}$$

式中　B——电感应强度，T；

A——线圈围成的面积，m^2。

其中磁感应强度为

$$B=\mu_r\mu_0 H \tag{4-3}$$

通电螺线管内的电感可以通过式(4-4)计算：

$$L=\frac{N\Phi}{I}=\frac{NBA}{I}=\frac{\mu_r\mu_0 N^2 A}{l} \tag{4-4}$$

式中　L ——电感，H；

　　μ_r ——材料的相对渗透率；

　　μ_0——真空磁导率，$4\pi\times10^{7}$ H/m；

　　N ——匝数；

　　A ——线圈围成的面积，m^2；

　　l ——线圈长度，m。

式(4-4)表明，通电螺线管电感与匝数平方和线圈面积成正比，与线圈长度成反比，与通电电流大小无关。

以上针对理想通电螺线管内电感的计算公式[式(4-4)]不直接适用于安装在道路上的电磁感应线圈，但可通过乘以修正系数 F' 对式(4-4)进行修正，以表示实际感应线圈中的电感：

$$L=\frac{\mu_r\mu_0 N^2 AF'}{l} \tag{4-5}$$

2）有车经过时

当有车经过时，由于车辆底盘等导电元件的影响，环形线圈的电感量发生了变化，通过检测电感量的变化即可检测到车辆的存在，具体检测原理如下。

如图 4-2 所示，车辆底盘被视为相对于线圈平面的水平传导物体，可以被建模为导电矩形板。当车辆通过环形线圈或停在环形线圈上时，车辆自身铁质切割磁通线，在车辆内部形成涡流，可以等效为一个与地面环形线圈电流方向相反的环形电路，从而引起地面线圈回路电感量的变化，检测器通过检测该电感量就可检测出车辆的存在。

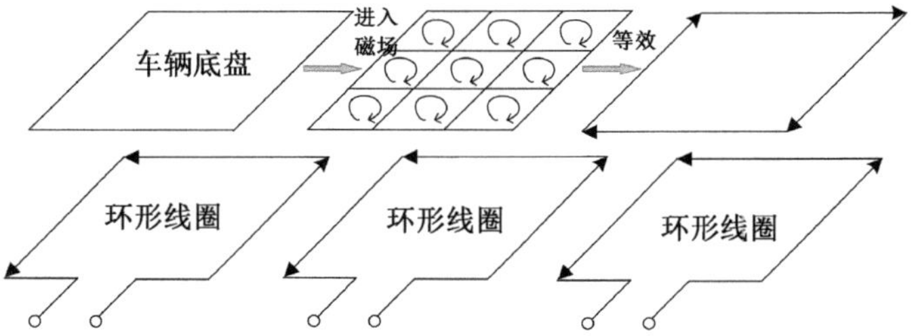

图 4-2　环形线圈检测车辆磁场变化原理

一般情况下，环形线圈检测器通过构造并联谐振电路将等效电感转化为电路中的振荡频率以进行检测。并联谐振的频率与电感量的关系如下：

$$f_0\approx\frac{1}{2\pi\sqrt{LC}} \tag{4-6}$$

式中　C—— 谐振电路中的电容；

　　L—— 环形线圈电感。

基于以上原理，车辆通过环形线圈时会引起谐振电路中的频率变化，控制器将收到来自线圈的脉冲，从而识别车辆的通过。

与压力传感器不同，脉冲的产生与通过线圈上方金属的面积、形状、速度等特征有关，而与车辆的质量无关。不同的车型、不同的速度会导致环形线圈产生不同的脉冲，通过识别脉冲的持续时间与大小，可以实现对各种交通参数的检测。

2. 环形线圈检测参数

基于环形线圈的检测原理，其可以检测的参数包括道路流量、速度、占有率、车头时距和车型。

1）流量

流量即单位时间内经过检测器的车辆数。车辆经过环形线圈时会激发线圈向控制器传递脉冲，控制中心通过记录每个周期 T 内脉冲产生的次数 m，可以获取周期内流量，其计算公式如下：

$$q=\frac{m}{T} \tag{4-7}$$

2）占有率

占有率即检测器被占用的时间比例。

如图 4-3 所示，车辆从车头开始进入环形线圈的检测范围内一直到车尾驶离检测器检测范围内，控制器会一直收到持续的高电平表示检测器被占用，控制中心通过记录周期 T 内的高电平时长来获取周期内的占有率，p_j 表示第 j 辆车经过线圈时产生高电平的时间，占有率的计算公式如下：

$$o=\frac{\sum_{i=1}^{m} p_i}{T} \tag{4-8}$$

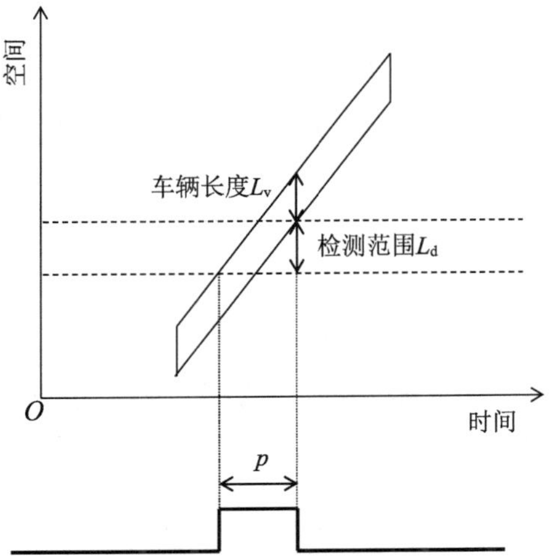

图 4-3　单线圈检测原理

3）车速

车速即经过检测器时的车辆速度。通过环形线圈检测单车车速有单线圈车速估计和双线圈车速检测两种方法。

（1）单线圈车速估计。

如图 4-3 所示，单线圈车速估计根据车辆经过时脉冲的持续时间 p、检测器检测范围 L_d 和车辆长度 L_v 三个参数可计算得到经过车辆的速度。由于车辆长度未知，一般使用平均车长 L_e 进行计算，故单线圈检测器只能实现车速的估计，其计算方法如下：

$$v=\frac{L_v+L_d}{p}=\frac{L_e}{p} \tag{4-9}$$

（2）双线圈车速检测。

双线圈车速检测需要使用两组紧邻的线圈，通过检测车辆经过两个线圈的时间间隔 TT_r 来计算车速。检测器之间的关系与车速测量的原理如图 4-4 所示，其中 L_s 表示两线圈之间的直线距离，车速的计算方法如下：

$$v=\frac{L_s}{TT_r} \tag{4-10}$$

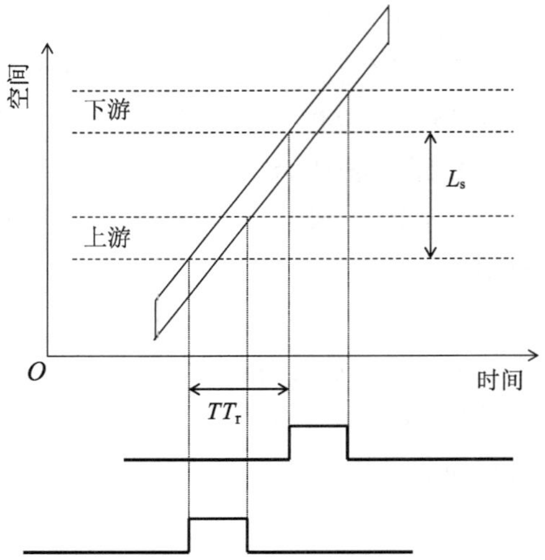

图 4-4　双线圈车速检测原理

通过对一定周期内单车车速的聚集，可以得到路段的空间平均车速与时间平均车速，记单车车速为 v_j，其计算方法如下。

① 时间平均车速。

时间平均车速为一定时间周期 T 内所有车辆通过检测器时的车速平均值，其计算方法如下：

$$\bar{v}_t=\frac{\sum_{i=1}^{m}v_i}{m} \tag{4-11}$$

② 空间平均车速。

空间平均车速为时间周期 T 内在道路上以特定长度 L 内的全部车辆车速分布的平均值，即车辆总行驶距离与车辆总行驶时间的比值。空间平均车速的计算方法如下：

$$\bar{v}_s=\frac{mL}{\sum_{i=1}^{m}\frac{L}{v_i}}=\frac{m}{\sum_{i=1}^{m}\frac{1}{v_i}} \tag{4-12}$$

4）车头时距

车头时距即前、后两辆车的前端通过同一检测器的时间差。如图 4-5 所示，检测器输出连续两辆车进入检测范围内的时间，通过计算时间差值 h 即可获得车头时距。

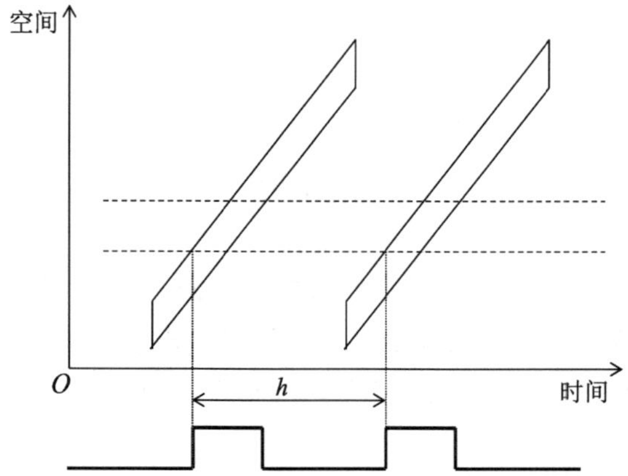

图 4-5　车头时距检测原理

5）车型

通过环形线圈检测器可以实现多种车型的分类。如图 4-6 所示，不同车型车辆，由于其车辆底盘大小、距离地面高度均有差异，故刺激环形线圈后会产生不同形态的脉冲。通过算法识别脉冲特征，可以实现脉冲形态与车型的匹配。

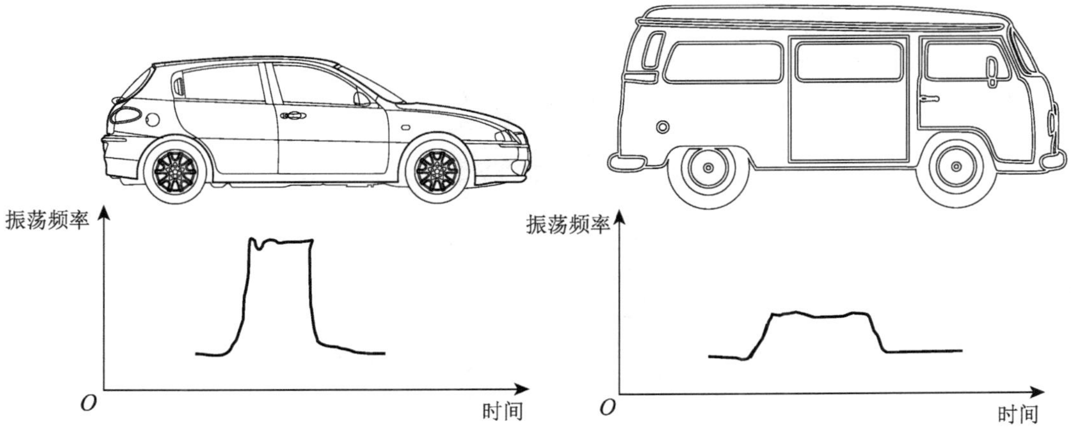

图 4-6　车型检测原理

4.1.2　地磁检测器

地磁检测器主要通过感知周边磁场的变化来检测车辆，与环形线圈检测器不同，其检测不依赖于车辆运动，可检测静态车辆，常应用于停车管理等静态车辆检测场景[4,5]。地磁检测器有无线地磁检测器和有线地磁检测器两种，无线地磁检测器通过电池供电，将检测结果通过无线射频发送至接收器；有线地磁检测器的安装与环形线圈相似，需通过馈线与控制柜相连。

1. 工作原理

地磁检测器基于地球磁场模型，将地球描述为一个大的条形磁铁，磁通量线从地球的一极出发指向另一极，在地面形成近似的均匀磁场。地球磁场的强度在 0.5～0.6 高斯，地球磁场在很广阔的区域内（大约几公里）其强度是一定的。当一个铁磁性物体（如车辆）置身于磁场中，便会使磁场产生扰动。地磁检测器就是通过检测金属物体（如车辆）进入传感器探测区域时在地球静止磁场中引起的扰动来检测车辆的存在或移动。

当车辆通过地磁检测器时，车身的金属材质会使地磁场产生的磁通线扭曲，靠近车辆内部的位置磁通量增加，靠近车辆外部的位置磁通量减少，如图 4-7 所示，地磁检测器通过检测这种变化来实现车辆的识别。

根据检测维度，地磁检测器可分为多轴（双轴/三轴）地磁检测器和单轴地磁检测器两种。将空间分为三个轴向，与车辆行驶方向相同的为 Y 轴，与地面平行但与 Y 轴垂直的方向为 X 轴，与地面垂直的方向为 Z 轴。单个检测电路可测得特定方向的磁场强度变化，Z 轴检测器要求地球磁场的垂直分量超过一定阈值才能发挥作用。因此，由于赤道附近地磁场的垂直分量很小，故只检测 Z 轴磁通变化的单轴地磁检测器不能在赤道附近使用。单轴地磁检测器一般选取 X 轴安装，双轴检测器则选取 X 轴和 Y 轴安装。

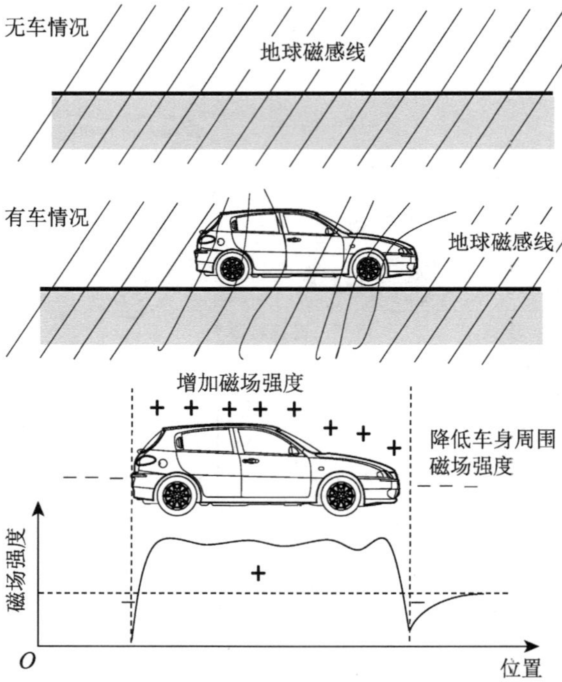

图 4-7　地磁检测器检测原理

2. 地磁检测器检测参数

地磁检测器可检测的参数包括车辆存在性、行驶方向、车型、车长、流量、车速、占有率（密度）和车头时距等。

（1）车辆存在性：通过 X 方向磁场变化检测地磁检测器上方是否存在或通过车辆。当车辆经过地磁检测器时，会使地磁线发生扭曲，如图 4-8 所示。随着车辆靠近检测器，X 方向磁场强度升高，车辆位于正上方时，磁场达到最大，一般检测范围最远可达 15 m。

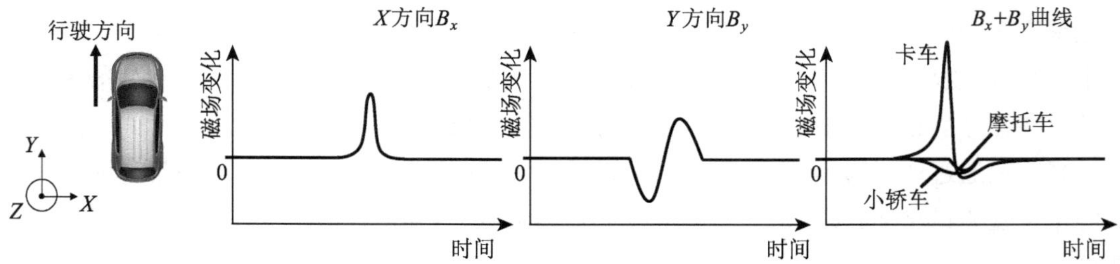

图 4-8　各轴向磁场变化

（2）车辆行驶方向：通过 Y 方向磁场强度变化可以检测车辆的行驶方向。当车辆位于地磁检测器正上方时，磁场变化为 0，通过识别磁场变化的正负可判断车辆的行驶方向。

（3）车型：需要双轴地磁检测器的检测信息，通过双向磁场强度变化叠加曲线的变化趋势，提取与车型分类相关的若干特征（磁感应强度、上升沿、下降沿、凹凸性、峰值等），建立标准的车辆模板库,根据曲线变化趋势匹配车型。

(4) 车长：车长＝速度×通过单个检测器的时间,速度获取需要两个连续的传感器,检测车辆经过同一车道间隔一定距离的两个传感器的时间,并根据时间差获得车速,同时获得车辆波形在任意检测器上的停留时间,相乘即可得到车长。

4.1.3 技术特点及主要应用

1. 检测技术特点

1) 环形线圈检测器

环形线圈检测器是国内外技术相对成熟的车辆检测技术,已广泛应用于道路交通系统中,其主要优势如下：①技术发展成熟,价格相对合理,安装成本低;②受天气变化影响小;③检测稳定性和精度较高。

但在实际工程应用中,环形线圈的安装方式和检测原理也导致其存在一些常见的问题,主要包括：①安装或维护须暂时阻碍交通,安装施工量大;②安装线圈时需要对路面进行切割,而切缝软化了路面,易使路面受损,特别是桥梁、立交、高架路等路面严禁切割施工的地方采用环形线圈会造成严重的安全隐患;③使用效果及寿命受路面质量的影响甚大,易随路面变形(沉降、裂缝、搓移等)而变形,并且受到冰冻、路基下沉、盐碱等自然环境的影响,环形感应线圈寿命一般仅为 2 年;④受自身测量原理所限,当车流拥堵、车间距小于 3 m 时,其检测精度大幅降低,甚至无法正常检测。

2) 地磁检测器

地磁检测器是环形线圈的理想替代技术,具有以下优点：①安装、维修方便,不必封闭车道、对路面破坏小,当在检测点吊架或侧面安装时,不用破坏路面,维修时,只需检查地磁检测器即可;②检测点不易遭到破坏,不受路面移动影响;③自学习能力强,能够适应多种天气;④能够检测静止车辆。

地磁检测器也存在一定的局限性,主要包括：①与环形线圈检测器相比,检测精度较低;②设备成本较高;③对于纵向过于靠近车辆的干扰排除能力差;停车遮挡无线信号;当车流速度较低、前后车间距较小时,测量的准确度会受到较大影响等。

2. 主要应用场景

1) 交通数据采集

检测设备布设于高速公路、城市快速路、城市干道等,用以采集道路流量、车速和占有率。

2) 电子警察

磁频检测器常应用于信号交叉口作为电子警察系统触发装置。以基于环形线圈的电子警察系统为例,电子警察系统通常由线圈式车辆检测器、信号灯灯态检测器、摄像机、集中控制器、补光灯、路口控制主机等构成。其设备布置如图 4-9 所示。

3) 停车场管理

地磁检测器可以检测静止车辆,故常用于停车场管理,即在停车位下布置地磁检测器用于检测车位是否被占用。一般单轴检测器即可实现车位占用检测,但三轴检测器更加可靠。

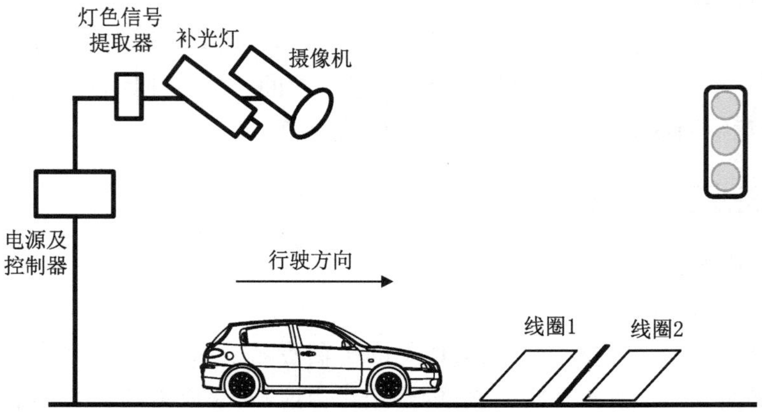

图 4-9　基于环形线圈的电子警察系统

4）出入口道闸控制

在停车场、高速收费站等场景下，常需要线圈检测器与路侧单元配合，以实现车辆的自动检测和道闸控制。当车辆进场时，触发进场检测器，提示道闸抬起；当车辆离场时，发离场检测器，道闸自动落下。

5）交通信号控制

交通信号控制常需要进口道流量、占有率以及排队长度等信息作为信号控制算法的输入。通过在进口道布置交通检测器可以实现进口道流量、速度、占有率等参数的检测，交通检测器布设于出口道可用于检测排队长度。

4.2　波频车辆检测技术

波频检测器可应用于高速公路、普通公路、检测站等多种场景。波频检测技术是一种基于电磁波的交通信息检测技术。检测器向车辆或道路方向发射电磁波，通过接收电磁波的反射进行车辆和交通流参数的检测。

根据振动频率可将电磁波分为无线电波、微波、红外光等不同频段，不同频段内的电磁波具有不同的特性，其物理特性以及常见应用场景如表 4-1 所列。

表 4-1　各频段电磁波特性

名称	波长/m	常见应用
γ 射线	$<10^{-10}$	医学肿瘤治疗
X 射线（伦琴射线）	$(10\sim0.01)\times10^{-9}$	医学诊断与治疗、工业电离计、闪烁计数器和感光乳胶片
紫外线	$(380\sim10)\times10^{-9}$	消毒
可见光	$(7.8\sim3.8)\times10^{-7}$	光纤通信
红外光	$10^{-3}\sim7.8\times10^{-7}$	夜视仪、红外热像仪、遥控器

（续表）

名称	波长/m	常见应用
微波	0.001～1	调频广播、卫星电视、雷达检测、无线局域网、信息通信
无线电波	>1	导航、声呐、调幅广播

利用电磁波探测目标的电子设备被称为雷达。常见的雷达根据其检测波频段的不同可分为超视距雷达、微波雷达、毫米波雷达和激光雷达。不同雷达的检测波段和其常见应用如表4-2所列。

表4-2　　雷达分类

名称	工作频率	常见应用
超视距雷达	1.6～30 MHz	军事领域内的早期预警和战术警戒，如地地导弹和战略轰炸机的早期预警
微波雷达	300 MHz～300 GHz	汽车防撞、交通检测
毫米波雷达	30～300 GHz	导弹制导、目标监视、交通检测、辅助驾驶
激光雷达	$(3.8\sim7.9)\times10^{-7}$ Hz	自动驾驶、直升机避障、高精度地图

交通中使用的波频检测器发射的电磁波中心频率主要集中在微波频段（300 MHz～300 GHz）。根据检测原理的不同，波频检测器分为两种：基于多普勒效应的检测器和通过连续波频率调制实现车辆检测的检测器。

4.2.1　雷达测速仪

根据用途可将雷达测速仪分为移动式和固定式两类，可用于检测车辆速度，并通过对数据的处理和聚集以获取车辆长度和交通流量等其他交通参数，雷达测速仪广泛应用于交通超速执法和交通参数检测领域中[6，7]。

1. 工作原理

雷达测速仪是基于多普勒原理的微波检测器。因波源和观测者之间存在相对运动，故出现观测频率与波源频率不相等的现象，叫作多普勒效应。这种频率差异是由波源与观察者之间距离的改变产生的。波源的频率为单位时间内波源发出完全波（即一个波长的电磁波）的个数，由于观测者与波源之间存在相对运动，当二者距离增大时，波速不变，观测者在单位时间内接收到的完全波个数减少，即接收到的波频减少，反之，波频增加。因为这一现象是奥地利科学家多普勒最早发现的，故称之为多普勒效应。

如图4-10所示，基于多普勒效应，波源产生电磁波，遇到物体反射，由观测者（测速仪）接受反射电磁波，根据所接收电磁波的频移可以判断观测者与被测物体的相对速度。物体远离，反射电磁波频率变低，波长变长；物体靠近，反射电磁波频率变高，波长变短。频移与相对速度成正比，其反射信号的频率与速度有如下关系：

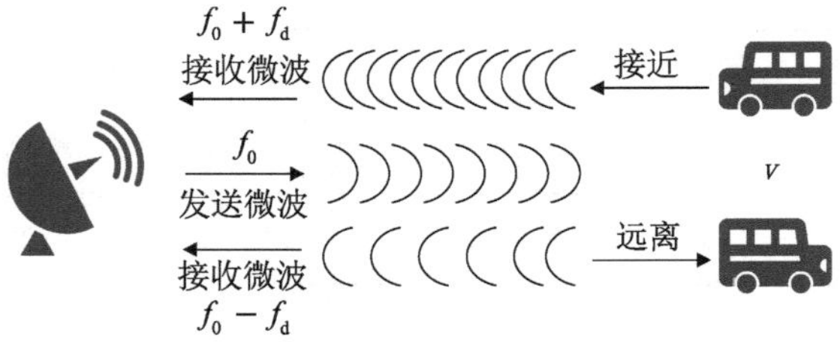

图 4-10 多普勒效应

$$f_d=\frac{2v}{c}f_0 \tag{4-13}$$

$$f_r=f_0+f_d \tag{4-14}$$

式中 f_d——频移；

f_r——反射信号的频率；

f_0——微波源产生的频率；

v——运动物体的径向速度分量；

c——电磁波在空间的传播速度。

2. 分类

1）固定式雷达测速

固定式雷达测速仪一般安装在龙门架上，通过向地面车辆发送微波来检测车辆的运动速度。测速仪发送微波的方向与地面呈一定夹角，通过控制波瓣发射角与微波发射方向与地面的夹角可控制抓拍区域，如图 4-11 所示。一组检测器对应一股车道，若测速仪覆盖范围不合适，可能会引起漏拍和错拍，若测速仪覆盖范围过大，范围内可能存在多辆车，从而无法分辨超速车辆，形成错拍；若测速仪覆盖范围过小，超速车辆可能跑出检测区域，从而形成漏拍。

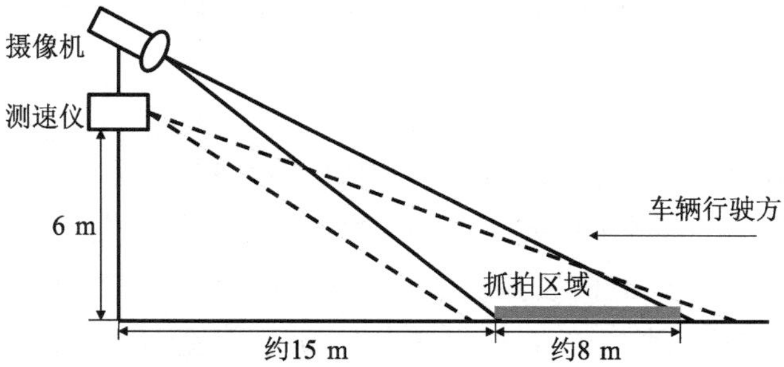

图 4-11 雷达测速仪与摄像机组合安装示意

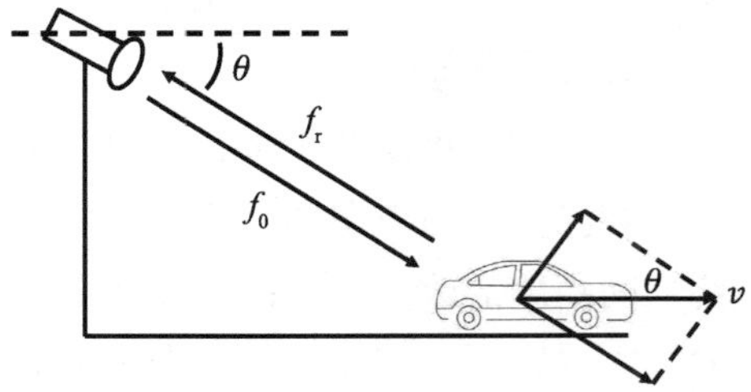

图 4-12 固定式雷达测速原理

由于多普勒效应，微波在相对运动的物体上反射会发生频移。如图4-12所示，雷达测速仪反射微波方向与车辆行驶速度方向之间存在一个角度 θ，雷达测速仪发射固定频率为 f_0 的微波，经车辆反射，测得反射波频率为 f_r，若 $f_r\neq f_0$，则说明有车辆通过，可测得通过时间并记为 t，根据多普勒原理利用以上参数计算车速：

$$f_d = f_r - f_0 = \frac{2v\cos\theta f_0}{c} \tag{4-15}$$

$$v = \frac{c(f_r - f_0)}{2f_0\cos\theta} \tag{4-16}$$

2）移动式雷达测速

常见的移动式雷达测速仪一般由使用者手持或安装于巡逻车上。如图 4-13 所示，移动测速检测器安装于巡逻车上，巡逻车行驶在道路一侧，向周边发射微波，车辆发射微波的角度（即波瓣发射角）一定，发射方向与车辆行驶方向的夹角（即雷达偏角 ω）越大，覆盖的检测范围越大。

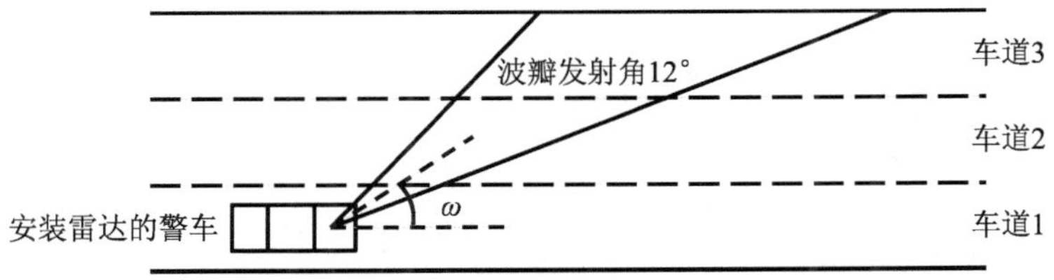

图 4-13　巡逻车使用雷达测速仪测速

与固定式雷达测速仪不同，移动式雷达测速仪自身也有一定速度，多普勒频移由测试源与被测物体的相对速度引起，故无法直接通过测速仪检测的频移来计算被测物体的速度。如图 4-14 所示，对于两个同向运动的物体，多普勒频移将由其相对速度之差引起，对于两个反向运动的物体，多普勒频移则由其速度之和决定。

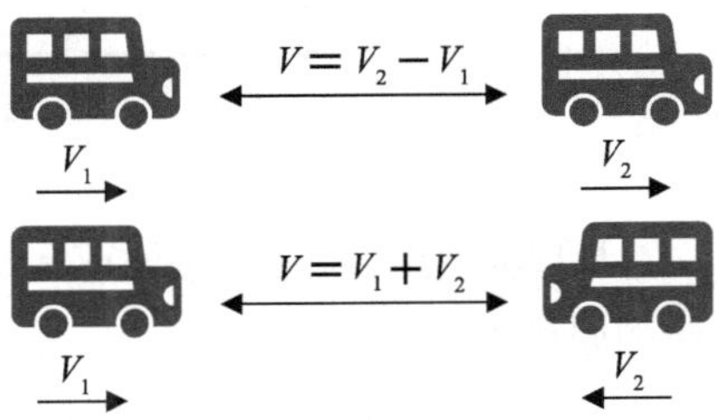

图 4-14　移动式雷达测速原理

通过计算车速 v 以及检测通过时间 t 可计算车长 l：

$$l = v \times t \tag{4-17}$$

通过累计一定周期 T 内的车辆通过次数 m 可计算交通流量 q：

$$q = \frac{m}{T} \tag{4-18}$$

4.2.2　远程微波交通检测器

远程微波交通检测器（Remote Traffic Microwave Sensor，RTMS）一般安装于交叉口和道路，用于检测车辆速度、占有率等交通参数，其覆盖范围可多达 8～12 条车道，在大多数场景下，可替代环形检测线圈，是一种具有应用前景的道路交通检测器[4,5]。

1. 工作原理

微波是指频率为 300 MHz～300 GHz 的电磁波，换算成波长则是在 1 m（不含 1 m）至

1 mm 之间的电磁波，是无线电波中一个有限频带的简称。微波的频率比一般的无线电波频率高，但低于可见光，故通常也称为“超高频电磁波”。由于 RTMS 的发射波中心频率处于微波频段，因此被称为微波车辆检测器。

电磁波具有“衍射”的特性，也称绕射，即波遇到障碍物或小孔后通过散射继续传播的现象。一般来说，孔隙越小，波长越大，这种现象就越显著。微波车检器的波长一般为 1～2 cm，货车的体积一般较大，当微波的波束在经过货车边沿时，同样会产生衍射现象，如图 4-15 所示。凭借高灵敏度接收天线，RTMS 能够接收到二次衍射之后的被遮挡车辆的反射波，因此，RTMS 微波车检器安装在路侧进行交通数据采集时，能够解决一部分的大车遮挡问题，这是 RTMS 微波车检器的独特优势。正是基于微波的上述特性，RTMS 能够可靠地探测到检测区域内的金属物体存在，而不受大型车辆、非金属物体和行人的干扰。

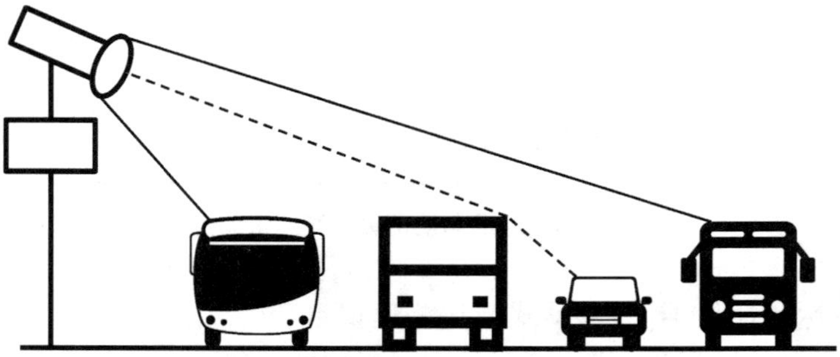

图 4-15　大车遮挡情况下车辆检测

RTMS 可以通过单层面或多层面调频微波的发射来检测物体的存在和运动，其具体的检测原理如下。

1）单层面检测静态和运动物体

单层面 RTMS 与雷达测速仪的中心工作频率大致相同，但 RTMS 不再使用固定频段的电磁波。通常，发射固定波频的检测器是基于多普勒效应来探测物体的存在，只能探测到与检测器之间存在相对运动的物体，而无法检测车辆的存在性，且当车辆低速运行时，检测精度会受到影响。RTMS 通过发射调频连续波（Frequency Modulated Continuous Wave, FMCW），可实现较大范围内静止物体的检测。

RTMS 的传输频率随时间不断变化，调频信号采用三角波。探测器和车辆之间的距离与发射器在 t_1 时间发射的频率和探测器接收到反射信号的 t_2 时间时发射器发射的微波频率的差值成正比，即

$$R=\frac{c\Delta f}{4\Delta F f_m} \tag{4-19}$$

式中　R ——探测器与被测物体之间的距离，m；

Δf ——发射器在发射信号与接收信号时间内的发射频率差值，Hz；

ΔF ——射频调制带宽，Hz；

f_m ——射频调制频率，Hz；

c——真空中光速。

如图 4-16(a)所示，探测器与车辆之间的距离也可以根据接收信号和发射信号的连续峰值时间差计算，即

$$R=\frac{c(t_2-t_1)}{2} \tag{4-20}$$

式中　t_1——探测器发射信号时间，s；

t_2——探测器接收信号时间，s。

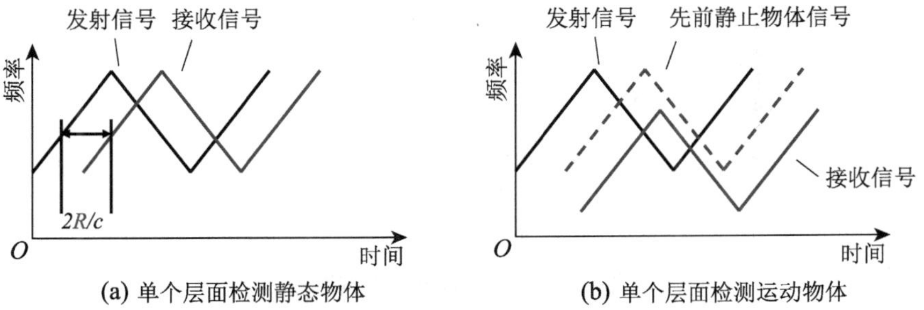

图 4-16　单层面检测物体原理

使用 RTMS 能够检测到的最小距离与调制带宽有关：

$$R_{\min}=\frac{c}{2\Delta F} \tag{4-21}$$

如果 RTMS 在 10.500～10.550 GHz 频率下工作，其带宽为 45 MHz，根据式(4-21)计算，其能够检测的最小距离在 3.3 m 左右。

当被测车辆与探测器之间存在相对运动时，由于多普勒频移效应，接收到的波会产生平移，如图 4-16(b)所示，其平移可以通过式(4-22)计算：

$$f_{\mathrm{d}}=\frac{2v}{\lambda} \tag{4-22}$$

由此可以获得相对速度：

$$v=\frac{\lambda f_{\mathrm{d}}}{2} \tag{4-23}$$

式中　f_{d}——多普勒频移，Hz；

v——探测器与被测物体之间的相对速度，m/s；

λ——波源的波长，m。

2）多层面车辆检测

单层面 RTMS 检测器能够检测的交通参数有限，随着数字阵列雷达的出现和成熟应用，多层面 RTMS 逐步投入应用。与单层面不同，多层面检测使用数字阵列雷达，利用阵列天线可以同时发出多个波束，以实现多层面的检测。以 RTMS G4 为例，G4 采用 8×8 的阵

列天线，64 个阵列天线依序工作，每个天线均能完成微波信号的发射与接收。

多层面 RTMS 车辆检测器如图 4-17 所示，RTMS 工作时，以一定的发射角和方位角向地面发射微波束，在发射方向上以特定层面宽分层面地探测物体。RTMS 检测器通过侧向安装在路侧或正向安装于道路上方龙门架上，向道路发射微波束，形成多个层面以实现交通信息检测。多层面检测技术的出现，不仅扩充了 RTMS 检测器的功能，还提高了其反应速度和分辨率。

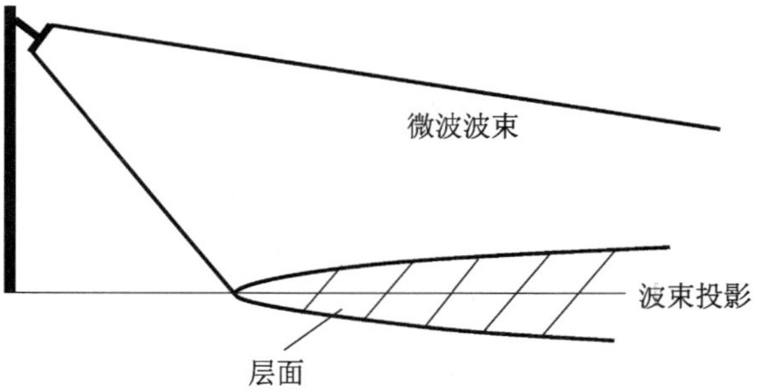

图 4-17　多层面车辆检测原理

以侧向安装模式为例，典型的 RTMS 有 32 个层面同时检测，层面宽一般为 2 m，可以在一定范围内调整；RTMS G4 有 254 个层面同时检测，层面宽为 0.38 m。RTMS 用调频信号扫描每个层面，向每个层面发射调频连续波（不同于测速仪发射固定频率信号），通过接收每个层面的反射波调频信号以实现交通信息检测，其检测范围可达几十米。

检测器以较高的工作频率进行扫描，一般 30 s 内可以完成所有层面的一次扫描，计算得到每个层面中静止物体与检测器的距离 R，形成背景，并根据背景生成背景阈值，如图 4-18 所示。可以自动生成或通过人工定义各车道对应的层面，若检测到某个车道（对应一个或多个层面）的反射信号高于其背景阈值，则表明有车存在。检测器不断重复生成背景，背景阈值可实时更新，如有车辆或者遮挡物停留在检测范围内，其反射的回波在一定时间内未发生变化，检测器便自动将其划入背景，当车辆驶离或遮挡消除，新的背景阈值将在下一周期内形成。

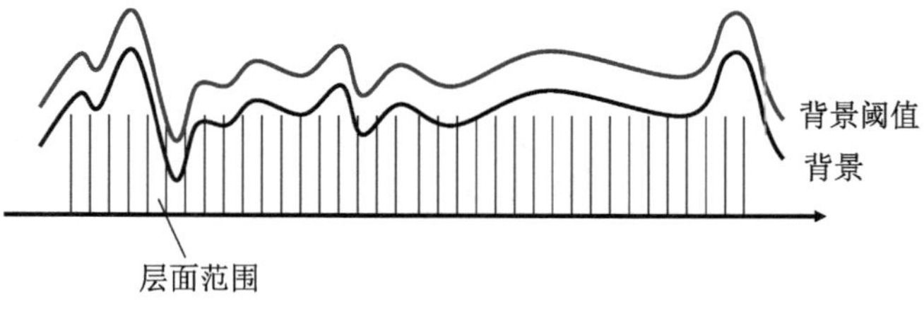

图 4-18　背景与背景阈值的生成

一般多层面 RTMS 的工作流程如下：

（1）RTMS 在通电开机后自动进行背景学习，接收天线检测到路面的回波信号后，会根据回波信号的强弱自动生成背景阈值。

（2）当有车辆经过检测断面时，由于车辆近侧面回波信号的强度高于背景阈值，则判断该车辆所在车道有目标存在。当车辆经过检测区域时，RTMS 会采集到车辆的车头、车身和车尾多个数据。

(3) 目标车辆驶离检测区域，车检器接收的回波信号恢复到背景阈值以下，等待下一次检测，同时将车流量、时间占用数据记录到检测器内部的缓存中，待记录周期结束后输出结果。

2. 检测参数

RTMS检测器可以实现分车道的车辆存在性、车辆速度、车长及车型、车间距、交通流参数等的检测，适用于高速公路、城市道路、桥梁、隧道等各种交通检测环境，为智能化交通管理提供输入。

1) 车辆存在性

检测器通过对比发射信号和接收信号，根据反射信号与背景阈值的差异可以检测车辆存在性。

2) 车辆速度

车辆速度的采集与单层面检测原理相似，根据发射信号与接收信号的频移可以检测车辆速度。

3) 车长及车型

RTMS检测频率较高，检测范围较大，其车长检测原理如图4-19所示，车辆经过检测区域时，RTMS可根据车辆占用的层面数和层面宽度来计算车长并划分车型。

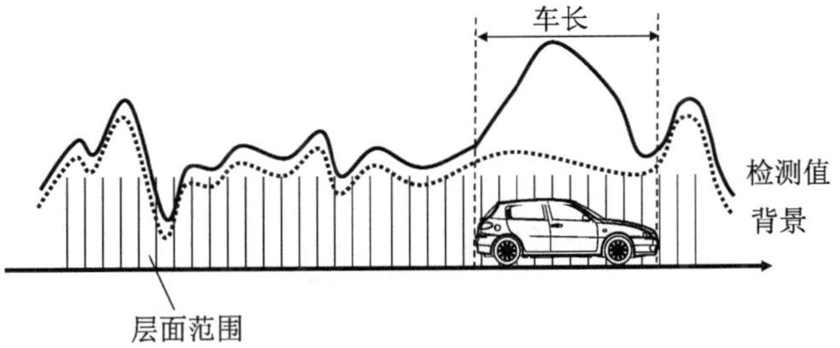

图4-19　车长检测原理

4) 车间距

RTMS可根据多辆车间隔的层面数及层面宽度来计算车间距，检测原理见图4-20。

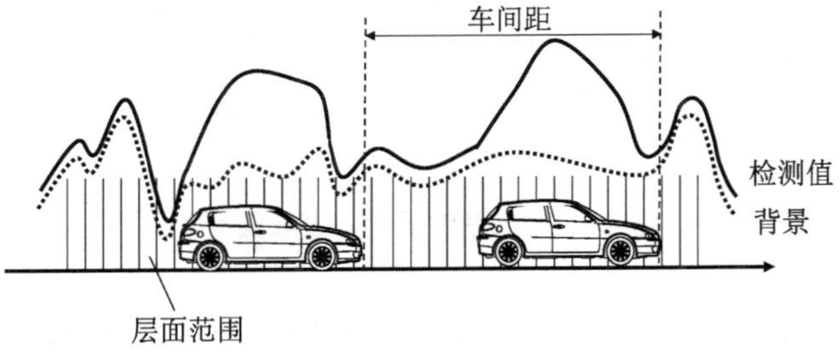

图4-20　车间距检测原理

5）交通流参数

通过车辆存在性的检测，计算每个层面中的物体与检测器的距离和速度，进而分析得到流量、占有率等其他交通流参数。

4.2.3 毫米波雷达检测器

毫米波雷达是工作在毫米波波段探测的雷达。通常，毫米波是指 30～300 GHz 频域（波长为 1～10 mm）的波。毫米波的波长介于微波和厘米波，因此，毫米波雷达兼有微波雷达和光电雷达的一些优点。

1. 工作原理

毫米波雷达的测距原理与一般雷达相同，也是把无线电波（雷达波）发射出去，然后接收回波，根据收发的时间差测得目标的位置数据。毫米波带宽大，分辨率高，天线部件尺寸小，能适应恶劣环境。自动驾驶的毫米波雷达通常采用结构简单、成本较低、适合近距离探测的 FMCW（调频连续波）雷达体制。雷达天线向外发出一系列调频连续毫米波，频率随时间按调制电压的规律变化，一般是连续的三角波，发射信号与接收信号如图 4-21 所示。图中实线是发射信号，虚线是相对静止和相对运动物体的反射信号，反射信号与发射信号波形相同，仅相差延时时间 t_d：

$$t_d = \frac{2R}{c} \tag{4-24}$$

式中 R ——目标距离，m；

c ——光速，m/s。

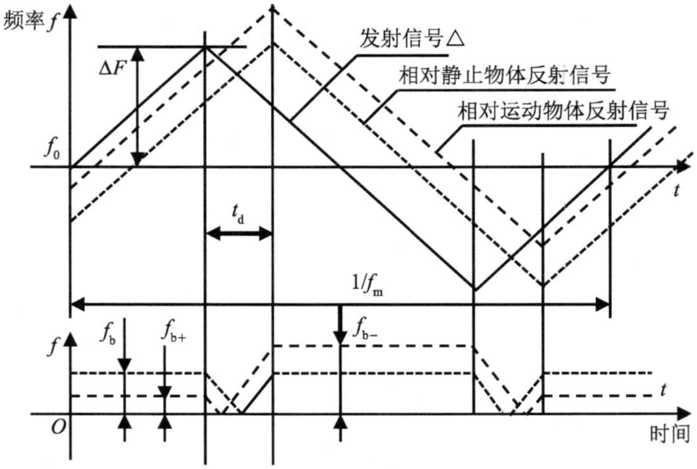

图 4-21 三角波发射与接收信号[8]

发射信号与反射信号在某一时刻的频差即为混频输出的中频频率 f_b，相对运动物体反射信号由于多普勒效应产生的频移，在三角波的上升沿与下降沿输出的中频频率分别为 f_{b+} 和 f_{b-}，从而得到目标车辆的距离 R 与相对速度 v：

$$R=\frac{f_{b+}+f_{b-}}{16\Delta F f_m} \tag{4-25}$$

$$v=\frac{(f_{b-}-f_{b+})c}{4f_0} \tag{4-26}$$

由式(4-25)和式(4-26)可知，毫米波雷达信号中频频率 f_b 的确定是求出 R 和 v 的关键。f_b 的确定即是对发射信号和反射信号的频差进行频谱分析。信号的频谱分析主要有FFT 法和非 FFT 法两种方法。FFT 法即对被分析的信号进行傅里叶变换将其从时域变到频域，在频域进行分析，必要时，再通过傅里叶逆变换变回时域的分析方法。而非 FFT 法则是通过其他途径获得信号的频率参数，如最大熵法、MUSIC 法等。综合考虑方法的复杂性、实时性和稳定性，对汽车雷达而言，频谱分析应首选 FFT 法，该方法较为成熟，实现起来较容易，实时性强，适合于汽车运行状况下信号的实时处理。

2. 检测参数

不同频段的毫米波雷达的指标参数不同，以 77 GHz 的毫米波雷达为例，具体指标如表4-3 所列。

表 4-3　77 GHz 毫米波雷达指标

参数	指标
频段	76～77 GHz
最大探测距离	250 m
俯仰角覆盖	±5°
速度	最大为 180 km/h
测距精度	0.3 m
速度精度	0.25 m/s
扫描周期	50 ms

毫米波雷达根据布设位置可分为车载毫米波雷达和场景毫米波雷达。车载毫米波雷达主要输出位置、速度和方位角三个检测参数。

(1) 位置。

毫米波雷达通过发射天线发出相应波段的有指向性的毫米波，当毫米波遇到障碍目标后反射回来，通过接收天线接收反射回来的毫米波。根据毫米波的波段，由式(4-25)计算毫米波雷达和目标之间的相对距离，同时也可得到目标的位置。

(2) 速度。

根据多普勒效应，毫米波雷达的频率变化与本车及跟踪目标的相对速度是紧密相关的，根据反射回来的毫米波频率的变化，可以得知前方实时跟踪的障碍物目标与本车相比的相对运动速度。因此，表现出来的就是传感器发出安全距离报警时，在本车继续加速或前监测目标减速或前监测目标静止的情况下，毫米波反射回波的频率会越来越高，反之则频率越来越低。

(3) 方位角。

关于被监测目标的方位角测量问题，毫米波雷达的探测原理是：在毫米波雷达的发射天线发射出毫米波之后，遇到被监测物体反射回来，通过与毫米波雷达并列的接收天线，收到同一监测目标反射回来的毫米波，根据发射信号与接收信号的相位差，就可以计算出被检测目标的方位角，原理如图 4-22 所示。

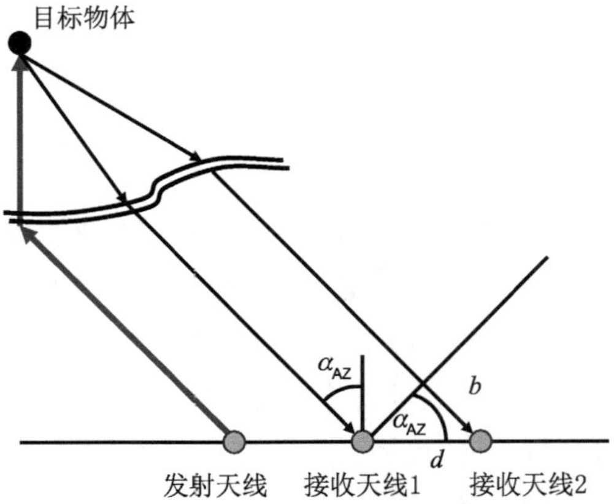

图 4-22 检测目标方位角原理[9]

场景毫米波雷达在高速公路的应用中有路边立柱型毫米波雷达和龙门架型毫米波雷达两种，具体安装方式如图 4-23 所示。

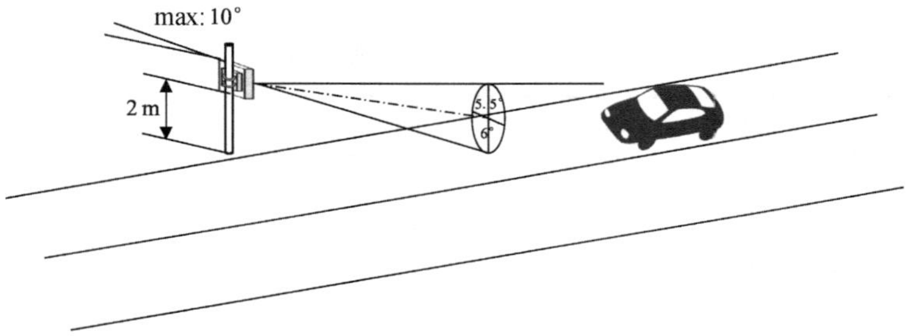

(a) 路边立柱型

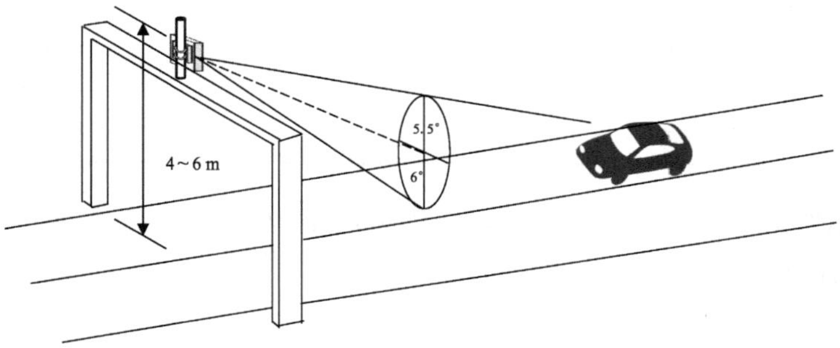

(b) 龙门架型

图 4-23 毫米波雷达安装方式

(图片来源：http://www.kdacctv.com/h-nd-690.html)

场景毫米波雷达输出的检测参数有车速、车头间距、车流量、道路占有率、平均车速和车型分类等。

(1) 车速。

侧面测速原理：行驶中的车辆、雷达与车道垂直点构成一个直角三角形，雷达发射雷达波，遇到车身反射回来，雷达即可计算出雷达与车辆之间直角三角形斜边的长度，而雷达到车道之间的距离已知，根据勾股定理，就可以计算出车辆到垂直点的距离，即另一条直角边的长度。雷达根据两次发射雷达波，就可以算出车辆两个时间点之间行驶的距离(两次测算出的直角边长度相减即可)。用该距离除以时间间隔，即可得到车速。

正前方测速原理：两次发射雷达波，根据回波定位两个时间点的车辆位置，把两个位置坐标相减，即可得到车辆在两次雷达波发射时间内行驶的距离，用该距离除以雷达波发射时间间隔，即可得到车速。

(2) 车头间距。

场景毫米波雷达测距与车载毫米波雷达测距类似，不同的是考虑雷达安装的角度，通过勾股定理计算得到车头间距。

(3) 平均车速。

交通流的平均车速即由测得的单车车速之和除以经过检测区域的车辆总数得到。

(4) 车流量。

已知交通流车速 v 和车头间距 h_s，可求得车流量 q：

$$q = kv \tag{4-27}$$

$$k = \frac{1\,000}{h_s} \tag{4-28}$$

式中 q ——车流量，veh/h；

v ——平均车速，km/h；

h_s ——车头间距，m/veh；

k ——交通流密度，veh/km。

4.2.4 激光雷达检测器

激光雷达发射激光束探测目标的位置、速度等特征量。激光雷达是激光技术与现代光电探测技术相结合的先进探测方式，由发射系统、接收系统、信息处理等部分组成。

1. 工作原理

激光雷达的基本工作原理与无线电雷达没有区别，即由雷达发射系统发送一个信号，打到地面的树木、道路、桥梁和建筑物上引起散射，经目标反射后信号被接收系统收集，通过测量反射光的运行时间从而确定目标的距离。关于目标的径向速度，可由反射光的多普勒频移来确定，也可以测量两个或多个距离，并计算其变化率从而求得速度，这也是直接探测型雷达的基本工作原理。激光雷达的作用就是精确测量目标的位置(距离、角度)、形状(大小)及状态(速度、姿态)，从而达到探测、识别、跟踪目标的目的。激光雷达是雷达系统中的一种，它是一种主动传感器，所形成的数据是点云形式。其工作光谱段在红外到紫外之间，主要由发射机、接收机、测量控制和电源组成。

主流的激光雷达主要是基于两种原理：一种是三角测距法，另一种是飞行时间(TOF)法。下面主要介绍三角测距法的原理，典型的三角测距原理结构如图 4-24 所示。

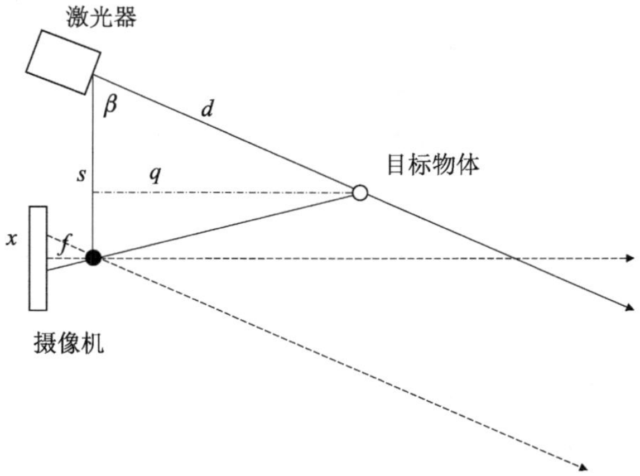

图 4-24　三角测距原理

激光器(Laser)以一定的角度 β 射出一束激光，沿激光方向距离为 d 的物体反射激光。接受激光的 CMOS(可视为长条形摄像机)，被物体反射的激光经过"小孔成像"被摄像机拍摄到。焦距是 f，物体离平面的垂直距离是 q，激光器与焦点间的距离是 s，过焦点平行于激光方向的虚线，它与摄像机的交点位置一般是预先知道的，物体激光反射后成像在摄像机上的点位置离该处的距离为 x。由图 4-24 易得，两三角形相似，于是有

$$\frac{f}{x}=\frac{q}{s} \tag{4-29}$$

即

$$q=\frac{fs}{x} \tag{4-30}$$

由于

$$\sin\beta=\frac{q}{d} \tag{4-31}$$

得

$$d=\frac{fs}{x\sin\beta} \tag{4-32}$$

求得 d 即为激光器到物体的距离。上文介绍的是如何根据三角测距原理进行单点测距，将单点进行旋转操作，即可得到激光雷达的效果。具体实施方法为：将激光器和成像器设置为固定装置，然后旋转，即可获得周围 360°的扫描结果，如图 4-25 所示。

2. 检测参数

与微波雷达和毫米波雷达不同，激光雷达输出的是相对底层的数据特征，扫描资料以点的形式记录，每一个点都包含三维坐标，有些还可能含有颜色信息(RGB)或反射强度信息(intensity)，即 $n \times m$ 二维矩阵 $(m \geqslant 3)$。

上述矩阵即为点云数据，点云数据除了具有 (x, y, z) 空间几何位置以外，有的还具有颜色信息。颜色信息通常是通过相机获取彩色影像，然后将对应位置的像素的颜色信息

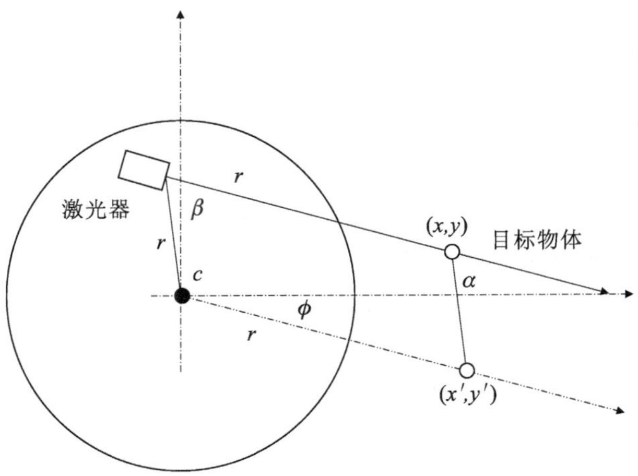

图 4-25　激光雷达 360°测距原理

(RGB)赋予点云中对应的点。强度信息的获取是激光扫描仪接收装置采集到的回波强度，此强度信息与目标的表面材质、粗糙度、入射角方向以及仪器的发射能量、激光波长有关。点云数据的可视化结果如图 4-26 所示。

图 4-26　点云数据可视化结果

点云数据性质如下：

(1) 输入无序性。只考虑点的坐标，点云数据为一组 $n \times m$ 的点集合。当 n 个点进行不同顺序的读入时，输入组合共有 $n!$ 种，应该保证输入顺序不影响整体结果。

(2) 点与点之间的相关性。这些点是空间中一个有意义的子集里按照某种距离矩阵生成的，处理点云数据的模型应有能力识别这些相邻点之间的局部结构和这些结构的组合。

(3) 平移、旋转不变性。对于一个三维图像进行如旋转、上移等操作时，不论是目标分类还是语义分割，都应保证结果不变。

通过提取底层点云数据特征，利用深度学习模型进行处理，可实现目标检测、目标追踪、实例分割等目的。

4.2.5 技术特点及主要应用

1. 检测技术特点

1）雷达测速仪

雷达测速仪是一种常见的测速设备，其主要优势如下：①照射面大，易于捕捉目标，无须准确瞄准；②设备易于携带，可手持或安装在巡逻车上；③受天气影响较小。

由于雷达测速仪基于固定波频的反射进行车辆检测，因此在检测精度及抗干扰能力等方面存在劣势，主要包括：①如果目标附近有反射能力更强的物体，则检测到的是该物体而不是目标；②当检测到多辆车时，无法分辨超速车辆；③无法不能检测静止或低速移动的物体，无法检测排队长度、车辆存在性等静态交通参数；④无线电波会对雷达测速仪造成干扰；⑤易被雷达感应器探测（测速电子狗）。

2）RTMS

RTMS 是一种准确度高、性能稳定、功能强大的车辆检测器，广泛应用于交通信息检测领域，基于其工作原理，主要具有以下优势：①其检测是基于微波频段的电磁波反射，检测精度受天气影响小，且支持全天候工作；②一般安装于路侧或道路上方龙门架，安装过程不破坏路面，维修无须封闭车道；③RTMS 基于多层面雷达检测，可以实现多车道大范围检测，一个 RTMS 可以覆盖 8～12 条车道；④基于电磁波的衍射原理，RTMS 可以接收被遮挡车辆的反射波，能够检测遮挡率小于 60％的车辆；⑤当 RTMS 工作时，以一定频率不断地对道路进行扫描，其背景阈值可以实时更新，能够检测临时停车。

但是，RTMS 的安装对地形要求较高，须安装在没有丘陵或其他障碍物的平坦路段，且当道路中具有铁制分隔带时，检测的准确度会下降。

3）毫米波雷达

在天线口径相同的情况下，毫米波雷达有更窄的波束，可提高雷达的角分辨能力和测角精度，并且有利于抗电子干扰、杂波干扰和多径反射干扰等，主要具有以下优势：①全天时工作特性，不论昼夜，即使夜晚都能正常工作；②测速、测距能力强；③成本相对较低。

但是，毫米波雷达在雨、雾等高潮湿环境下性能会衰减；相比微波，对树丛穿透力低；加工精度相对要求高，单片集成电路的开发相对迟缓。

4）激光雷达

激光雷达以激光作为载波，可以用振幅、频率和相位来搭载信息作为载体，有以下优于微波及毫米波的一些特点：

（1）极高的分辨率。激光雷达工作于光学波段，频率比微波高 2～3 个数量级，与微波雷达相比，激光雷达具有很高的距离分辨率、角分辨率和速度分辨率。

（2）高抗干扰能力。激光波长短，可发射发散角非常小的激光束，多路径效应小（不会产生微波或者毫米波的多路径效应），可探测低空或超低空目标。

（3）丰富的信息量。可直接获取目标的距离、角度、反射强度、速度等信息，生成目标的多维度图像。

（4）不受光线影响。激光扫描仪可全天候进行侦测任务。

当然，激光雷达也存在如下缺点：①激光受大气及气象影响大；大气衰减和恶劣天气会使作用距离减小；②激光束窄，难以搜索和捕获目标。

2. 应用场景

1）雷达测速仪应用场景

雷达测速仪主要应用于超速执法实时测速，可安装于路侧进行固定测速，也可手持或搭载于巡逻车上进行移动测速。

（1）路侧雷达超速抓拍系统。

路侧雷达超速抓拍系统将雷达测速仪安装于路侧，对行驶的车辆进行实时测速，通过摄像机或红外配合取证，完成车辆超速的检测及执法。

完整的路侧雷达超速抓拍系统由前端、通信和中心三部分构成。系统采用测速雷达作为测速传感器，当雷达检测到车辆进入可测区时，记数并统计当前断面的车流量；摄像机拍摄违法车辆图片，当雷达检测到有超速车辆进入摄像机的视场后，主机视频分析模块开始工作，与雷达结合分析车辆的运动，提取车牌图像最清晰的该帧图片作为特征图片，同时结合实测值、违法时间、地点、使用单位、方向等信息构成超速违法记录，采集的信息通过无线方式传输到后台电脑服务器端，然后用后台软件进行整理、录入、处罚、打印等。

（2）移动雷达测速。

移动雷达一般安装在巡逻车上，以对道路上行驶的车辆进行移动测速，通过实时测速及拍照，将违法数据上传至数据中心，用于执法或实施超速信息显示。

2）RTMS 应用场景

RTMS 基本可以实现环形线圈所能够实现的所有功能，包括：多车道场景下的道路交通参数采集、交叉口电子警察触发、停车场出入口道闸控制和交通信号控制等。

与环形线圈相比，RTMS 可以对多车道、静态车辆进行检测。RTMS 可以在发生道路交通事故或拥堵时发挥其优势，是高速公路事件检测系统中的常见检测器。

4.3 视频车辆检测技术

视频车辆检测技术广泛应用于高速公路和城市道路，常集成于电子警察抓拍系统、信号灯控制系统中，能采集道路交通参数并上传至交通监控中心。随着视频图像处理技术的提高以及视频监控设备等硬件设备造价的降低，视频检测技术的应用范围不断扩大。视频车辆检测技术的核心是视频图像处理技术，通过识别视频图像中的运动目标，实现车流量统计、车型识别、速度检测、车牌识别等功能应用。本节将简要介绍视频检测原理，并通过介绍常用的目标检测算法，展示视频车辆检测技术的多种应用场景。

4.3.1 视频检测原理

视频检测技术源于计算机视觉，能够在图像及图像描述之间建立映射关系，从而使计算机能够通过图像处理自动分析和获取视频源中的关键信息。

视频检测技术以视频监控设备作为传感器，以图像处理技术作为分析处理工具，通过检测车辆进入检测区时视频图像某些特征的变化，从而得知车辆的存在，并以此来检测交通流参数，从而获取车辆的特征信息。视频图像检测技术将大量枯燥的视频图像分析工作交给计算机，将分析人员从传统的监控、调查任务中解脱出来，实现自动检测、识别和跟踪目标的目的。

高速公路交通视频监控系统主要包括前端设备、系统控制和网络传输三部分，各个部分相对独立。其中，系统控制又可分为系统设置与操作、显示与记录存储两个部分。视频监控系统架构如表 4-4 所列。

表 4-4　视频监控系统架构

系统架构	硬件组成	分类标准
车辆检测	（检测设备）车辆检测器	车辆检测方式
图像记录/采集	（抓拍设备）高清摄像机	相机类型
图像处理	图像处理器（系统）	目标检测与目标跟踪算法
存储	存储设备	—
传输控制	Webservice 及 Servlet 接口； 光端机、网络交换机、网闸、防火墙	—
辅助照明系统	补光装置	发光方式代号；光源类型代号

1. 前端设备

前端设备是整个交通视频监控系统的“眼睛”，作为感知外界环境的“触手”，以获取图像信息，因此，影响视频质量的因素之一是摄像部分。前端设备主要功能是采集、压缩视频图像，采集状态信号以及输出控制信号等，最终将监视的内容变为图像信号传送到各个分控网点和控制中心。

2. 系统控制

系统控制部分是实现整个系统功能的指挥中心，是整个视频监控系统的“大脑”，通过网络连接到各路段的监控前端，完成所辖监控摄像点监控图像的实时显示、控制、存储和管理等。

3. 网络传输

网络传输部分是视频监控系统的视频、音频信号通道，也是视频监控系统的枢纽。在网络传输方面，可以根据系统对网络的带宽要求、系统周边的网络条件以及经济性考虑，配置合适的网络路由，并保证该系统的图像效果。

4.3.2　目标检测原理

运动目标检测是运动目标识别跟踪的基础，可以分为静止背景和运动背景两种检测场景。基于交通视频检测设备固定架设且通常固定角度拍摄的特殊性，本节仅介绍静止背景下的运动目标检测算法。

静止背景下的运动目标检测算法是在系列视频图像中提取运动目标。然而，在实际应用过程中，即使是诸如路面环境这样的静止背景，也会随着环境的变化而变化，如天气状况、环境光影和外界物体干扰等影响。一个好的目标检测算法应该能够克服环境变化、外界干扰的影响，以及适应各种交通状态下的多目标检测，上述三点正是车辆目标检测的难点。常用的交通视频图像运动目标检测算法主要有背景差分法、帧间差分法和光流法等。

1. 背景差分法

背景差分法是将图像中所得到的一帧作为背景图像（参考图像），用当前帧图像与背景图像做差分，如果能够选取干净的背景图像，就能够比较准确地分割出前景运动目标。

目前，最简单的背景模型是时间平均图像。然而在现实场景中，背景往往不是固定的。它会随着光线、运动以及背景物体的变化而变化。所以，目标检测算法在实现的过程中，要不断地自动实现背景图像的更新，之后再次利用新的背景模型来确定前景目标，以得到更精确的结果。

背景差分法一般能够提供最完全的特征数据，适用于背景已知的情况。该方法的关键在于如何自动获得场景的静态背景模型。

背景差分法的计算速度非常快，这是其他运动目标检测算法无法比拟的一个优点。而且只要准确建立背景模型，就可以获得关于运动目标区域完整、精确的描述，但背景差分法的缺点是对场景中光照条件、大面积运动和噪声比较敏感，在实际应用中，须采用一定的算法进行背景模型的动态更新，以适应环境变化。

2. 帧间差分法

帧间差分法是一种通过对视频图像序列中相邻两帧或多帧做差分运算来获得目标轮廓的方法。其基本思想是，在图像序列中的对象如果在不同帧中位置发生变化，那么，在对应的不同帧的该位置上的灰度也会发生变化。而对象没有发生变化的位置，其灰度值就不会发生变化，通过阈值化，可得到目标对象。

该方法的优点是算法实现简单、程序设计复杂度低、对光线等场景变化不太敏感、能够适应各种动态环境、稳定性较好。缺点是无法提取出对象的完整区域，只能提取出边界，同时，取决于选择的帧间时间间隔：对快速移动的物体，需要选择较小的时间间隔，否则，若前后两帧无重叠，就会被检测为两个分开的物体；对慢速运动的物体，应该选择较大的时间间隔，否则，当物体在前、后两帧中几乎完全重叠时，会检测不到物体。

3. 光流法

光流法就是利用图像灰度在时间上的变化与景象中物体的结果和运动的关系，进行运动物体的检测。在图像中观察到的表面上的模式运动就是所谓的光流场，而运动场则是三维物体的实际运动在图像上的投影。假设运动可以由一系列映像参数描述，对应于同样的表面和三维运动的流量矢量将具有相同的映像参数进行集合，通过把具有同样映射参数的流量矢量分配为同一类的方法，完成光流分割。

光流法的缺点是：①光流法非常容易受外界光照条件的影响，而交通场景一般处于室外，光照变化必然存在于交通场景中，一方面，天气的变化会对室外交通场景的光照条件产生很大影响；另一方面，交通目标表面的灰度会随着目标所在的区域、与太阳的位置关系等发生变化，如车辆在阴影区和太阳光下的灰度是不同的。②光流法需要利用视频相邻帧来实现运动估计，当交通目标静止时，则无法检测到目标的运动信息，便难以从视频中检测到该目标。

4.3.3 技术特点及主要应用

1. 检测技术特点

视频检测器具有如下优点：①安装简便，不破坏路面，易于移动、调整检测器的位置，维护费用低，升级容易；②直观可靠，便于管理人员干预，检测范围广，获取信息丰富；③可提供现场录像，重现交通场景，为研究交通行为、改进交通管理方法和处理交通事故提供了大量信息。

视频检测器具有如下缺点：①大型车辆会遮挡随行的小型车辆；②技术还不够成熟，易受气候和光照等外界条件影响，易被其他运动物体和灯光干扰。

2. 应用场景

卡口系统作为公安部门打击违法犯罪行为的重要手段，承担着重要的信息采集任务，其主要有以下两个功能。

(1) 现场缉查布控。将卡口车辆通行信息和布控嫌疑车辆信息进行比对，产生预警信息后，由执勤民警进行拦截查处。

(2) 车辆轨迹回溯。车辆通过各个卡口时，系统记录下车辆行驶的路径点信息，形成车辆行驶轨迹记录，用于车辆历史出行信息的查询，为公安部门案件侦破提供线索。

第 5 章
移动式交通检测技术

移动式交通检测技术利用载有特定设备的移动车辆采集交通数据。根据数据来源的不同,移动式交通检测技术主要基于浮动车、射频和手机信令。

5.1 浮动车技术

浮动车交通数据采集技术是指通过装有车载卫星导航系统(如 BPS, GPS 等)设备以及无线通信模块的车辆,结合信息处理技术,实时采集位置、速度、方向等交通数据,由统一的信息中心对所获取的数据进行综合处理,即可实现不同时间维度和空间尺度下的车辆和交通流状态测量,刻画出城市交通动态,从而为相关的交通管理部门提供决策支持,为公众提供实时动态多样的出行、诱导信息。浮动车交通数据采集技术具有成本低、效率高、实时性强、覆盖率广的特点,与传统的固定式采集方式相比,具有明显优势。

目前,浮动车类型主要包含出租车、公交车、特种车等,数据主要来源于这些移动交通工具的监控调度的行业管理或商用系统。百度地图、高德地图等出行服务提供商基于大量的浮动车数据来捕捉实时交通状态、更新地图数据、进行交通预测,从而为公众提供高质量的出行服务,协助政府进行职能交通管理与决策。

5.1.1 检测原理

浮动车信息采集系统包括车载设备、无线通信网络、信息处理平台等组成部分,如图5-1所示。原始卫星信号由车载设备进行采集,通过无线通信网络传输至信息处理平台,经处理后转化为交通信息才可为具体交通应用提供支持。

车载设备主要包含定位模块、无线通信模块等。其中,定位模块负责接收定位卫星信号,获取车辆当前的位置坐标及速度信息;无线通信模块用于与信息处理平台进行通信,实现数据的传输以及指令的获取。车载设备向信息处理平台传输的数据包含车载终端编号、经纬度坐标、瞬时速度、方向、时间等字段[10]。目前,我国常用的卫星导航定位系统有我国自主研发的北斗卫星导航系统(BeiDou Navigation Satellite System, BDS)和美国的全球定位系统(Global Position System, GPS)。

信息处理平台主要包含无线通信设备、交通信息处理系统等。信息处理平台对车载设备上传的数据进行存储、处理、计算和分析,在直接采集得到的瞬时速度、位置、方向等原始参数的基础上,结合路网等基础信息完成速度、行程时间等交通参数的计算,从而获取更加丰富的交通信息。

无线通信网络是实现车载设备和信息处理平台沟通的媒介,基于通信运营商提供的基

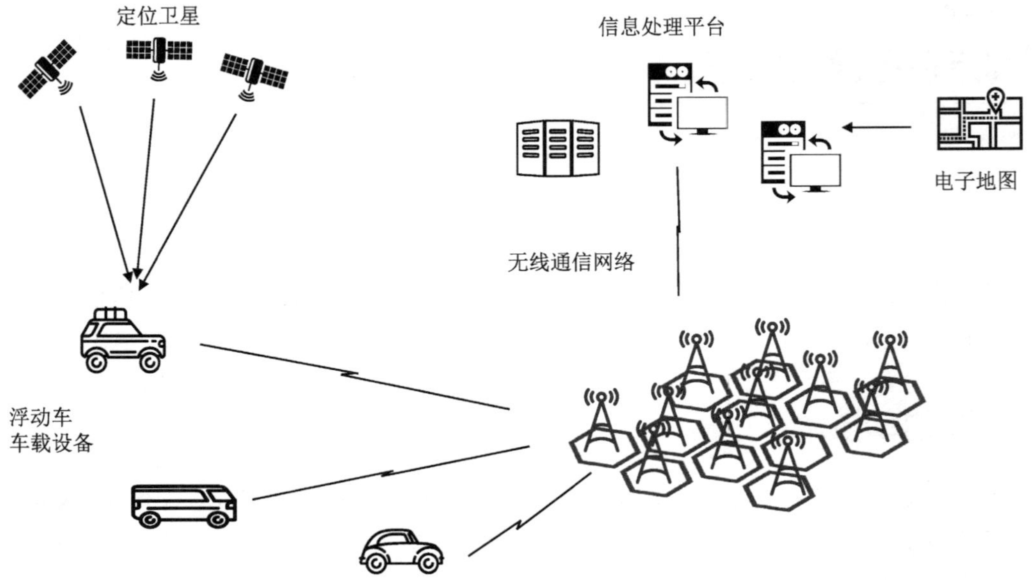

图 5-1　浮动车信息采集系统

站和数据传输服务,完成数据的传输和交换。

5.1.1.1　全球定位系统(GPS)

GPS 即导航卫星授时与测距全球卫星定位系统,是美国国防部为了满足军事部门对海上、陆上和空中进行高精度导航和定位要求而建立的。它具有全球性、全天候、实时连续的三维导航和定位能力,以及良好的抗干扰性和保密性,是世界上新一代的卫星导航与定位系统。到 1994 年,全球覆盖率高达 98%的 24 颗 GPS 卫星星座已布设完成。

GPS 利用 GPS 卫星,向全球各地全天候、实时性地提供三维位置、三维速度等信息,完成对使用者的位置和速度的计算,以提供较高精度的时空数据,因而在交通领域获得了广泛的应用,如智能交通系统中的车辆导航、车辆管理和救援等。

1. GPS 系统组成

GPS 系统由空间部分、地面控制部分和用户设备部分组成,如图 5-2 所示。

1) 空间部分

空间部分包含由 24 颗运转卫星组成的象征性星群,具有单向无线电信号传输功能,向用户设备提供当前 GPS 卫星的位置和时间。24 颗运转卫星由 21 颗工作卫星和 3 颗在轨备用卫星组成,记作(21+3)GPS 星座。这些卫星属于地球中轨卫星,轨道高度约为 20 200 km,每颗卫星每天绕地球两次。24 颗卫星分布在围绕地球的 6 个等距的轨道平面上,每条轨道上均匀分布 4 颗卫星。

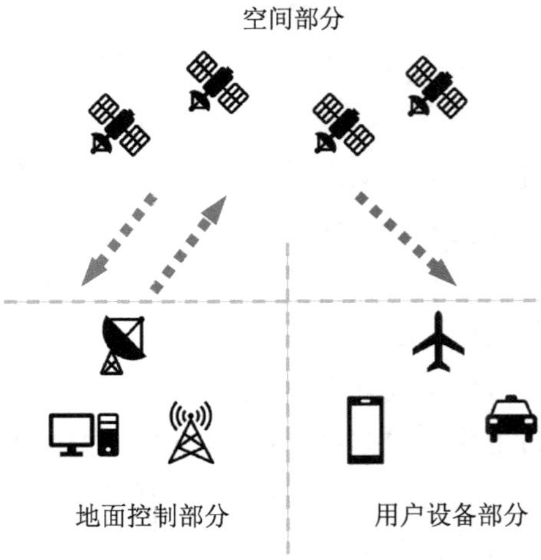

图 5-2　GPS 系统组成

这种布局，一方面，可以确保用户能从地球上任何一点观测到至少 4 颗卫星；另一方面，也保证了一定的容错性，避免某颗卫星失效所带来的覆盖性能和定位性能的显著下降。实际在轨运行的卫星数量超过 24 颗，以保证在基准卫星维修和退役时仍能提供足够的覆盖范围，这些额外的卫星尽管不属于核心星座的一部分，但是对于提升 GPS 性能具有重要作用。自 2011 年 6 月起，GPS 星座由 24 颗卫星拓展为 27 颗卫星，原来布局中的 3 颗基准卫星被重置为 6 颗卫星，成为基准星座的一部分，从而提高了 GPS 在大多数地区的覆盖率。目前，GPS 星座已真正实现全球覆盖，不再有盲区，全天 24 小时都能精准定位。

2）地面控制部分

地面控制部分精确跟踪 GPS 卫星，以维护卫星和维持其正常功能，包括将卫星保持在正确的轨道位置以及检测卫星子系统的健康状况。地面控制部分由一个全球性的地面设施网络构成，其具体由一个主控站、一个备用主控站、11 个地面天线和 16 个监测站组成，用于跟踪 GPS 卫星、监视其工作状况、执行分析并将命令和数据发送至空间部分。

其中，主控站是 GPS 的核心，承担地面监控部分的协调和控制工作，接收、处理所有监测站传来的数据。其主要功能包括：命令和控制 GPS 星座；利用监测站数据精确计算卫星位置；生成卫星的导航数据；监控卫星是否正常工作，进行卫星维护和异常操作。地面天线负责向卫星发送命令，上传导航数据，加载处理器程序，通信并收集遥测数据。监测站则是在主控站控制下的一个数据自动采集中心，它的主要任务是通过接收机对 GPS 卫星进行连续观测和距离/载波数据采集，收集大气数据，并将观测结果反馈给主控站。

3）用户设备部分

用户设备通常被称为 GPS 接收器，用于接收空间星座发送的信号，进而确定用户位置、速度和时间。GPS 的空间星座和地面监控部分为定位提供了定位基础，但是针对单个用户的精确定位，则依赖于 GPS 用户设备，即 GPS 接收机。GPS 接收机追踪可见的 GPS 卫星，根据捕获的卫星信号进行定位计算，从而得到用户所在地理位置的经纬度、高度、速度、时间等信息。

2. GPS 定位原理

图 5-3 所示为通过卫星进行三边定位的 GPS 定位示意。

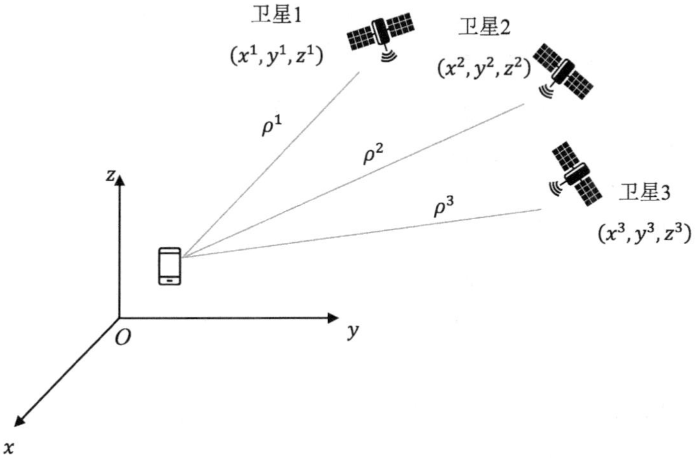

图 5-3 GPS 定位示意

其中，对于接收机可见的卫星 $i(i=1, 2, 3)$，其空间直角坐标为 (x^i, y^i, z^i)，GPS 卫星信号发射时间为 t_1^i，传输到地面接收器的时间为 t_2^i，无线信号以光速传播，由此可计算出卫星到该接收器的距离 ρ^i，即

$$\rho^i=(t_2^i-t_1^i)\times c \tag{5-1}$$

以每个可见卫星到接收器的距离为半径作球体，它们在地球表面的交点 (x, y, z) 即为接收器的位置，用方程式表达如下：

$$\sqrt{(x^i-x)^2+(y^i-y)^2+(z^i-z)^2}=\rho^i \tag{5-2}$$

将三颗可见卫星的方程式联立即可求得接收机的位置。但是，由于接收机时钟与卫星时钟存在不同步的问题，所以还需要额外的一颗卫星测量值，由此将接收机钟差一并计算出来，从而获得精确的定位、定时信息。

3. GPS 定位精度

尽管目前美国政府承诺在太空中传播的 GPS 信号的全球平均用户范围误差（User Range Error，URE）不超过 7.8 m，但是，URE 是测距精度的衡量标准。而用户定位精度是指设备的计算位置与真实位置的接近程度，以半径表示。对于用户而言，受到卫星、URE、局部因素等多种因素的共同影响，定位精度会受到限制，如图5-4 所示。

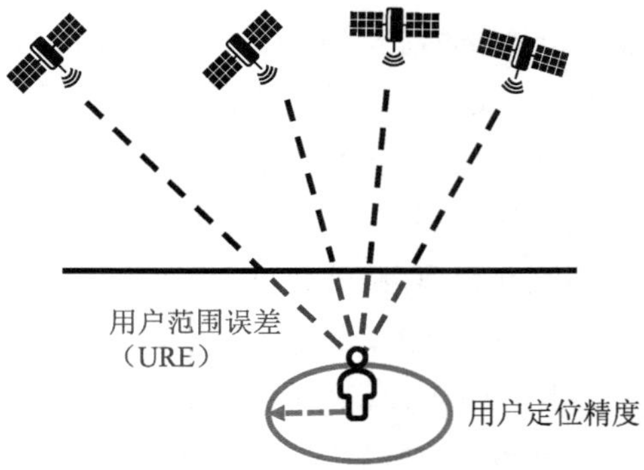

图 5-4　GPS 定位误差

由 GPS 定位原理可知，在信号产生、传播和地面接收过程中，均可能产生误差，主要的误差来源包括以下四方面。

1）星历误差/时钟偏差/测量噪声

GPS 信号中存在星历（轨道位置）误差、广播卫星的原子钟与 GPS 标准时的偏差，而包含星历误差的数据可能导致无法准确模拟真实的卫星运动或精确的时钟漂移率。测量噪声对信号的失真会进一步增加位置误差。

星历数据的差异会引入 1～5 m 的位置误差，时钟漂移差异会引入 0～1.5 m 的位置误差，测量噪声会引入 0～10 m 的位置误差。

2）大气效应

虽然无线电信号在真空中以光速传播，但当在电离层和对流层中传播时，由于受到折射的影响，传播速度发生变化导致延时，并且由于大气条件在不同位置不同时间具有差异性，无法准确补偿发生的延迟。图 5-5 所示为 GPS 大气传播。

3）多路径误差

多路径误差是指 GPS 信号最终到达地球表面时，它可能会在到达接收器的天线之前被周边的障碍物反射，反射信号会直接产生干涉导致位置观测值发生偏移，如图 5-6 所示。这种效应主要出现在大型建筑物或其他高地附近。

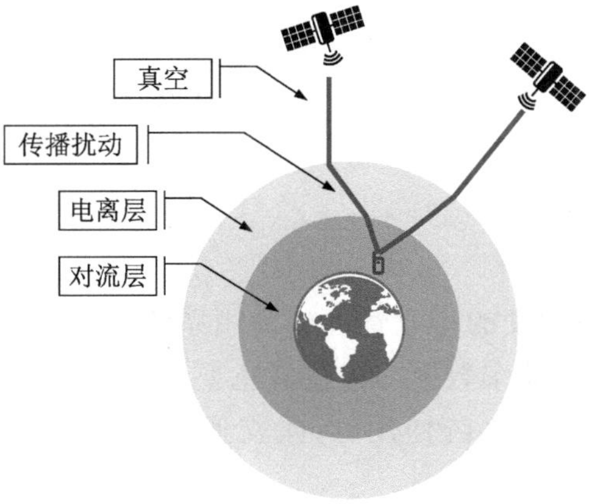

图 5-5　GPS 大气传播

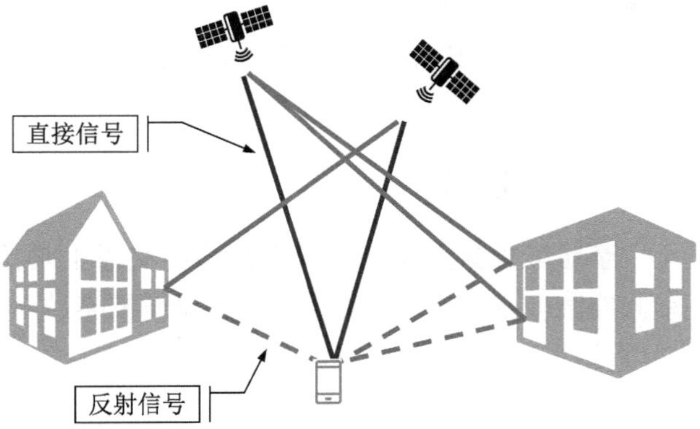

图 5-6　多路径 GPS 信号

4）信号遮挡

当建筑物、桥梁、树木等遮挡或处于室内或地下时，信号接收受阻可能带来一定的定位误差。

4. 差分校正技术

目前已有一些误差修正方法进行定位校正，差分校正技术应用较为广泛，其基本前提是在位置精确已知的控制点，通过固定接收器（基站）连续地记录其固定位置，将其与已知位置相减得到误差项，可用于对移动接收器的定位进行实时校正或后处理校正。

1）实时差分校正

基站在接收数据时计算并消除在该时刻由 GPS 信号计算的误差，移动接收器将校正应用于计算同一时刻的位置，要求移动接收器记录的定位与基站记录的定位同步。由于影响不同移动接收器的误差种类和大小不相同，通过该方式校正后的位置仍存在误差。

2）后处理差分校正

将已知位置记录的基站和现场记录的移动接收器的数据文件传输到软件平台进行处理，从而计算出移动接收器的校正位置。

5.1.1.2　中国北斗卫星导航系统（BDS）

中国北斗卫星导航系统是中国着眼于国家安全和经济社会发展需要，自主建设、独立运行的卫星导航系统，也是继 GPS 和 GLONASS 之后第三个成熟的卫星导航系统[11]。

北斗卫星导航系统由空间段、地面段和用户段三部分组成，可在全球范围内全天候、全天时为各类用户提供高精度、高可靠度的定位、导航、授时服务，并具短报文通信能力，已经初步具备区域导航、定位和授时能力，定位精度为 10 m，测速精度为 0.2 m/s，授时精度为 10 ns。

北斗卫星导航系统是联合国卫星导航委员会已认定的四大导航核心供应商之一。从 2017 年年底开始，北斗三号系统建设进入了超高密度发射。北斗系统正式向全球提供卫星无线电导航（Radio Navigation Satellite System，RNSS）服务，在轨卫星共 39 颗。2019 年发射 5～7 颗，2020 年发射 2～4 颗卫星后，北斗全球系统建设全面完成。

北斗卫星导航系统随着北斗系统建设和服务能力的发展，相关产品已广泛应用于交通运输、海洋渔业、水文监测、气象预报、测绘地理信息、森林防火、通信时统、电力调度、救灾减灾、应急搜救等领域，并逐步渗透到人类社会生产和生活的方方面面，为全球经济和社会发展注入新的活力。

5.1.2 原始数据

浮动车数据主要来源于各种移动交通工具监控调度的行业管理或商用系统，如出租车监控调度指挥系统、城市公交监控调度系统等。浮动车数据的提供者主要有：①移动定位设备提供商；②监控调度系统建设方；③监控调度系统使用方；④交通信息服务提供商。

以基于 GPS 的浮动车数据为例，浮动车数据的内容基本包括：经度、纬度、方位角、车速、车辆状态等，详细描述见表 5-1。

表 5-1　上海浮动车数据结构

序号	字段	类型	字段意义	说明
0	ID	number	车辆设备号	用于区分发送 GPS 信号信息源
1	DATEMARK	Datetime	日期	年/月/日
2	TIMEMARK	Datetime	时间	时/分/秒
3	LONGITUDE	Float	经度	度，双精度
4	LATITUDE	Float	纬度	度，双精度
6	SPEED	Float	速度	点速度
7	DIRECTION	Float	方向角	点速度方向与正北方向的夹角
8	STATUS	number	载客状态	0:空车，1:重车
9	VALID	number	有效性	0:无效，1:有效

在获取到原始数据后，可以根据交通检测的需求，从原始 GPS 设备数据中提炼出应用所需的字段内容以进行进一步处理和分析。

5.1.3 技术特点及主要应用

5.1.3.1 技术特点

（1）优点：①成本低且效率高，只需给车辆配备 GPS 接收器，而无须专门建设基础设施；②实时性强，全天候采集详细、连续的信息；③能够自动化采集数据，无须人工参与；④浮动车活动区域广，覆盖范围大。

（2）缺点：①需要足够多的车辆安装 GPS 进行采样；②GPS 定位信号易受所处环境干

扰，导致信号丢失；③数据精度受到 GPS 定位精度的影响；④无法直接检测流量、占有率等交通流参数。

5.1.3.2　主要应用

浮动车检测技术通过采集浮动车的运行数据，经分析处理后生成交通信息，从而服务于交通信息发布、交通管理和控制以及交通规划等应用。

1. 动态交通信息发布

原始采集的浮动车 GPS 数据经浮动车信息采集系统处理后，结合电子地图能实时反映路网的运行状态，从而为出行者提供实时信息。

1）交通状态判别

基于 GPS 浮动车行驶在路网中实时检测到的数据，可根据其预处理之后的结果实时估计道路的交通参数并分析出道路的交通状态。交通状态直观表现在交通拥挤程度上，而交通拥挤程度需要通过交通参数进行衡量，行程时间和行程速度在交通拥挤判别中的应用效果较好[12-14]。

（1）基于路段行程时间的交通拥挤判别。

路段行程时间可以直观地描述交通拥挤状况，如果路段上车辆的实际行程时间高于预期，则路段处于拥挤状态，从而在设定路段期望行程时间的基础上计算车辆行程时间延误，以进行交通拥挤的自动判别。

结合车辆在同一路段相邻时段的行程时间数据，以及车辆在不同路段同一时段的行程时间数据，进行拥挤类型判别，从而分析属于常发性拥堵还是偶发性拥堵。

（2）基于路段行程速度的交通拥挤判别。

基于浮动车瞬时速度数据，对其变化规律进行分析，设定拥挤和非拥挤状态下速度和加速度的阈值，以进行交通拥挤的自动判别。

车辆在经过拥挤路段时，速度变化具有表 5-2 所列的特征。由此可以设定判别规则，以确定道路的交通状态。

表 5-2　　车辆通过拥挤路段的速度变化规律

车辆位置	速度变化特征
畅通道路	车辆速度接近或超过道路限速标准
接近拥挤路段	车辆开始减速慢行
到达拥挤路段	车辆速度约为拥挤交通流速度
拥挤严重路段	车辆走走停停，出现减速—加速—再减速—再加速的循环过程
离开拥挤路段	车辆持续加速，直至接近道路限速

2）交通异常检测

城市道路交通异常是指在发生重大交通事故、集会、施工、交通管制等情况下，道路的实际运行特征偏离了预期，如出现交通流量下降、行驶速度缓慢从而影响了道路的运行效率。

采用浮动车数据进行交通异常检测主要包含两种方式：基于道路交通参数特征的异常检测和基于区域间交通参数特征的异常检测。

（1）基于道路交通参数特征的异常检测。

以单条道路为检测对象，通过建立道路上交通参数的分布特征，进行异常检测[15, 16]。通过对道路上采集到的浮动车数据进行分析，计算道路在某一时段内的行程时间、流量、行程速度等交通参数，基于历史数据以及相关道路间的相似性，确定交通参数的合理分布范围，当超出这一范围时，即被判定为发生了异常事件。

（2）基于区域间交通参数特征的异常检测。

以城市中的交通分析区域为检测对象，通过建立区域与区域之间的交通特征来进行异常检测。分析起始区域O和目标区域D之间在某一时段内交通参数（如流量）的时空分布特征，识别区域间交通参数偏离合理分布范围的情况[17]，从而识别异常事件；或根据区域间出行时路径选择的差异性来分析道路的使用情况，针对道路流量明显减少或增加的情况进行异常事件判别。

2. 出租车运营管理

出租车具有运营时间长、道路覆盖面广、易于集中管理的特征，是典型的浮动车类型。基于浮动车检测技术采集得到的GPS数据，为分析出租车的客流需求、车辆的时空分布和运营特性提供了数据支持，从而辅助出租车公司进行规划、车辆调度和运行管理，给出寻客路径和行车路径的建议。

1）出租车运营特性

基于出租车GPS数据，对出租车运营指标进行计算，从而掌握出租车运营的基本情况和运行效率[18]。

（1）出租车客流需求分析。

基于出租车GPS数据，挖掘出租车客流出行的时空分布特性，识别载客热点区域，展开出租车需求预测研究。

提取出租车在载客状态下的上、下客时间和经、纬度信息，挖掘出租车出行需求的时空分布特征，得到不同区域的打车热度等信息。

（2）出租车运营时间。

出租车运营时间体现了驾驶员的劳动强度，可通过日均运营时间、日均载客时间、时间利用率、单次平均出行时间等指标进行衡量。

（3）出租车运营里程。

出租车运营里程体现了出租车的道路使用情况，可通过日均运营里程、日均载客里程、里程利用率、单次平均出行距离等指标进行衡量。

（4）出租车运行速度。

出租车运行速度体现了出租车的运营效率以及道路交通运行状态，可通过平均载客速度、平均空驶速度、工作日高峰载客速度等指标进行衡量。

2）出租车寻客路径引导

基于出租车运行特性，分析出租车的载客情况变化、需求分布特征以及车辆的时空分布特征，以便对出租车进行寻客路径的引导，从而优化运力配置和调度策略。

出租车的寻客路径引导以提高出租车效益和运营水平为目标，根据热点区域分布及需求预测结果来提取热点路径，以平衡热点路径上的出租车供需关系，从而避免资源浪费、降低出租车的空载巡游率以及提高运营效率。

3）出租车轨迹数据挖掘

通过挖掘海量的出租车轨迹数据，揭示交通状态的时空变化规律和出行需求的时空分布特征，并从中汲取出租车司机的驾驶经验信息，从而为交通管理与服务提供依据，并有助于构建更加便捷高效的解决方案[19]。

3. 城市路网结构功能分析

浮动车在城市路网中运行，采集了大量的交通信息，既包含时间、速度、流量等丰富的交通参数，也包含了高精度的位置和方向信息，以此进行路网结构和功能分析，从而为交通规划提供依据。

1）城市路网提取

电子地图是一种重要的基础道路信息。传统的电子地图构建依赖于专门的机构借助专门的设备进行路网信息采集，或公众共同参与的开放地图项目（如 OpenStreetMap）。但是，随着浮动车技术的日益成熟和普及，基于 GPS 数据的路网提取具有成本低、效率高的优势，相关研究主要包含导航地图构建、交叉口识别以及车道识别三部分。

（1）导航地图构建。

基于浮动车数据构建导航地图的关键在于，利用 GPS 数据点提取道路的拓扑结构，即包含节点和边的有向图。文献[20]中，将该任务拆分成两个子任务：首先，根据位置和方向相近的 GPS 数据点提取道路节点，基于运行轨迹连接节点得到路段；然后，结合空间位置和几何形状对节点和路段进行合并与精简，从而得到包含拓扑信息的导航地图。

（2）道路交叉口识别。

直接由 GPS 数据得到的道路节点包含道路形状控制点和道路交叉口，其中道路交叉口对于交通研究具有重要作用。在进行道路交叉口识别时，需要对经过各个节点时不同方向的流量进行统计，通过不同的模式来对节点类型进行划分，从而实现交叉口识别[21]。

（3）车道识别。

地图导航功能主要依赖道路中心线和连接性的辨识，实际的路网包含车道数量等更多细节信息。原始 GPS 数据点的随机误差会导致轨迹之间存在重叠，从而增加车道的识别难度。车道识别基于断面展开，假设 GPS 数据点在断面上的分布服从高斯混合模型[22]，通过模型参数的标定，可以确定车道位置和车道数量。

2）路网功能分析

层次清晰、功能明确的路网是保障城市交通平稳运行的重要基础。浮动车数据包含丰富的道路和交通状态信息，能够为综合分析路网的结构和功能、进行路网评价提供数据支持，进而识别出不合理的路网结构，也为改造道路网络以及进行功能整合提供参考。

基于对浮动车数据的处理分析，可得到道路的功能性指标，包括道路的利用率、非直线系数等；同时，生成 OD 数据，可用于分析不同区域间的连通性和可达性。基于此评估路网功能层次的合理性，发现不足之处，并给出参考建议。

5.2 射频车辆检测技术

射频识别（Radio Frequency Identification，RFID）技术俗称电子标签，是 20 世纪 80 年代发展起来的一种新兴自动识别技术，也是一种非接触式的自动识别技术。它利用无线电信号通过空间耦合（交变磁场或电磁场）来识别特定目标，以实现无接触信息传递，并通过所传递的信息达到识别目的，无须人工干预，可在各种恶劣的环境中应用。

5.2.1 技术概述

根据供电方式的不同，电子标签分为无源、有源和半有源三种。无源电子标签不含电池，利用读写设备发射的电磁波提供能量工作。有源电子标签工作时，所需的能量全部由感应器内部电池供应，可用自身能量主动发送数据给读写设备。半有源电子标签带有电池，但电池能量仅用于数据维持和远距离工作，电池能量消耗极少。3 种电子标签的特点如表 5-3 所列。

表 5-3　无源、有源和半有源电子标签的优缺点

电子标签种类	优点	缺点
无源	免维护，重量轻，体积小，寿命长，价格便宜	读写距离受到读写设备发射能量和电子标识芯片功耗等因素的限制
有源	阅读距离很远（可达 30 m 以上），可以实现更高强度的安全控制，如对称、非对称加解密算法等	体积大，需要定时充电，价格昂贵，工作温度范围窄（一般为－25℃～50℃），不适合北方寒冷地区使用
半有源	耗电少，电池使用寿命长，可数月充一次电	与有源电子标签相同

按照工作频率的不同，电子标签分为低频、高频、超高频和微波频段。无源电子标签产品的工作频率主要分布在低频（120～134 kHz）、高频（13.56 MHz）和超高频（860～960 MHz）。使用无源低频和高频的电子标签产品，由于天线的阅读距离短，阅读方向性不强，通信速度较慢，所以适用范围有限，主要用于短距离、低成本的应用中；无源超高频的电子标签产品阅读距离较远（达十几米），可适应物体高速运动，有很高的数据传输速率，读写性能较好。有源电子标签产品的常用频段为 2.45 GHz，5.8 GHz 等微波频段，具备低发射功率、通信距离长、传输数据量大、可靠性高和兼容性好等特点，广泛应用于公路收费、港口货运管理、人员定位管理等方面。各频段电子标签技术的应用如表 5-4 所列。

表 5-4　各频段电子标签技术的应用

工作频段	无源电子标签常用工作频段			有源电子标签常用工作频段
	低频	高频	超高频	
	120～134 kHz	13.56 MHz	860～960 MHz	2.45 GHz，5.8 GHz
读取距离	<1 m	<10 m	10～20 m	>10 m
典型应用	畜牧业、门禁管理等	图书管理、门锁系统等	供应链及其他物流管理	电子不停车收费(Electronic Toll Collection，ETC)

从表 5-4 可以看出，在超高频频段工作的电子标签系统无论是其工作距离还是应用环境，都很适合交通运输系统。

5.2.2　系统组成及工作原理

1. 系统组成

如图 5-8 所示，射频识别系统主要由电子标签、天线和阅读器三部分组成。此外，还需要专门的应用系统对阅读器识别做相应处理，如配置图 5-7 所示的智能终端。

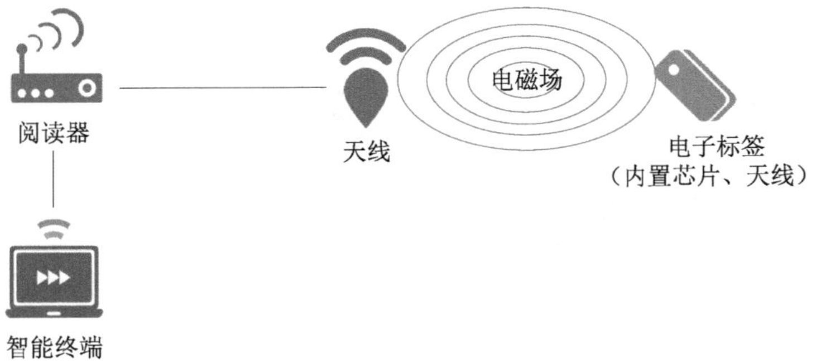

图 5-7　射频识别系统组成

电子标签或称射频标签、应答器，由内置芯片及天线组成。芯片内保存有一定格式的电子数据，作为待识别物品的标识性信息，是射频识别系统的数据载体。内置天线用于与射频天线间进行通信。

阅读器是读取或写入电子标签信息的设备，主要任务是控制射频模块向标签发射读取信号，并接收标签的应答，对标签的对象标识信息进行解码，将对象标识信息连带标签上其他相关信息传输到主机以供处理。

天线则是标签与阅读器之间传输数据的发射、接收装置。

2. 工作原理

射频识别系统的识别流程由四个步骤完成：阅读器获得阅读指令、阅读器射频调制器将信号发送至天线、天线发射信号询问标签、标签信息回传，如图 5-8—图 5-11 所示。

由智能终端向阅读器发送阅读指令，阅读器通过射频调制器将这一信号发送至天线，天线向外发送一定频率的电磁波。

电子标签进入天线工作范围的磁场后，就能凭借感应电流所获得的能量发送出存储在芯片中的产品信息（无源电子标签），或者主动发送某一频率的信号（有源电子标签），读写器的天线接收到来自电子标签的载波信号，再将其传送给读写器。

最后由读写器对接收到的信号进行解调与解码处理，并将处理后的数据发送给智能终端的上位机或 PLC 处理系统。

图 5-8　阅读器获得阅读指令

图 5-9　阅读器射频调制器将信号发送至天线

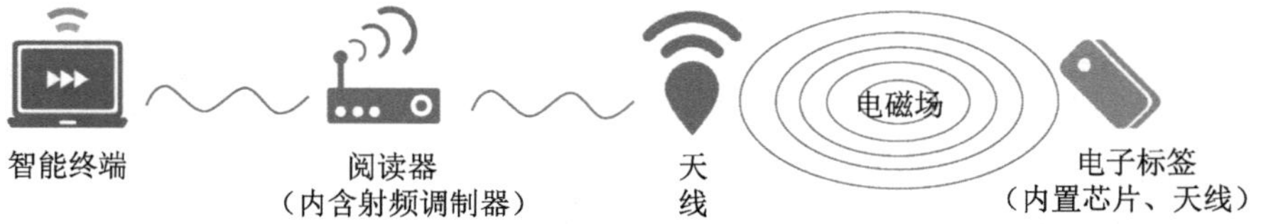

图 5-10　天线发射信号询问标签

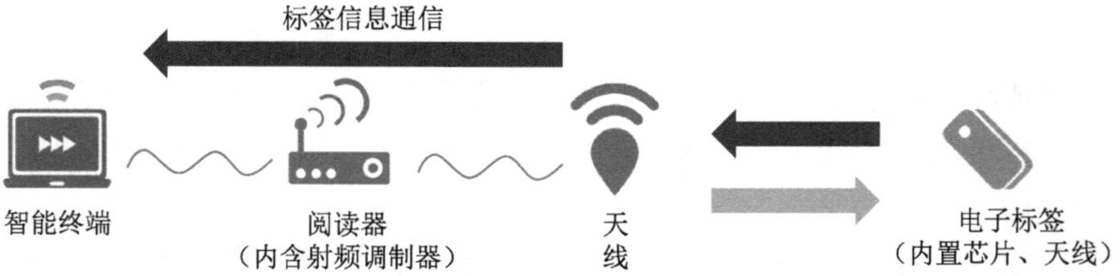

图 5-11　标签信息回传

标签与阅读器之间实现有效通信是电子标签无接触识别得以完成的基础。通信的实现包括以下两方面。

一方面，是阅读器和标签的工作次序的时序问题。对于有源标签而言，既可以先由阅读器主动唤醒标签（相当于读出装置发出“你在哪里”的询问），也可以由标签首先自报家门（相当于标签一直在呼唤“我在这里”）。对于无源标签而言，一般是阅读器先发出信号的形式。

对于多标签同时识读，"同时"也只是相对的概念。为了实现多标签无冲撞同时识读，阅读器先对一批标签发出隔离指令，使得阅读器识读范围内的多个电子标签被隔离，最后只保留一个标签处于活动状态，并使其与阅读器建立无冲撞的通信联系。通信结束后，发出指令使该标签进入休眠，再指定一个新的标签执行无冲撞通信指令。如此重复，完成多标签同时识读。对于标签先发送信号的方式，标签随机地反复发送自己的识别ID，不同的标签可在不同的时间段被阅读器正确读取，以完成多标签的同时识读。

另一方面，是阅读器和标签之间的数据写入，包括离线数据写入和在线数据写入。无论是只读电子标签还是可读写的电子标签，都存在离线写入的情况。这是因为，对于任何一只电子标签，都具有唯一的ID号码，这个ID号码对于标签而言，是不可更改的。这样的ID号码可以在标签制造时由工厂固化写入(工厂编程)。对于数据的在线写入而言，指的是可写标签。电子标签的可写性能对于系统提出了很高的技术要求，要求具有较大的能量、较短的写入距离、较慢的写入速度和较复杂的写入校验过程等。这样，既在很大程度上提高了电子标签的成本，又在某种程度上增加了标签数据的安全隐患。从目前市场上的射频系统来看，可读写的标签系统并不多，而且写入性能也不是很高。因此，在大多数应用场合使用的都是只读电子标签系统，均是运用后台来支持标签的数据属性。

5.2.3 技术特点及主要应用

1. 技术特点

电子标签技术的主要特征是利用电感及电磁耦合来传递数据，以进行目标识别。这种方法可以突破地理空间的限制，从而能够快速地辨别目标或进行数据交换。与当前或传统的接触式识别技术相比，电子标签识别技术具有以下优势。

(1) 对数据的读写不需要实际物理接触即可完成。利用电子标签读写器，不仅可以读取单个电子标签内的信息，还可以利用防冲突机制同时读取多个电子标签内的信息，也可以将处理后的数据信息写入电子标签。

(2) 电子标签的多样化和小型化。电子标签不需要为了高精度的读取而配合纸张的印刷品质和固定尺寸，不用考虑尺寸大小和形状限制，因而可以做成各种形状，以适应不同的需求。

(3) 适应性强。电子标签具有很强的适应性，可以在恶劣环境中使用，同时，也具有很强的抗污性，如水、油、药品等物质都无法影响电子标签的正常工作。

(4) 可重复性。电子标签存储的是电子数据，可以重复读写。因此，电子标签可以回收以实现循环使用，从而提高了标签的利用率，同时也减少了电子污染。

(5) 穿透性强。电子标签可以穿透纸张、塑料和木材等非金属或非透明的介质与阅读器以进行数据交换，但是它无法穿过金属物体(如铁、铜等)。

(6) 存储容量大。未来随着技术的不断发展，物品需要携带的辨别信息会越来越多，这就导致标签的存储容量需要不断扩大。电子标签的存储容量可达几MB，因此不会受到扩容的限制。

(7) 安全性能高。可以对电子标签存储的电子信息进行加密，这样，即使获取了存储信息，也很难破解和更改，这极大地保证了信息的安全性和完整性。

2. 主要应用

近几年，国内积极开展基于电子标签的汽车电子标识应用，目前厦门、无锡、深圳、重庆、南京等十多个城市已开始建设应用。汽车电子标识系统在国内典型城市的应用总结如表5-5所列。

表 5-5　国内汽车电子标识应用现状

城市	发卡时间	覆盖车辆/辆	路面设备	主要目的	通信频段
重庆	2010 年 1 月	200 万	150 个	收费、交通管理	920～925 MHz
厦门	2012 年 3 月	61 万	160 套	收费、交通管理	915 MHz
南京	2012 年 9 月	90 万	518 个点位	环保、交通管理	840～845 MHz
兰州	2012 年 12 月	18 万	85 套	交通管理	902～928 MHz
汕头	2009 年 4 月	22 万	22 个收费点	收费、交通管理	840～845 MHz/ 920～925 MHz
上海	2012 年 8 月	5 万	—	交通管理	125 kHz～13.5 MHz
深圳	2011 年	1.8 万	—	交通管理	—
无锡	2016 年 1 月	10 万多	400 多个	货运、电子围栏	—

国内汽车电子标识的应用领域主要有以下六类。

第一类，环保监测。典型城市是南京和重庆，特别是南京，在车载电子标识内的车辆信息中记录了年检时测定的排量数据，以此设备和数据基础形成了排量监测系统。

第二类，路桥收费。典型城市是武汉、汕头、厦门和重庆。通过车载电子标识实现对桥隧通行费用的精确收取，以提高通行效率。

第三类，拥堵收费。电子标识可自动实现车辆身份认证，精准车辆信息采集，为区域拥堵限行、区域拥堵差异化收费提供技术支撑，有效地缓解了交通拥堵，同时为低碳区分车分时限行、排污费差异化征收提供技术支撑。北京收取交通拥堵费用已进入试点示范阶段。

第四类，重点车辆管理。典型城市为上海和深圳。上海的系统应用主要是面向出租车管理，通过电子标识来打击假牌、套牌出租车。深圳主要应用于 2011 年深圳世界大学生运动会的有关通行车辆管理。

第五类，交通管理。典型城市为厦门和重庆。当车载电子标签覆盖到一定规模时，可以利用电子标签实现车辆识别、流量统计和路径识别，从而实现对车辆位置信息的分析，得出道路交通运行情况的数据信息，服务于城市交通管理。

第六类，交通管理大数据服务。当数据积累到一定量时，利用已有数据基础和每天产生的新数据，可以进行交通管理大数据的分析服务，如服务于城市管理，这将是电子标识系统未来发展的大趋势。采集分析后的交通信息可通过户外交通诱导屏、微博、微信、手机应用、电台、电视、手机短信等多种发布渠道实现全方位交通信息的发布及服务。

随着电子标签技术与互联网、通信和计算机技术相结合，目前越来越多的国家（如新加坡、美国、墨西哥、巴西、挪威、瑞典等）开展了汽车电子标识应用。

5.3　手机信令技术

手机作为人们沟通联系的重要工具，随着设备功能的不断拓展以及移动通信网络的快速建设和发展，手机用户数量和使用率不断攀升。与此同时，城市规模的扩大使人们出行空间范围不断拓展、出行需求日益增加，采用传统的人工调查等方式获取出行信息就有了明显的局限性。新兴的手机信令技术依托于移动通信网络定位和信令监控平台，获取手机用户在使用通信业务时产生的大量位置、时间信息及相关用户特征信息，无须耗费大量的人力和物力，即可获取丰富的用户出行行为，并可从中提炼出复杂的出行特征，挖掘动态交通信息。手机信令技术由于其覆盖范围广、数据稳定可靠、样本量大等优势，在城市交通出行调查、用户出行特征分析、动态客流分布及客流特征分析等方面得到了广泛应用。

5.3.1　检测原理

基于手机信令技术进行交通信息采集，依赖于完善的移动通信网络和数量众多的手机用户。由于移动通信网络覆盖广、密度大，因此可以保障连续获取高质量的手机信令数据。

5.3.1.1　全球移动通信系统

1. 系统组成

目前的手机信令技术基于全球移动通信系统（Global System For Mobile Communications，GSM）。GSM系统包含若干个系统及功能实体，系统的典型结构如图5-12所示[23]。标准的GSM系统包括移动台（MS）、基站子系统（BSS）、网络子系统（NSS）和操作支持子系统（OSS）四个组成部分。其中，MS、BSS和NSS构成了GSM系统的实体部分，OSS则用于运营商对实体部分进行管理和维护。

1）移动台（MS）

MS为GSM系统中用户使用的设备，分为车载型、便携型、手持型等不同类型，手机即属于手持型移动台。用户通过MS接入GSM系统，使用主被叫、收发短信等移动通信业务。MS包含移动设备和用户识别模块（SIM）两部分。移动设备通过无线接口接入GSM系统的无线和处理功能，并为用户操作或与其他终端设备连接提供接口；SIM卡则用于用户身份和网络信息的标识，包含鉴权和加密信息。

2）基站子系统（BSS）

BSS包含GSM系统中无线通信的地面基础设施。它通过无线接口与MS相接，实现无线发送、接收和无线资源管理等功能；连接MS与NSS，进而实现移动用户与其他用户之间的通信连接。BSS主要由基站收发信台（BTS）和基站控制器（BSC）两部分组成。BTS是BSS中的无线部分，由基站控制器（BSC）控制，每个BTS服务于一个无线蜂窝小区（Cell），通过无线接口直接与小区中的MS实现通信，负责无线传输，实现无线信道发送、接收及管理功能；BSC是BSS中的控制部分，与MSC相连，负责控制与管理网络资源，包含接口管

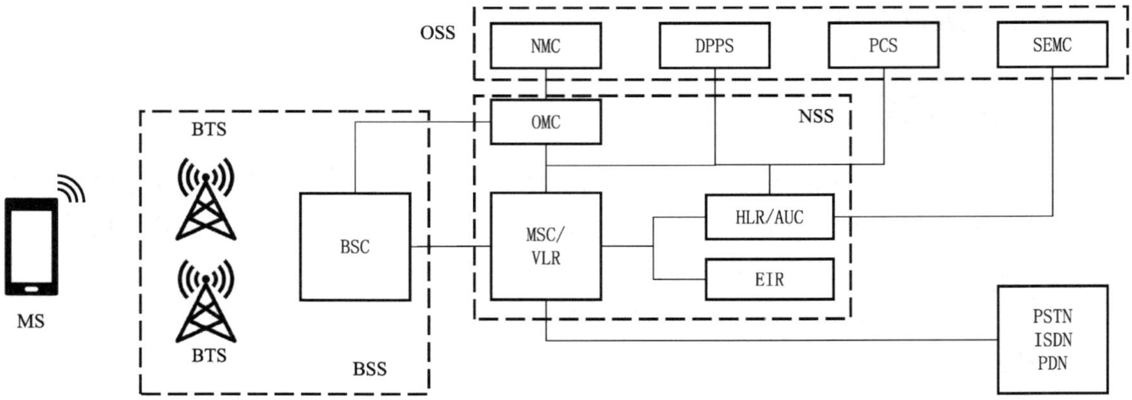

OSS: 操作支持子系统　BSS: 基站子系统　NSS: 网路子系统
NMC: 网络管理中心　DPPS: 数据后处理系统　SEMC: 安全性管理中心
PCS: 用户识别卡个人化中心　OMC: 操作维护中心　MSC: 移动业务交换中心
VLR: 访问用户位置寄存器　HLR: 归属用户位置寄存器　AUC: 鉴权中心
EIR: 移动设备识别寄存器　BSC: 基站控制器　BTS: 基站收发信台
PDN: 公用数据网　PSTN: 公用电话网　ISDN: 综合业务数字网
MS: 移动台

图 5-12　GSM 系统组成[23]

理、无线信道分配、定位和小区配置数据等业务管理。

3）网络子系统(NSS)

NSS 提供 GSM 系统的通信交换功能并提供用户数据与移动性管理、安全性管理所需的数据库功能，以管理 GSM 用户之间以及 GSM 用户与其他通信网用户之间的通信。NSS 包含移动业务交换中心(MSC)、访问用户位置寄存器(VLR)、归属用户位置寄存器(HLR)、鉴权中心(AUC)、移动设备识别寄存器(EIR)等多个功能实体。

MSC 是 NSS 的核心部分，在其覆盖范围内对 MS 进行控制管理和通话交换，为用户提供电话、短信、呼叫等待等电信业务、承载业务及补充业务，并支持位置登记、越区切换和自动漫游等其他网络功能。MSC 向 BSS 及其他功能实体(VLR，HLR，AUC，EIR)、固定网(公用电话网 PSTN、综合业务数字网 ISDN、分组交换公用数据网 PSPDN、电路交换公用数据网 CSPDN)提供通信接口，以实现用户与用户之间、用户与固定网之间的连接。

VLR，HLR 和 AUC 三个数据库中包含 MSC 获取处理用户位置登记和呼叫请求所需的数据，MSC 根据其最新获取的信息请求对数据库进行部分数据更新。VLR 动态存储进入其控制区域内已登记的移动用户相关信息，并为他们建立呼叫接续的必要条件，一旦用户离开当前 VLR 的控制区域，则当前 VLR 中的临时记录将被清除，用户在新的 VLR 中进行重新登记。HLR 是 GSM 系统的中央数据库，存储其控制的移动用户相关数据，包括移动用户识别号码、访问能力、用户类别等关键静态数据，以及用户实际漫游所处的 MSC 区域、VLR 地址等动态位置数据。AUC 是属于 HLR 的一个功能单元，用于 GSM 系统的安全性管理，以防止无权用户接入系统，并保证移动用户的通信安全。

EIR 存有 MS 设备的国际移动设备识别码（IMEI），通过对 IMEI 识别码查询确认设备状态，以便运营商对出现技术故障或失窃等情况的 MS 设备采取监视、闭锁等管理控制。

4）操作支持子系统（OSS）

OSS 是一个相对独立的管理和服务中心，完成移动用户管理、移动设备管理以及网络操作和维护等任务。OSS 包含网络管理中心（NMC）、安全性管理中心（SEMC）、用户识别卡个人化中心（PCS）、集中计费管理数据后处理系统（DPPS）等功能实体，而直接面向 BSS 和 NSS 的功能实体进行网络操作与维护的操作维护中心（OMC）则归入 NSS 部分，不包含在 OSS 内。

2. GSM 系统中区域划分

在 GSM 系统中，由于用户具有移动性，因而及时获取位置信息对于提供连续的通信服务具有重要作用。GSM 网络包含多层次的位置分区，如图 5-13 所示[24]。

图 5-13　GSM 位置分区

1）小区

GSM 网络中最小的不可分割区域被称为小区（Cell），其结构类似于蜂窝，故又被称为蜂窝小区，是由一个 BTS 所覆盖的区域，对应唯一的小区编号（CellID）。

蜂窝小区通常有宏蜂窝小区（macrocell）和微蜂窝小区（mircrocell）两种形式，二者的差别主要在于无线资源（载频）配置的高低，前者高于后者。单个宏蜂窝小区覆盖半径大约为 1 000～2 500 m，基站天线架设在较高位置，覆盖区域广，基站发射功率高；单个微蜂窝小区覆盖半径大约为 100～1 000 m，基站天线架设在相对较低的位置，以满足小范围内的高业务密度需求。

2）位置区

在位置区中，MS 可以任意移动而无须进行位置更新。一个位置区可由一个或多个小区（或基站区）组成，但是由同一个 MSC 控制，通过位置区识别码（Location Area Code，LAC）进行标识。在呼叫移动台的过程中，MSC 向 MS 所处位置区中的所有小区发送寻呼信号，从而确定 MS 位置。

3）MSC 业务区

一个 MSC 业务区包含一个 MSC/VLR 管辖的所有小区共同覆盖的区域，可由一个或多个位置区组成。

4）PLMN 业务区

PLMN 业务区是由一个公用陆地移动通信网(PLMN)提供通信业务的地理区域，包含一个或多个 MSC 业务区。每个国家拥有一个或多个 PLMN 业务区。

5）GSM 业务区

全球各个国家的 PLMN 业务区共同构成了 GSM 业务区。

5.3.1.2 GSM 基站定位技术

基于 GSM 网络的定位系统，由一个或多个位置已知的基站检测移动台发射的信号，将其中所携带的移动台位置特征信息发送至网络中的移动定位中心(MLC)进行处理，从而估计移动台位置坐标信息及定位精度，主要包含以下定位技术[25]。

1. 起源蜂窝小区(Cell of Origin，COO)定位

COO 定位(又称为 CellID 定位或基站定位)是利用单基站进行定位，根据移动台当前所连接的蜂窝基站位置来表征设备位置，通过查询蜂窝基站的信息数据库，即可获取地理位置数据，如图 5-14 所示。因而，COO 定位精度由蜂窝小区覆盖半径所决定，在基站分布密集的城市中心区域能够达到 50 m，但在基站分布稀疏的郊区等地，定位精度较低，可能会达几千米。

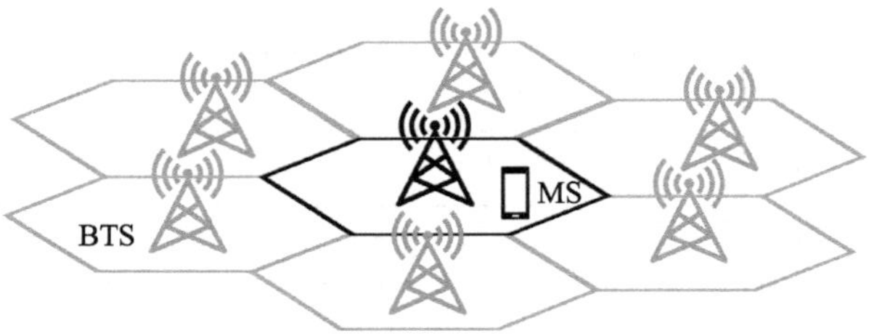

图 5-14　COO 定位原理

2. 到达时间(Time of Arrival，TOA)定位

TOA 定位至少需要三个位置已知的基站同时进行检测，根据移动台发射无线信号到达各基站的传播时间来确定设备的位置，其原理如图 5-15 所示。

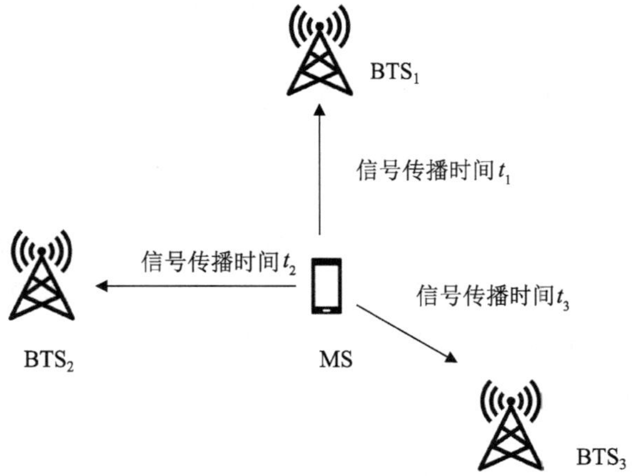

图 5-15　TOA 定位原理

假设移动台与基站位于同一平面，基站 i 位置坐标为(x_i, y_i)，无线信号以光速 c 传播，到达基站 i 所需传播时间为 t_i，则移动台与基站间的距离为

$$R_i = ct_i \tag{5-3}$$

以每个基站为圆心、以移动台到基站的距离为半径作圆，它们的交点(x, y)即为设备位置，用方程式表达如下：

$$\sqrt{(x-x_i)^2+(y-y_i)^2} = R_i \tag{5-4}$$

三个基站的方程式联立即可求解。

根据 TOA 定位原理可知，距离的计算取决于信号传播时间的测量，因而该技术要求系统时间同步，当时间出现误差，定位精度就会受到影响。

3. 到达时间差(Time Difference of Arrival, TDOA)定位

不同于 TOA 定位技术，TDOA 定位技术是根据移动台发射无线信号到达不同基站的时间差而非传播时间来确定设备位置，其原理如图 5-16 所示。

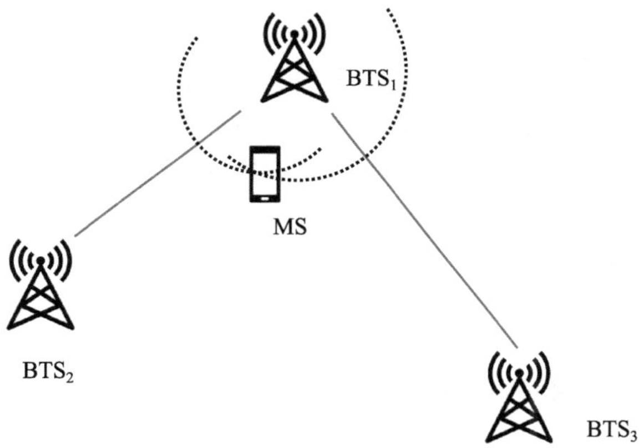

图 5-16　TDOA 定位原理

设基站 1 和基站 2 接收到无线信号的时间差为 Δt_{12}，则有

$$\sqrt{(x-x_1)^2+(y-y_1)^2} - \sqrt{(x-x_2)^2+(y-y_2)^2} = c\Delta t_{12} \tag{5-5}$$

同理，基站 1 和基站 3 接收到无线信号的时间差为 Δt_{13}，则有

$$\sqrt{(x-x_1)^2+(y-y_1)^2} - \sqrt{(x-x_3)^2+(y-y_3)^2} = c\Delta t_{13} \tag{5-6}$$

根据平面几何知识可知，到两定点距离差值为常数的动点轨迹构成双曲线的一支，故式(5-5)和式(5-6)所表示的两组双曲线的交点即为设备位置。

TDOA 定位技术通过计算到达时间差来抵消部分时间误差，包括多径误差和同步误差，从而降低了对于移动台与基站时间同步的要求，但提高了基站间的时间同步要求。TDOA 定位技术能够提高系统抗多路径的能力，提升定位精度。

4. 到达角度(Angle of Arrival, AOA)定位

AOA 定位需要两个位置已知的基站同时进行检测，根据移动台发射的无线信号到达两基站的角度来确定设备位置，其原理如图 5-17 所示。

给定基准方向，设无线信号到达基站 i 的角度为 θ_i，则可分别得到移动台与基站 i 的连线 l_i 满足：

$$\theta_i = \tan\left(\frac{y-y_i}{x-x_i}\right), \quad i=1, 2 \qquad (5-7)$$

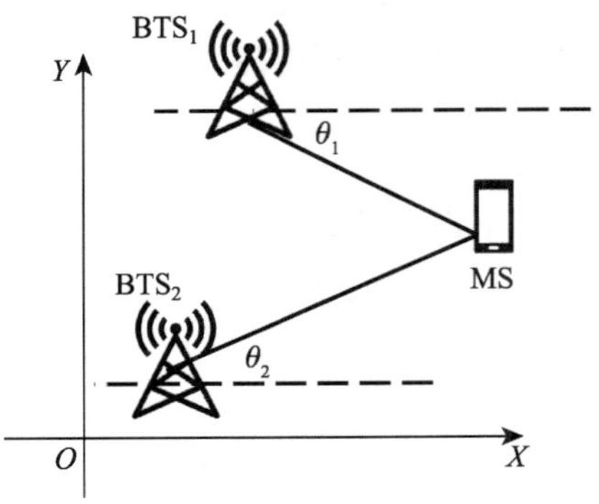

图 5-17 AOA 定位原理

求解式(5-7)，即得到设备坐标。

由于 AOA 定位需要获取电磁波的入射角，因此，基站需配备强方向性的天线阵列，成本较高，且受到通信链路上遮挡物的影响，信号难以直达，导致入射角测量存在偏差，故该方法很少单独使用。

5. 融合定位

融合定位技术是将多种定位技术进行组合使用，以提高定位精度或扩大定位服务的适用范围。

上述介绍的几个定位技术依据定位精度可划分为精确定位技术和模糊定位技术两类。其中，精确定位技术(如 TDOA 等)的精度可达 5～30 m，但需依赖多个相邻基站的同步测量定位或增加辅助设备，定位原理复杂，不适用于大规模的定位应用。而以 COO 定位为代表的模糊定位技术，具有成本低、设备依赖性小、对无线通信网络影响小等优点，故在交通信息采集等场景中得到了广泛应用。

5.3.1.3 定位数据产生

移动运营商出于运营维护、计费等目的，基于手机信令技术采集用户位置信息，主要包含以下一些情况：

(1) 用户进行开关机操作。若 MS 为第一次开机，在 SIM 卡中不包含位置区识别码(LAC)，则 MS 向 MSC 发送“位置更新”请求后，记录当前所处位置区的 LAC；若非第一次开机，则对比当前 LAC 与 SIM 卡中记录的 LAC，以确认是否需要更新。当 MS 关机时，向 MSC 发送分离处理请求，被寻呼时显示已关机。

(2) 周期性位置登记。GSM 系统要求 MS 定期登记位置信息，以避免不必要的资源占用。

(3) 位置区更新。当 MS 更换位置区时，接收到的 LAC 与 SIM 卡中记录的 LAC 相比发生了变化，此时要进行位置登记。

(4) 移动过程中发生切换。为避免用户通话状态下已建立的链路在移动过程中发生中断，就需要在信号质量和强度变弱时进行小区或位置区切换。

(5) 移动用户使用收发短信、主被叫、上网等计费业务。为了确定用户使用漫游等功能时所产生的费用，运营商需要对用户位置进行及时登记。

移动通信数据按照上述触发事件的类型主要分为话单数据和信令数据两类。话单数据

基于现有的话单计费系统产生，获取手机用户产生计费数据时的位置信息，往往为片段化出行轨迹的记录。而除了收发短信、主被叫等计费业务外，信令数据可用于识别开关机、小区切换等情况，能够连续追踪用户位置，信息更加全面。

5.3.2　原始数据

原始采集得到的信令数据中包含多个字段，其中 MSCID 和 BSCID 等内容主要用于运营商管理和监控，在研究过程中只需保留位置分析相关的字段，具体内容及含义如表 5-6 所列。

表 5-6　信令数据关键字段及其含义

字段	含义	描述
MSID	移动用户唯一识别号	是国际移动用户识别码(International Mobile Subscriber Identity, IMSI)匿名处理后的结果，规避了用户隐私
TIME	信令的时间戳	格式：YYYYMMDDHH24MISS
LAC	位置区编号	移动行业内部编码，利用 LAC 和 CellID 组合来唯一标识一个基站
CellID	LAC 内蜂窝小区编号	
EventID	信令事件类型	位置更新、切换、通话、其他
FLAG	表征是否捕捉到 IMSI	0:捕捉成功;1:捕捉失败

由于 EventID 与 FLAG 这两个字段中包含了确定信令事件有效性的信息，因此，只有对应的数据项为特定编号时才具有实际意义，否则认为无效。

删除无关字段后，部分原始数据的内容如表 5-7 所列。

表 5-7　删除无关字段后部分原始数据

MSID	TIME	LAC	CellID	EventID	FLAG
00000FF＊＊＊＊2A53	20150513001849	6158	24625	2	0
0000251＊＊＊＊0F60	20150513051744	6175	32851	0	0
0000251＊＊＊＊0F60	20150513140833	6175	32851	0	0
000035A＊＊＊＊4491	20150513220451	6146	8449	110	1
00004C7＊＊＊＊2D0D	20150513150247	6165	41089	14	0
00004F5＊＊＊＊9895	20150513123328	6148	290	18	1
00006CE＊＊＊＊0DAB	20150513121300	6146	8451	0	0

信令数据可以识别用户以及确定获取数据的时间、事件和原因。运营商提供基站信息表，从而完成基站到地理位置的转换，基站信息关键字段如表 5-8 所列。

表 5-8　　基站信息关键字段

字段	含义	描述
LAC	位置区编号	移动行业内部编码，利用 LAC 和 CellID 组合来唯一标识一个基站
CellID	LAC 内蜂窝小区编号	
LON	经度	利用经、纬度表示基站在大地坐标系下的实际地理位置
LAT	纬度	

结合两张数据表(表 5-7、表 5-8)所包含的信息可知，以 LAC 和 CellID 作为匹配字段，通过数据库连接运算，即可将原始的移动数据投影在大地坐标系统中，从而获取用户的经、纬度位置信息。

5.3.3 技术特点及主要应用

1. 技术特点

1）优点

（1）移动通信网络覆盖范围广，数据稳定可靠。

在有手机信号覆盖的区域均可实现对于信令数据的采集，即使是在郊区、高速公路等传统检测器难以覆盖到的位置，也能利用移动通信网络获取高质量的交通数据。

（2）投资成本低。

依托移动运营商已有的通信基站和网络设施通信网络，仅需使用专门的信令采集终端来采集手机信令数据，从而避免了建设交通信息基础设施，故具有成本优势。

（3）数据采集过程连续性强，可实现全天候检测。

当手机处于开机状态时，即可进行手机定位并产生信令数据，从而提供实时、动态、连续的数据。

（4）样本的高覆盖率。

手机的高普及率和高使用率使其为手机信令数据的采集提供了海量的数据源，也为人口和出行特征相关研究提供了丰富信息。

2）缺点

（1）公民信息保护问题。

应限制将未脱敏的手机数据用于商业用途。

（2）研究对象的覆盖面存在差异。

虽然我国手机持有率很高，但是高龄老人和低龄儿童不能自主持有手机的情况依然存在，所以，在老人活动区域和学校活动区域的数据分析准确率不高。另外，一人多部手机的情况也可能对分析产生影响。

（3）城市中基站分布不均匀。

基站手机信令数据的定位精度取决于基站的密度。在郊区和农村，由于基站少，移动台定位在 1 000～2 000 m 范围内，因此定位精度受到影响。

（4）采样时间频率不均匀。

信令数据由时间触发产生，因而接收到数据的时间间隔存在不均匀性，这便增加了数据处理分析的难度。

2. 主要应用

手机信令数据包含了丰富的出行信息，利用长期历史数据可以进行用户活动范围和行为规律的总结与提炼，从而为交通调查和规划等方面的应用提供数据基础，具体包含以下应用。

1）交通出行调查及出行特征分析

交通出行调查是通过对出行起讫点（O 点和 D 点）间的调查，以获取居民出行目的、出行方式以及时间和空间分布等特征数据，从而了解交通状况及交通需求的时空分布特征。相比于传统的人工调查、固定式检测器等方式，信令数据覆盖面广、连续性强、成本低廉等特点使其在交通出行调查方面具有显著优势。

（1）出行 OD 分布分析。

出行 OD 信息是交通出行调查的重点和具体应用的基础。通过信令数据提取出行链，对出行链中单次出行进行分析，将停留点映射到交通小区，从而得到出行起讫点（OD）、出行距离和出行时间等信息。

（2）职住分布调查。

职住分布是分析通勤交通的重要组成部分，基于交通分析区域，分析通勤人口的数量，以确定通勤人口的居住地和工作地分布，并进一步分析通勤距离以及通勤时长等出行特征。

（3）出行方式辨识。

基于手机信令数据的出行方式辨识，其优势在于数据量大、连续性强。但是，相比于高频率、高精度的 GPS 数据，其定位精度受基站分布影响，且采样时间不均匀，从而增加了辨识难度。对于手机信令数据，可采用基于规则的方法进行出行方式辨识[26]。利用手机信令数据，提取用户基于基站位置的轨迹，结合道路、轨道等路网基础数据信息，可得到用户出行路径，通过与小汽车、步行等不同方式下合理的出行时间阈值进行比较，判断出行方式。或将手机信令中相同 OD 的用户出行时间进行聚类，通过在线地图查询获取不同出行方式下的出行时间，从而区分不同的出行方式。

（4）活动模式分析。

活动模式分析是基于用户出行链挖掘出行规律，提炼典型的活动位置和活动类型，从而进行用户画像和行为预测。由于信令数据与个人活动轨迹密切关联，因此根据用户全天的出行链进行位置类型的标记（如家、工作地、其他）[27]，结合他们在不同位置的访问时刻和逗留时间进行建模，刻画典型的出行模式[28]。

（5）人口流动分析。

手机信令数据能够为流动人口分析提供参考。结合运营商提供的号码归属地信息来区分流动人口，分析其活动轨迹的时间及空间分布，以确定活动范围、活动模式及逗留情况。

2）动态客流监测

动态客流监测是利用手机信令数据实时、连续的特点来获取监测范围内的客流及其实时变化情况[29]。

（1）城市人口时空动态分布。

通过设定较短的时间窗，对城市中人口的空间分布进行实时监测，以确定各交通分析单元内的人口数量和密度。

（2）特定区域客流聚集。

在给定区域范围内，实时统计在不同时间段内进入或离开的客流，以确定客流的集散情况，当区域内客流达到一定规模时进行预警。

3）公共交通客流特征分析

（1）城市轨道交通客流特征分析。

基于手机信令数据研究城市轨道交通客流，识别乘客的换乘站点及路径信息，判断各站点的进、出站客流，从而得到轨道交通站点客流特征及服务情况。

由于轨道交通地下部分设有专门的基站，因而其分布受限于线路形态，主要呈线状分布。一般来说，同一条轨道线路基站的位置区（LAC）相同，但是由于线网结构等因素的影响，也存在多条线路共用同一个 LAC 以及同一条线路存在多个 LAC 的情况。整体来看，非轨道线路的 LAC 中小区一般呈片状分布，而轨道线路则呈线状分布，可以根据这一特点来确定轨道交通基站。在提取出与轨道交通基站相关联的乘客后，可基于此研究轨道交通乘客出行路径识别，得到进站、出站和换乘行为，以及各个线路上的客流情况和线路间的换乘客流，从而进一步推断线路的拥挤情况[30,31]。

（2）常规公交客流。

基于手机信令数据划分出行方式，识别出公共交通乘客，提取乘客上车和下车的站点，分析公交的客流、运行线路、运行速度等信息，基于从起点到上车点以及下车点到终点的“最后一公里”展开研究，以对常规公交的可达性等服务指标进行评价。

第6章 客流检测技术

公交客流采集的实时性和准确性是公交运营调度可靠性和高效性的重要保障。通过对公交客流的检测与调查，了解线路客流在各时段、各方向、各断面的分布规律，为公交时刻表编制与行车计划执行提供数据支撑和保障。随着智能交通技术的发展，原先高成本、低效率、质量差的公交客流调查逐步被智能、全面、实时的自动客流检测技术所替代。自动客流检测技术提供了大量的连续数据，从而实现交通实体在不同地区和不同时间的检测，不仅能够更好地辅助公交管理和调度，而且为公交线路规划与优化提供了依据。

6.1 自动乘客计数

自动乘客计数(Automatic Passengers Counter, APC)是一种独立于售检票系统的自动采集乘客上、下车时间和站点的有效方法。现有自动乘客检测技术一般分为两大类：①通过车辆上的技术监控单个乘客；②通过应用于悬架/空气弹簧或地面的技术监控车辆的总负载。第一类自动乘客检测技术具体包括三种：红外检测技术、压力传感检测技术和视频检测技术。第二类自动乘客检测技术的检测器较为单一，主要是称重传感器。

6.1.1 红外检测技术

红外(红外线波长在0.75～1 000 mm的电磁辐射)检测技术是APC应用中最成熟的技术之一，主要检测组件是红外传感器。红外检测技术可分为主动红外检测和被动红外检测[32, 33]。

1. 主动红外检测技术

主动红外检测技术的传感器由发射器和接收机组成，二者相互独立。红外线发射器安装在公交车前、后车门附近，采用的是红外发光二极管(LED)，当系统被激活时，发射器发出一束红外光线，横向或纵向穿过车门；接收机安装在发射器对侧，接收发射的红外光束，如图6-1所示。当乘客上、下公交车时，红外光束被打断，接收器不再以连续模式记录来自发射器的红外光线，通过对检测空挡进行计数，从而得到乘客数量。红外线发射器通常彼此平行，设置于腰部高度，以便最小化计数误差。

主动红外检测器采用自身光源，它不易受外界环境温度、光线状况的影响，是公交客流信息采集比较理想的计数技术。

然而，主动红外检测技术的应用成本较高。一方面，为了提高检测精度，并判断通过车门的方向，每个车门至少要安装两个传感器，如果车门宽度大于2 m，检测器的数量会显著增加；另一方面，我国常规公交车的车门宽度为0.75～1 m，在出行高峰，可能存在两个及以

图 6-1　主动红外检测器的安装示例

上的人同时通过车门，如果红外传感器以水平束的方式布置，则无法检测到确切的乘客数量。这个问题可以改用垂直于地面的检测器来解决，通过形成一系列相互平行且垂直于地面的红外光束，这些光束可以彼此无关地控制，每次便能检测到多于一个的乘客。这种解决方案虽然提高了检测精度，却产生了更高的成本。假设将门分成两个通道，每个门至少有四个传感器，这便造成成本的翻倍增长。

因此，主动红外检测器即使原理简单，运行稳定，应用广泛，也很少单独用于公交 APC 应用中。它们更常用于其他应用，例如检测私人和/或公共建筑物中的人员出入，即用于检测通过频率较慢或是不需要高计数精度的场景下。

2. 被动红外检测技术

被动红外自动乘客计数主要的检测器件是热释电红外线传感器。热释电红外线传感器主要由一种高热电系数的材料（如锆钛酸铅系陶瓷、钽酸锂、硫酸三甘钛等）制成尺寸为 2 mm×1 mm 的探测元件。在每个探测器内装入一个或两个探测元件，若装入两个探测元件，则将两个探测元件以反极性串联，以抑制由于自身温度升高而产生的干扰。探测元件将探测并接收到的红外辐射转变成微弱的电压信号，经装在探头内的场效应管放大后向外输出。为了提高探测器的探测灵敏度以增大探测距离，一般在探测器的前方安装一个菲涅尔透镜。该透镜用透明塑料制成，将透镜的上、下两部分各分成若干等份，即可制成一种具有特殊光学系统的透镜。它与放大电路相配合，可将信号放大 70 dB 以上，这样就可测出 20 m 范围内人的行动。

菲涅尔透镜利用透镜的特殊光学原理，在探测器前方产生一个交替变化的"盲区"和"高灵敏区"，以提高其探测接收灵敏度。当有人从透镜前走过时，人体发出的红外线就不断交替地从"盲区"进入"高灵敏区"，这样就使接收到的红外信号以忽强忽弱的脉冲形式输入，强化其能量幅度。

人体辐射的红外线中心波长为 9～10 μm，而探测元件的波长灵敏度在 0.2～20 μm 范围内几乎稳定不变。在传感器顶端开设了一个装有滤光镜片的窗口，这个滤光片可通过的光的波长范围为 7～10 μm，正好适合于人体红外辐射的探测，而对其他波长的红外线由滤光片予以吸收，这样便形成了一种专门用于探测人体辐射的红外线传感器。

被动红外检测技术对于运动的人体或物体的检测精度较高，与主动红外检测技术相比，在 APC 应用中的适应性更强。

被动红外检测技术同样存在一定的弊端。一方面，被动红外检测技术与主动红外检测技术相比，应用成本上没有明显优势，甚至可能会更昂贵。同样地，在被动型的情况下，每个门也要使用两个及以上的热释电元件作为一组传感器，以便区分乘客的上、下车情况；使用的传感器数量与车门尺寸有关，对于宽度小于 1 m 的车门，仅一套装置就足够了，如果车门宽度大于 1 m，通常需要两套及以上数量的传感器。同时，检测器方向和检测区域大小的设置对传感器检测精度有显著影响，这可能会增加应用成本。另一方面，虽然人体温度相对稳定，但红外传感器的探测信号会受到乘客着装的影响。这种技术的固有缺点在于如果环境温度与人体温度相近，传感器就无法有效地探测乘客上、下车的过程。

6.1.2　压力传感检测技术

压力传感检测技术通常采用的是踏板垫传感器，安装于车辆的前、后门踏板上，乘客上、下车时触发压力传感器就会被自动记录下来，除了用于乘客计数外，还可以在乘客上、下车时防止车门关闭[34]。

踏板垫传感器的主要组件是金属合金垫，它是组成踏板垫传感器的重要元件，能在诸如乘客重量等外部载荷的作用下发生变形。踏板垫传感器的安装一般不需要特别注意，但必须固定踏板垫边缘。

早期的踏板垫传感器容易损坏，且检测易受乘客携带的行李、拐杖甚至动物的重量影响。随着传感器技术的不断发展，据调查，目前踏板垫传感器的寿命可满足一百万次的激活。同时，数据管理程序的发展又使得误检造成的误差显著减少。著名的踏板垫制造商 PerMetrics Technologies 公司表示，APC 内置的 CPU 能够在可接受的精度范围内，通过识别程序将一个人和他/她的移动与由任何外来物体引起的信号区分开来。减少误检情况的方法主要有两个：设置激活传感器的时间和最低负载。由于传感器用于记录上、下车的乘客数，因此，前者设置为仅在车门开启时激活；后者一般采用的阈值为 15 kg。然而，踏板垫传感器应用中依然存在一些难以消除的误检、误差，如乘客立于踏板垫上询问司机相关信息、高峰时段乘客涌入公交车造成乘客数被低估等。前者属于特例情况，对传感器精度不会造成显著影响；后者只能通过后期数据处理时加以修补。因此，高峰时段的误检对传感器的检测精度影响较大，一些制造商声称，如果能解决此类问题，踏板垫传感器的精度将超过 95%。

压力板传感检测技术中踏板垫的成本一般低于一个被动传感器，而单位成本比主动传感器高，但相同门宽主动传感器的安装数量要多于踏板垫，故踏板垫的实际成本较低。踏板垫传感器虽然安装和维护时需要谨慎处理，但相较于红外传感器，安装和维护工序较为简单。使用公交场站中的标准清洗工具足以清洁干净踏板垫，而红外检测器则需要在清洁中格外小心，以免对其造成损坏。

压力板传感检测技术的应用劣势也较为明显：①存在暂时无法减少的误检、误差（如前文所述），使得检测精度降低；②无法判别上、下车方向，为了实现此功能，必须要求乘客前门上车、后门下车，当乘客上、下车秩序较差或客流量大难以保证前门上、后门下时就不适用了；③由于使用压力传感器件，所以在没有台阶的公交车辆上使用时，存在着计数不可靠的问题；④在一些应用场景中，压力板传感器的使用寿命急速恶化，例如惰于清洗、极寒和极湿等极端天气、小石子和沙子等。

6.1.3 视频检测技术

视频检测技术主要采用的检测器件为摄像头，一般安装于公交车上、下车门上方，基于图像识别技术，通过扫描通过车门的物体高度和轮廓，以识别乘客及其运动，从而自动对上、下车人数及方向进行计数。

早期的视频检测技术受摄像头清晰度和图像分析技术的限制，易产生图像质量不佳、识别误判率较高等问题，使得检测精度大大降低。随着高清摄像头的推广和图像处理技术的发展，尤其在大数据、云计算和人工智能等技术的加持下，视频检测技术迎来了新的发展浪潮。目前，基于 APC 应用的视频检测技术的应用优势主要体现在以下两方面。

（1）提高计数精度。设备采用先进的三维光学技术捕捉下方区域的图像，并通过复杂算法实时分析数据。该算法分析任何穿过视野的物体的高度、形状和方向。因此，无须根据整个身体通过相机的视角来计数，只需肩膀或身体的一部分就可以计数，从而大大降低了检测误差。在一般的应用环境中，精度可达 95%以上。

（2）精简设备数量。在常规公交应用中，即使是可供两人同时上、下车的宽敞车门，1 台感知器也足以应对，而且能对上、下车乘客分别计数。例如，Eurotech 公司的设备能够监控 6 ft①（约 1.8 m）宽的车门。

6.2 自动售检票系统

随着公交智能化管理的建设，自动售检票（Automatic Fare Collection，AFC）系统广泛应用于城市轨道交通和地面公交中，实现公共交通售票、检票、计费、收费、统计、清分、管理等全过程的自动处理。AFC 系统不仅为城市公共交通运营票务管理提供了极大的便利，其采集的数据还可用以实现准确的客流检测，因而被广泛应用于公交客流的 OD 估计、公交运行评价等领域。

6.2.1 系统构架

自动售检票系统是由有线通信设备和无线通信设备连接起来的，包括前端系统（售票机、检票机和票价框的读取器，平台验证器，电子登记票箱）和后端系统（公交车站和火车站

① 1 ft=0.304 8 m。

的计算机以及中央网络)[35],其组织架构见图6-2。其中,车票媒介可能包括智能卡、移动应用程序、纸盒、代币或现金的组合。读卡器可以是独立的,也可以集成到前端设备中。销售可以在电视、售票亭、第三方聚会、互联网和智能手机上进行。前端设备包括票箱、检票闸机和平台验证器等。车载或车站计算机可能位于运输车辆或车站上,可在基于账户的系统中省略。中央计算机用于运输票价收集和支付系统。数据在系统中流动,以支持票价交易和系统操作。票价系统和系统操作中涉及的关键数据流包括:

(1) 票价信息,足以完成中转费支付交易(在基于卡片的系统中)或授权中转费支付交易(在基于账户的系统中)。

(2) 票价系统规则,如换乘、票价分配等。

(3) 卡片黑红名单,用来在售票处和检票闸机处判断是否允许乘客进入公交系统。

(4) 系统操作数据,例如调度信息、自动车辆位置(AVL)信息和自动乘客计数(APC)系统。

(5) 系统诊断,指示读卡器、计算机和其他设备的健康状况。

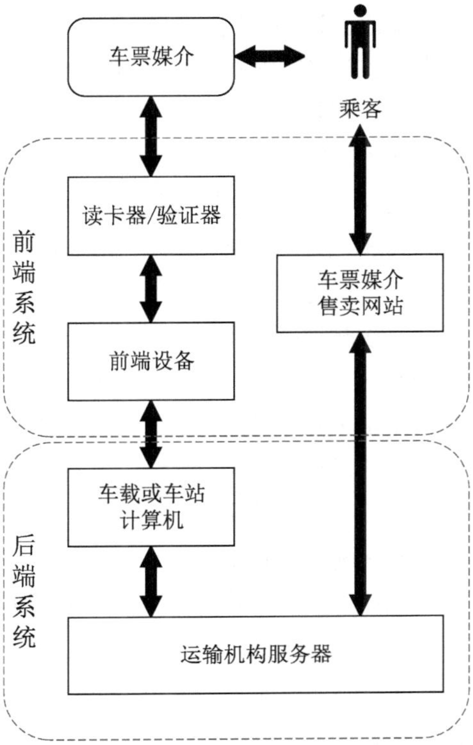

图6-2 自动售检票系统组织架构

无论票价是直接存储在票价媒介上还是通过乘车人的支付账户发起交易,运输机构都需要一个协议,该协议可以自动将钱转给运营商。公交自动票务支付系统必须创建一个安全支付费用的接口,以完成向运营商的资金转移。

6.2.2 检测技术

车票媒介是乘客进入运输系统所使用的物理工具。运输机构可同时接受几种不同的票价媒介,以适应传统系统、多种运输模式或满足某些票价政策目标。

1. 磁条卡与读卡器

磁条卡是目前使用最普遍的车票媒介,这项技术于1964年在伦敦地铁(London Underground)和长岛铁路(Long Island Railroad, LIRR)上被引入,由一张带有磁条的纸卡或塑料卡组成,可由安装在票箱、检票口或验票机上的读卡器读取。

由于磁条卡的存储容量有限,因此只能携带有限数量的票价选项。由于磁条卡可以被复制或修改,因此安全程度有限。

磁条卡读卡器需要与公交车票支付卡进行物理接触才能收取车费。一些读卡器是在表面安装的,包括一个引导槽,使用者可通过该引导槽刷卡。其他读取器则要求使用者将卡插入或"浸入"某个机械设备中,在该机械设备中,卡在读卡器上移动,然后弹出到使用者手中。

某些票务系统还可能在弹出卡之前在过程中增加更多的机械步骤，比如对卡进行验证或加盖时间戳。这些机电式票务处理单元（TPU）或公交车票验证器（BTV）包含敏感的电机驱动设备，对其需要常规维护，不然易受到破坏。

2. 非接触式智能卡和读卡器

在过去的十年中，非接触式智能卡已成为运输机构选择的票价媒介。非接触式智能卡是口袋大小的卡（通常是银行卡的大小），其中装有微型计算机芯片和天线，夹在塑料或纸层之间。通过将非接触式智能卡放置到读卡器附近，从而进行"读取"，在该位置，卡和读卡器通过射频进行通信。

非接触式智能卡可分为全功能智能卡和有限使用智能卡两种。全功能卡符合更严格的技术和制造要求，提供更高的安全性，包括更大的数据容量，并提供更长的物理耐久性。而有限使用智能卡可能是薄塑料甚至纸张，该种卡携带较少的数据，最适合短期应用，如单程票或每日通行证。

非接触式智能卡读卡器的天线在票价箱或票价检票口处已连接至其他电路。读取器或目标通常配备彩色 LED 指示卡显示"已被接受"或"拒绝"，并且显示屏提供票价信息或卡状态。智能卡读卡器没有开口或活动部件，从而大大降低了维护成本和易受破坏的风险。

3. 非接触式银行卡、福利卡和身份证

非接触式智能卡技术还可用于需要保护个人信息和进行快速、安全交易的银行卡和凭证应用程序（即员工身份识别卡）。这些卡遵循由金融支付行业或其他标准机构建立的开放标准，目前被用作政府和公司识别卡、电子护照和签证以及金融支付系统卡。这些卡与非接触式运输智能卡共享相同的通信技术，但在此基础上还需要用于数据单元和全局 ID 加密的附加协议。

4. 智能手机 App

智能手机彻底改变了个人计算领域，使用户能够轻松地访问数据和实时信息。2013—2019 年，中国手机用户数量始终呈上升趋势。其中，2013 年为 95 930 万人，自此以后，中国手机用户数量一直保持在 100 000 万人以上。智能手机行业的爆炸式增长为交通运输机构提供了利用智能手机技术能力的机会，随着移动电话和移动支付技术的发展以及进一步的研究和概念验证项目的进行，许多运输机构已经实现了移动售票应用。

5. 其他非接触式设备

非接触式智能卡中使用的嵌入式计算机芯片和天线技术还可用于其他设备，如钥匙扣、手表、腕带和手机。这些设备使用与智能卡读卡器兼容的非接触式技术。目前，这些设备已用于管理活动场所，诸如游乐园、酒店、俱乐部和医院的出入情况。

6.2.3 数据结构和特点

AFC 数据的产生最主要的目标是满足公交自动化收费的需求，根据计费规则的不同，其记录的数据结构也有所差别。本书分别针对一票制模式和分段计费模式下的卡数据进行介绍。由于自动收费系统侧重于交易数据的全面性和安全性，数据结构复杂，因此，本书只针对原始数据中与客流统计相关的字段进行说明[36]。

1. 一票制模式

国内公共交通(尤其是常规公交)大多采用"一票制"的收费模式,即按次收费。在该收费模式下,仅需确定公交乘客的上车刷卡日期、刷卡时间和刷卡完成终端即可完成交易,因此其记录的数据一般仅包括卡编号、数据类型、消费日期、消费时间、汽车编号、线路编号、单位编号和交易流水号等,各数据项的含义详见表6-1。

表6-1　"一票制"收费模式下数据结构(部分)

编号	数据项	备注
1	卡编号	一张卡对应一个编号
2	卡余额	
3	消费金额	
4	消费日期	即乘车日期
5	消费时间	即上车时间
6	数据类型	用以表征持卡者分类信息,如员工、老年人、学生、残障人士等
7	收费终端号	收费终端的编号
8	汽车编号	公交车辆的编号
9	线路编号	公交线路的编号
10	单位编号	车辆所属公交企业的编号
11	交易流水号	交易记录的唯一识别码

2. 分段计费模式

分段计费模式常见于一些总路程较长的常规公交线路和轨道交通中,根据乘坐里程计算票价。对于分段计费模式,收费系统需要完全掌握乘客的上、下车站点才能完成一次交易。因此,在分段计费模式下,其数据中会额外增加下车时间和下车站点等信息。

第 7 章
交通数据处理方法

通过不同渠道采集到的原始数据，往往需要对其进一步处理，才能发现数据蕴含的信息。本章重点介绍常见的交通数据处理方法，并介绍如何利用这些数据来挖掘更深层次的交通信息。

7.1 环形线圈数据处理

7.1.1 交通参数计算

环形线圈检测器可直接反馈的交通流参数包括流量、平均车速和占有率。这些基础数据可以通过计算转化成常用的其他交通参数，本节对常用的空间平均车速、空间占有率、交通流密度和平均有效车长等参数的计算进行介绍。

1. 交通流密度

交通流密度是指在单位长度(通常为 1 km)路段上，一条车道或一个方向上某一瞬时的车辆数。基于交通流基本原理，交通流量 Q、密度 K、空间平均速度 V 之间存在以下近似关系：

$$Q = KV \tag{7-1}$$

故周期 T 内的密度 k 可以通过流量 q 和空间平均车速 $\bar{v}_s$ 计算：

$$k = \frac{q}{\bar{v}_s} \tag{7-2}$$

根据线圈数据检测原理有

$$\bar{v}_s = \frac{m}{\sum_{i=1}^{m} \frac{1}{v_i}}, \quad q = \frac{m}{T} \tag{7-3}$$

故密度也可通过周期 T 内单车时间车速进行计算：

$$k = \frac{q}{\bar{v}_s} = \frac{\sum_{i=1}^{m} \frac{1}{v_i}}{T} \tag{7-4}$$

2. 平均有效车长

根据环形线圈检测原理，一辆车引起的脉冲的持续时间 p、检测器检测范围 L^{d}、车辆长度 L^{v} 和平均有效车长 L^{e} 之间存在如下关系：

$$p_i=\frac{L_i^{\mathrm{v}}+L^{\mathrm{d}}}{v_i}=\frac{L^{\mathrm{e}}}{v_i} \tag{7-5}$$

根据占有率的计算方法，可以得到

$$o=\frac{\sum_{i=1}^{m}p_i}{T}=\frac{\sum_{i=1}^{m}\frac{L_i^{\mathrm{v}}+L^{\mathrm{d}}}{v_i}}{T} \tag{7-6}$$

若设车辆长度为定值 L^{v}，则有

$$o=\frac{\sum_{i=1}^{m}\frac{L^{\mathrm{v}}+L^{\mathrm{d}}}{v_i}}{T}=\frac{\sum_{i=1}^{m}\frac{\bar{L}}{v_i}}{T}=\bar{L}\,\frac{\sum_{i=1}^{m}\frac{1}{v_i}}{T}=\bar{L}k \tag{7-7}$$

其中，$\bar{L}$ 为平均有效车长，故平均有效车长的计算公式为

$$\bar{L}=\frac{oT}{\sum_{i=1}^{m}\frac{1}{v_i}}=\frac{o}{k} \tag{7-8}$$

7.1.2　交通参数关系分析

根据交通流基本原理可知，线圈检测的流量、车速和占有率之间存在如下关系（具体原理详见第 3 章交通流基本分析方法）：

$$Q=KV=\frac{OV}{I} \tag{7-9}$$

如图 7-1 所示，通过绘制和分析 Q-V、Q-K、K-V 散点图，并对散点图进行回归分析，即可获取一些道路基本参数，包括：

(1) 最大流量 q_{m}：Q-V 曲线图上的峰值；

(2) 临界速度 v_{m}：流量达到 q_{m} 时的速度；

(3) 最佳密度 k_{m}：流量达到 q_{m} 时的密度；

(4) 阻塞密度 k_{j}：车流密集到所有车辆无法移动 ($v\rightarrow 0$) 时的密度；

(5) 自由速度 v_{f}：车流密度趋于零、车辆可以畅行无阻时的最大速度。

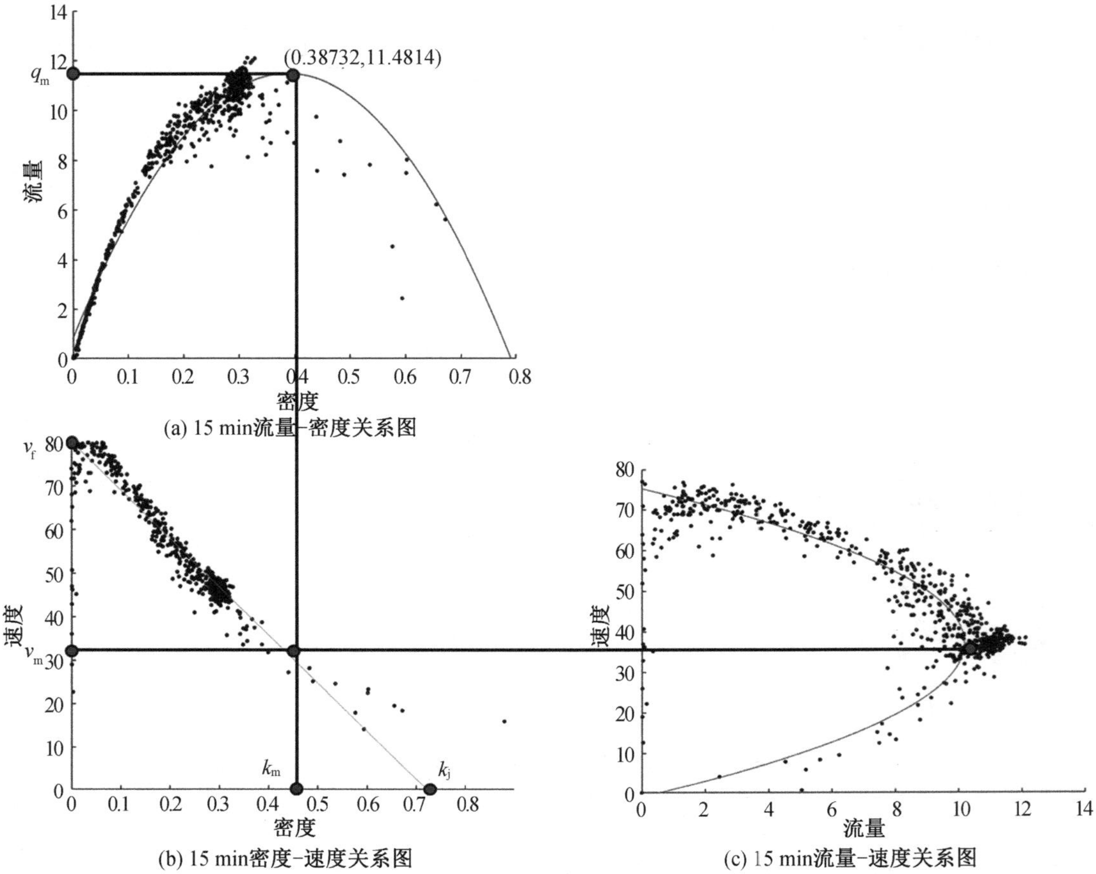

图 7-1　交通参数关系及基本道路参数

7.1.3　数据聚集

线圈数据的采集周期一般为 30 s、1 min 或 5 min，不同的数据粒度对于后续数据的分析会产生较大影响。根据应用需求，通常需要对数据进行聚集(图 7-2)，根据线圈采集各交通流参数的检测原理及计算方法，计算不同周期的交通参数，如将以 T 为周期的采集数据进行聚集，得到以 gT 为周期的采集数据，具体计算方法如下：

(1) 流量：gT 时间范围内通过的所有车辆数与 gT 的比值，即各周期内流量的平均值。

$$q^{a}=\frac{\sum_{j=1}^{g}q_{j}T}{gT}=\frac{\sum_{j=1}^{g}q_{j}}{g} \tag{7-10}$$

(2) 占有率：gT 时间范围内通过的所有车辆占用的总检测时间与 gT 的比值，即各周期内占有率的平均值。

$$o^{a}=\frac{\sum_{j=1}^{g}\sum_{i=1}^{m}p_{i}}{gT}=\frac{\sum_{j=1}^{g}o_{j}}{g} \tag{7-11}$$

(3) 密度：各周期内密度的平均值。

$$k^{a}=\frac{\sum_{j=1}^{g} k_{j}}{g} \tag{7-12}$$

(4) 空间平均车速：流量与密度之比。

$$v_{s}^{a}=\frac{q^{a}}{k^{a}}=\frac{\sum_{j=1}^{g} q_{j}}{\sum_{j=1}^{g} k_{j}} \tag{7-13}$$

(5) 时间平均车速：各周期内时间平均车速对流量的加权平均。

$$v_{t}^{a}=\frac{\sum_{j=1}^{g} q_{j} v_{t}^{j}}{\sum_{j=1}^{g} q_{j}} \tag{7-14}$$

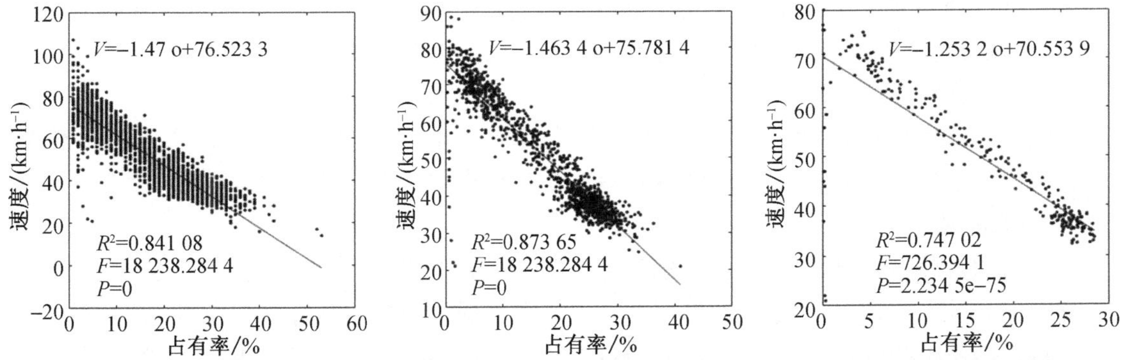

(a) 20 s的时间分辨率下占有率-速度线性拟合　(b) 1 min的时间分辨率下占有率-速度线性拟合　(c) 5 min的时间分辨率下占有率-速度线性拟合

图 7-2　不同聚集周期下的线圈数据

7.2　视频数据处理

7.2.1　车牌识别

一个典型的车牌识别处理过程包括图像采集、图像预处理、车牌定位、字符分割和字符识别，如图 7-3 所示。首先，通过摄像头提取车牌视频图像，对所获取的每一帧图像，利用视频检测技术对车牌进行定位和跟踪，从中自动提取车牌图像。然后，经过车牌精确定位、切分和识别模块准确地自动分割和识别字符，以得到车牌的全部字符信息以及颜色信息。

图 7-3　车牌识别处理过程

1. 车牌图像预处理

根据车辆检测方式的不同，图像采集一般分为两种：一种是静态模式下的图像采集，通过车辆触发地感线圈、红外或雷达等装置，给相机一个触发信号，相机在接收到触发信号后会抓拍一张图像；另一种是视频模式下的图像采集，外部不需要任何触发信号，相机会实时地记录视频流图像。

由于图像质量易受光照、天气、相机位置等因素的影响，所以，在识别车牌之前，需要先对图像做一些预处理，以保证得到最清晰的车牌图像。

1）灰度化

目前，对车牌原始图像的采集大都是通过摄像机、数码相机等设备来拍摄获取的。因此，一般情况下得到的是彩色图像。由于彩色图像包含着大量的颜色信息，它的每个像素都具有三个不同的颜色分量（R，G 和 B），所以其需要占用的存储空间很大，而且在对其进行处理时，也会浪费较多的系统资源，从而降低系统的执行速度。然而，对于灰度图像，只需对亮度信息进行处理即可，故其计算量是彩色图像的三分之一。因此，通常先对图像进行灰度化处理，也就是将彩色图像转变为占用存储空间相对较小的灰度图像。

2）二值化

图像二值化就是对图像进行阈值化分割，将图像上像素点的灰度值设为 0 或 255，整个车牌图像会呈现出明显的黑白效果，这样有利于目标提取。

3）滤波去噪

图像的实质是光电信息，因此，图像噪声的主要来源有以下几个：①在光电、电磁转换过程中引入的噪声；②大气层电磁暴、闪电、电压和浪涌等引起的强脉冲的干扰；③由不连续性或粒子性所引起的自然起伏性噪声。噪声恶化了图像质量，使图像变得模糊，甚至淹没和改变了图像本身的特征，给图像分析和识别带来困难。常用的图像滤波去噪方法是中值滤波。

2. 车牌定位

从整个图像中准确地检测出车牌区域是车牌识别过程的一个重要步骤，如果定位失败或定位不完整，会直接导致最终识别失败。在自然环境下，汽车图像背景复杂，光照不均匀。受拍摄角度、镜头等因素的影响，图像中的车牌会存在水平倾斜、垂直倾斜或梯形畸变等变形，这给后续的识别处理带来了困难。如何在自然背景中准确地确定牌照区域是整个识别过程中的关键。车牌识别一般有两个步骤：首先对采集到的视频图像进行大范围相关搜索，找到符合汽车牌照特征的若干区域作为候选区；然后对这些候选区域做进一步分析、评判，最后选定一个最佳的区域作为牌照区域，将其从图像中分割出来。车牌定位过程如图 7-4 所示。

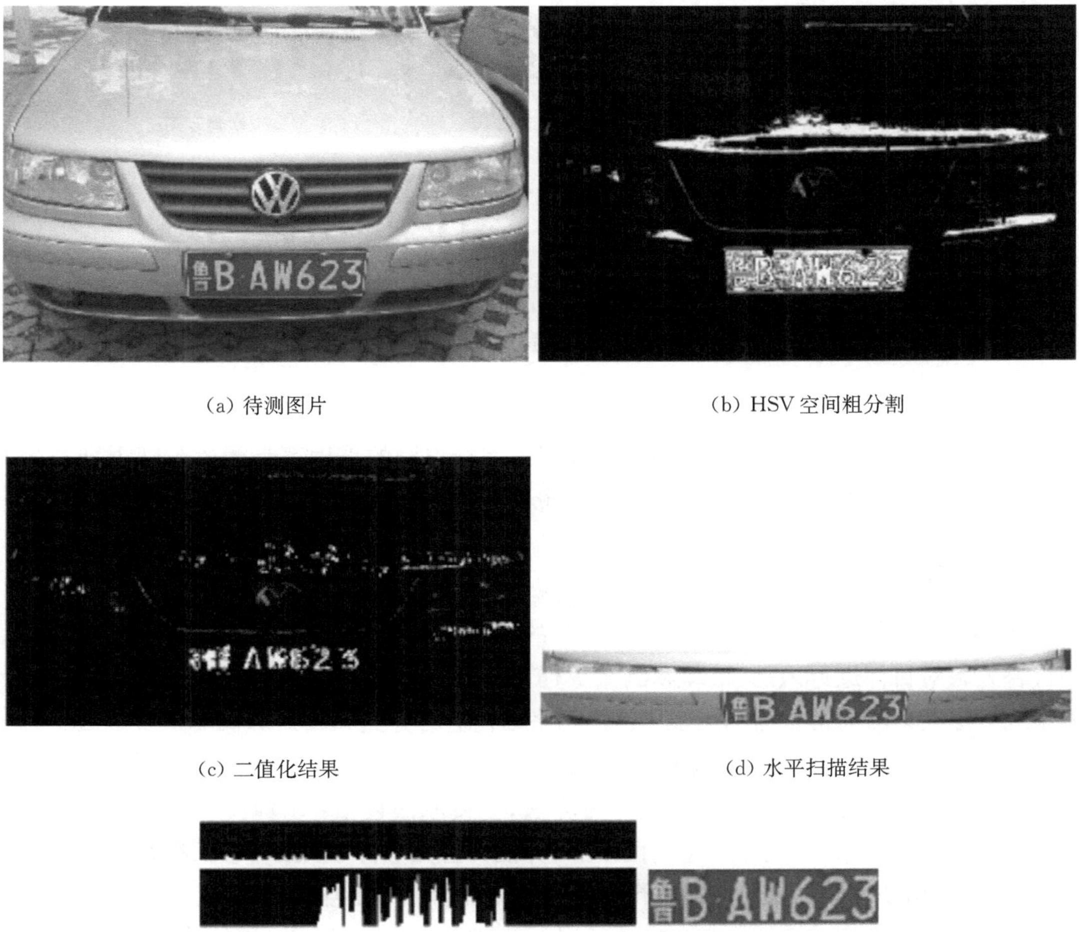

(a) 待测图片　(b) HSV 空间粗分割

(c) 二值化结果　(d) 水平扫描结果

(e) 垂直直方图　(f) 定位的车牌区域

图 7-4　车牌定位[37]

3. 字符分割

定位出车牌区域后，还应识别出车牌中字符个数、字符间位置关系、每个字符的宽高等信息，因此字符分割就是必不可少的一步。我国车牌由汉字、英文字母和阿拉伯数字三种字符组成，且具有统一的样式，这也为字符识别与分割提供了方便。但由于车牌很容易受外在环境的影响，出现模糊、断裂、污损字符的情况，如何提高这类字符和易混淆字符的识别率是字符识别的难点之一。

字符分割的主要思路是，基于车牌的二值化结果或边缘提取结果(图 7-5)，利用字符的结构特征、字符间的相似性、字符间隔等信息，一方面，把单个字符分别提取出来；另一方面，把宽、高相似的字符归为一类从而去除车牌边框以及一些小的噪声。污损车牌和光照不均造成的模糊车牌仍是字符分割算法所面对的挑战，有待更好的算法出现来解决以上问题。

对分割后的字符的灰度图像进行归一化处理，特征提取，然后经过机器学习或与字符数据库模板进行匹配，最后选取匹配度最高的结果作为识别结果。

(a) 车牌定位结果　　(b) 二值化结果　　(c) 垂直投影直方图

(d) 基于连通域法分割结果　　(e) 基于垂直投影法分割结果

图 7-5　车牌区域二值化图像在垂直方向上的投影[37]

4. 字符识别

车牌字符识别是车牌识别系统的核心部分，字符识别的准确率是衡量车牌识别系统的一个重要指标。字符识别方法主要有基于模板匹配算法和基于人工神经元网络算法。

7.2.2　深度学习方法

计算机视觉是研究如何让机器学会“看”的科学。更进一步地说，就是使用摄像机和电脑代替人眼对目标进行识别、跟踪和测量等任务，从图像、视频数据中获取“信息”的人工智能系统。深度学习通常是指利用多层神经网络结构进行分类和回归的机器学习算法。近年来，深度学习几乎成了计算机视觉研究的标配，人脸识别、图像识别、视频识别、行人检测、大规模场景识别等任务广泛采用了深度学习方法，主要原因包括：①深度学习可以达到更高的精度；②深度学习具有很好的通用性，相同算法可应用于不同场景；③工程开发、优化、维护成本低，专用处理器可以快速地进行深度学习中的卷积和矩阵乘法运算。

本节先简要介绍基于深度学习方法的视频处理应用，之后介绍主流的检测框架。

1. 图像分类

图像分类(image classification)是根据物体在图像信息中反映的不同特征，把不同类别的目标区分开来的一种图像处理方法。它利用计算机对图像进行定量分析，把图像划归为若干个类别中的某一种，以代替人的视觉判读。图像分类的输入为图像，输出为图像的类别标签，可用于物体分类和手写数字识别等。

2. 目标检测

目标检测(object detection)是指从图像中确定物体的边界框(bounding box)，并给出具体类别。目标检测的输入为图像，输出为图像中物体的边框位置坐标及其类别标签，可用于自动驾驶场景下的环境信息获取以及车牌识别，如图 7-6 所示。

图 7-6　驾驶环境目标检测

3. 特征点检测

特征点检测(key point detection)是指从图像中找出某些特定的兴趣点位置，并进行匹配、判别等操作。特征点检测的输入为图像，输出为图像中各特征点的有无及位置信息，可用于人脸识别、面部表情识别等。

4. 语义分割和实例分割

语义分割(semantic segmentation)是指从图像中分割并聚类出不同种类物体的像素区域。实例分割(instance segmentation)是指从图像中确定不同物体的像素区域(同一种类的不同物体也要区分)。实例分割是目标检测和语义分割的结合。实例分割的输入为图像，输出为各类物体的像素区域及类别，可用于自动驾驶环境下的场景理解、城市街景环境分析和遥感图像处理等。

5. 目标跟踪

目标跟踪(object tracking)是指在给定视频初始帧目标位置的情况下，连续跟踪物体在后续帧中位置的技术。目标跟踪又可分为单目标跟踪和多目标跟踪。目标跟踪的输入为视频、初始帧目标位置，输出为物体在后续各帧中的位置，可用于行人和车辆追踪、车辆轨迹还原等。

6. 目标重识别

目标重识别(object re-ID)是指根据目标特征来判断其他图像或视频序列中是否存在同一个目标。重识别通常与检测和跟踪结合起来应用。目标重识别的输入为图像或视频及其中目标的位置，输出为其他图像或视频后续帧(特别是中间各帧存在目标被遮挡的情况时)中相同目标出现的位置，可用于安防领域的行人重识别、交通监控领域的车辆跨摄像头追踪等。

深度学习的应用还包括即时定位与地图构建(Simultaneous Localization and Mapping, SLAM)。SLAM 根据技术路线的不同可分为基于激光雷达点云数据的 LIDAR SLAM 和基于视觉的 vSLAM。SLAM 技术用于解决自主移动的机器人在一个陌生环境中“我(机器人)在(定位)哪(建图)”的问题，如图 7-7 所示。

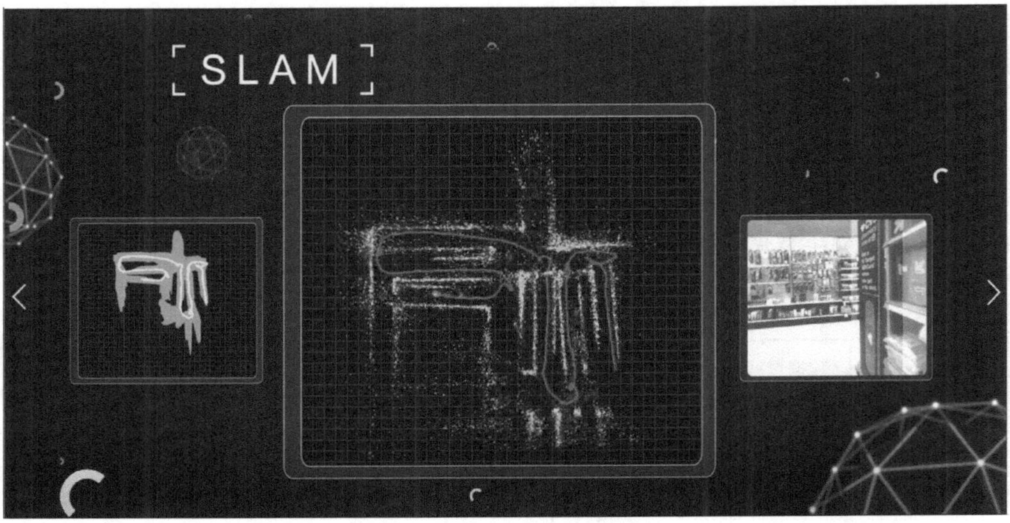

图 7-7　SLAM 技术

(图片来源：https://www.sohu.com/a/204639921_693868)

深度学习还可用于点云数据的处理。点云是激光雷达采集的含距离值的离散环境的信息表示。应用场景包括自动驾驶环境感知和 3D 目标轮廓(3D bounding-box)检测。图 7-8 所示为点云数据。

图 7-8　点云数据

深度学习的学习结构主要分为生成式深度结构、区分式深度结构和混合式深度结构,其中区分式深度结构适合应用在识别和分类问题中,因此可以运用到计算机视觉问题中,如车牌识别。如今,深度学习目标检测任务中主流的检测框架主要包括以下两种。

(1) 以 R-CNN,Fast R-CNN,Faster R-CNN 等为代表的两阶段目标检测模型。第一阶段提出备选框,第二阶段对备选框进行判断,给出分类结果。该类方法检测精度较高但是速度较慢,适合对实时性要求不高的应用场景。

(2) 以 YOLO[38-40],SSD[41]等方法为代表的单阶段目标检测模型。输入图像与输出最终的框和分类是一个整体过程,该结构是真正的端到端训练,相比两阶段方法,其速度优势明显,但在一定程度上牺牲了检测精度。

相比于其他检测算法,YOLOv3 在保持速度优势的前提下,提升了预测精度。YOLO 是基于回归的深度学习目标检测算法。基于一个单独的端到端网络,利用整张图作为网络的输入,直接在输出层回归出边界框的位置、目标类别及相应的类别概率。

7.3　浮动车数据处理

浮动车数据的处理流程主要由数据过滤、地图匹配和交通参数估计三部分组成,如图 7-9 所示。首先,对获取的原始浮动车数据进行过滤,剔除其中的异常数据;其次,采用地图匹配算法处理浮动车数据,推测浮动车的行车路线;最后,汇总地图匹配结果,估计道路交通参数并分析道路的交通状态,生成反映城市道路交通路况的交通信息。

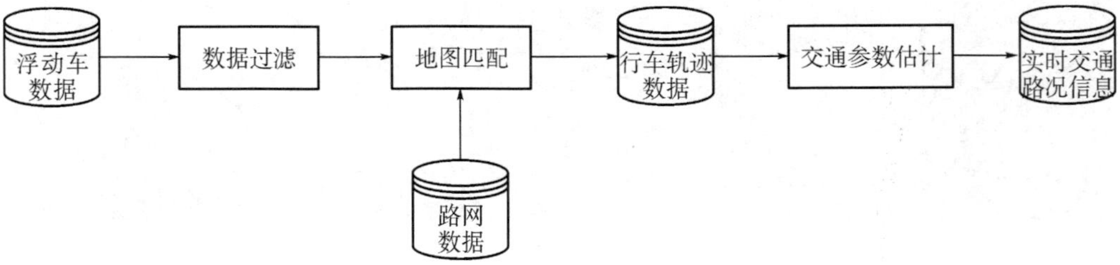

图 7-9　浮动车数据处理流程

浮动车数据具有大规模数据量的特点，因此，在处理浮动车数据的过程中，地图匹配和路线推测的实时性与准确性是浮动车数据处理的关键。

7.3.1　数据过滤

一般情况下，GPS 数据的精度约为 15 m，由于存在 GPS 终端被建筑物遮挡等客观原因，因此个别 GPS 数据会产生漂移错误。在数据处理前对接收到的 GPS 数据进行数据过滤就显得十分必要。

数据过滤需要对原始交通数据进行有效性验证，通过对速度、经纬度等参数设定合理的阈值范围来剔除不合理的数据。根据浮动车数据的出错来源，数据过滤主要包括两类：自身错误数据的过滤和根据出租汽车状态的数据过滤。

1. 自身错误数据的过滤

自身错误数据的过滤是指位置坐标和速度的极值控制。轨迹数据存在因定位不准而导致的数据漂移，具体表现为数据在短时间内数据出现在较远位置后又恢复正常。对于此类异常数据的识别一般可以由相邻两点间的距离和时间差近似估计浮动车移动速度，若超出给定的阈值，则认为数据可能存在异常。另外，也可以计算观测点与相邻两个轨迹点所形成的夹角，若夹角过小，也有可能为异常数据，但是不排除由于转弯或掉头所造成的夹角偏小。根据轨迹点在地图上的分布情况，单次出行的轨迹密度较为一致，异常值可表现为离群点，对此能够通过聚类算法识别。

2. 根据出租汽车状态的数据过滤

根据出租汽车状态的数据过滤是指处于非载客状态的出租汽车会泊于路边或沿道路缓慢行驶待客，因此，采集的数据并不能真实反映当时的路况，并且当瞬时速度很小时，GPS 数据往往会产生严重的静态漂移现象。对此就需要根据实际情况剔除部分记录为空载且驻车以及停运的数据，以真实反映当前路况。

除此之外，路网数据也需要采取一些必要的预处理措施，主要包括：

(1) 地理范围及详细程度的确定；

(2) 地图投影变换、地图纠偏；

(3) 建立路网拓扑以保证路网的连通性和方向性；

(4) 路网双向显示以展示道路运行状况；

(5) 路网格网分层以提高路段检索效率。

7.3.2　地图匹配

GPS 定位作为当前位置服务和智能交通系统的技术基础，其性能对于实现系统功能具有重要作用。一方面，GPS 定位结果在正常情况下存在 20 m 左右的误差，在高楼林立的城市峡谷有时甚至能够达到上百米；另一方面，电子地图不可避免地存在一些测量和离散误差，这就导致直接采集的数据点在地图上呈现的结果相对于实际可能行驶的道路会有所偏移，从而给数据应用带来不便。

地图匹配过程能够对二者的信息进行综合处理，将定位结果匹配到电子地图道路网中，以确定对应的道路以及位置点，从而使得定位结果更加准确平滑。地图匹配流程如图7-10所示。

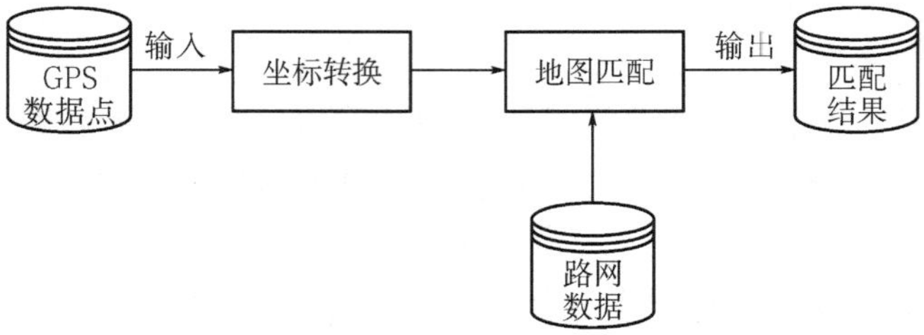

图 7-10　地图匹配流程

7.3.2.1　坐标变换

GPS 坐标是全球定位系统坐标的简称，一般由经度和纬度两个参数组成，也叫经纬度，是用于描述物体在地球上的空间位置的坐标系。

GPS 接收机接收的 WGS84 经纬度坐标与我国主要采用的由国家测绘局制定的 GCJ－02 坐标系不统一。由于不同坐标系下对应点的位置坐标存在差异，因此需要将坐标系进行转换，再结合电子地图进行分析与应用。目前，国内常用的坐标系有以下几种。

1. WGS84 坐标系

WGS84 坐标系是一种国际上采用的地心坐标系，坐标原点为地球质心，单位度，在三维上可以很好地展示全球数据，但在二维上显示时，高纬度地区变形较大。

2. WGS84 Web 墨卡托

WGS84 Web 墨卡托是一种投影坐标系（Web 墨卡托：网络地理所使用的地图投影），单位 m。WGS84 Web 墨卡托与 WGS84 相比，当在三维上显示时，两级附近无法展示；当在二维上显示时，高纬度地区角度变形很小，有利于观看。

WGS84 Web 墨卡托最早由谷歌在谷歌地图中首次使用，其正式代号为 EPSG：3857（WGS 84/Pseudo-Mercator）。它是 Google Maps，OpenStreetMap，Bing Map，ArcGIS 和 Heremaps 等网络地图所使用的坐标系。国内大部分地图所使用的也是 WGS84 Web 墨卡托进一步加密的坐标系。

3. GCJ－02 经纬度投影

GCJ－02 是由中国国家测绘局制定的地理信息系统的坐标系统，是对真实坐标系统进行人为加偏处理，按照特殊的算法，将真实坐标加密后得到的，加密后的坐标也常被称为“火星坐标系统”。国内的高德地图、腾讯地图等地图软件所使用的坐标系就是在 WGS84 Web 墨卡托基础上进行 GCJ－02 加偏得到的。

4. BD09 经纬度投影

BD09 经纬度投影属于百度坐标系，它是在标准经纬度的基础上进行 GCJ－02 加偏之后，再加上百度自身的加偏算法，也就是在标准经纬度的基础之上进行了两次加偏。

5. 北京 54 坐标系

北京 54 坐标系（BJZ54）与 WGS84 坐标系一样，属于参心大地坐标系，是以克拉索夫斯基椭球为基础，经局部平差后产生的坐标系。自北京 54 坐标系建立以来，在该坐标系内进行了许多地区的局部平差，其成果得到了广泛应用。但是，随着测绘新技术的不断发展，人们发现该坐标系存在很多缺点，为此，我国建立自己的大地坐标系，即 1980 西安坐标系。

6. 1980 西安坐标系

1980 西安坐标系采用的地球椭球基本参数为 1975 年国际大地测量与地球物理联合会第十六届大会推荐的数据，即 IAG 75 地球椭球体。该坐标系的大地原点设在我国中部的陕西省泾阳县永乐镇，位于西安市西北方向约 60 km。

7. CGCS2000 坐标系

2000 中国大地坐标系（China Geodetic Coordinate System 2000，CGCS2000）是中国新一代大地坐标系，21 世纪初在中国正式实施。

7.3.2.2　地图匹配算法

目前，在地图匹配方面已有较多成熟的算法，按照匹配过程中用到的信息可以划分为：基于几何信息的算法、基于道路拓扑信息的算法、基于概率的算法和高级匹配算法。

1. 基于几何信息的算法

该类算法的核心在于根据道路线形进行 GPS 数据点匹配，路段线形由多条线段表示，但是不考虑道路之间是否相连。常见的方法包括：点到点的匹配、点到线的匹配和线到线的匹配。

1）点到点的匹配

从地理数据库中查找距 GPS 数据点最近的路段结点或形状点。如图 7-11 所示，对于 t 时刻产生的轨迹点 $\hat{P}^t$ 而言，与其最接近的 5 个节点分别为 A^0，A^1，B^1，B^2 和 B^3，选择距离最短节点进行匹配，$\hat{P}^t$ 将被匹配到 B^2。

该方法易于实现且速度较快，但是在实际应用中受路网表示方式影响较为显著，表示弧线的形状点越多，匹配到该路段的可能性就越大。

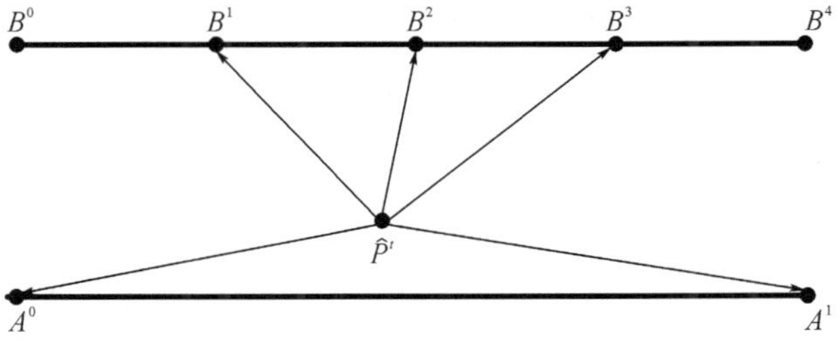

图 7-11　点到点的地图匹配方法示意

2）点到线的匹配

将 GPS 数据点匹配到路网中最近的线段上，从而判断车辆的行驶位置和所属路段。该方法改善了点对点匹配中由于路段点密集而造成的匹配错误，但是，在道路网密度较高时，匹配结果会不稳定，匹配后的行驶轨迹可能不符合实际的道路连接条件。在图 7-12 中，$\hat{P}^0$，$\hat{P}^1$，$\hat{P}^2$ 为依次产生的三个轨迹点，将它们分别匹配到就近路段，则出现 $\hat{P}^0$ 和 $\hat{P}^2$ 匹配

到 A^0A^1，而 $\hat{P}^1$ 匹配到 B^0B^4，这与实际情况不符。

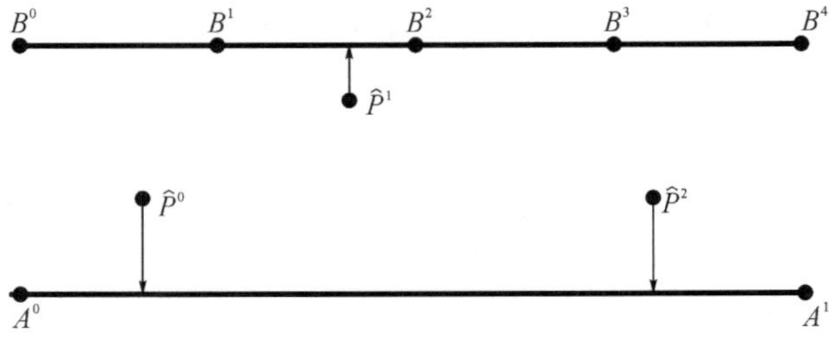

图 7-12　点到线的地图匹配方法示意

3）线到线的匹配

首先进行点到点的匹配找出候选节点，然后基于找出的候选节点构造分段直线，与车辆轨迹进行比较，计算二者之间的距离，从而将最接近定位点所形成的路线作为行驶轨迹，如图 7-13 所示。该方法依赖于点到点匹配的结果，且对异常值较为敏感。

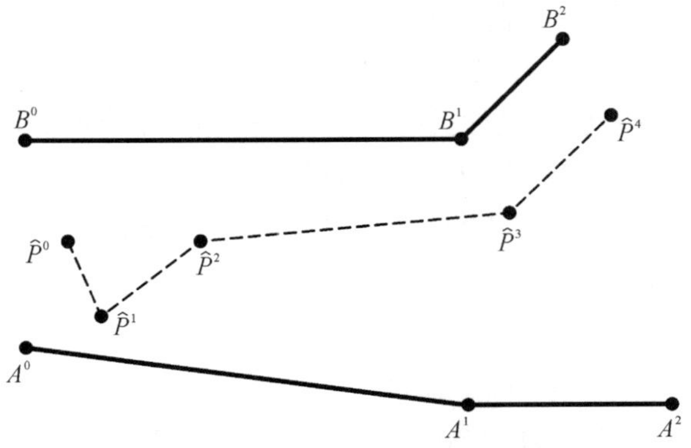

图 7-13　线到线的地图匹配方法示意

2. 基于道路拓扑信息的算法

基于道路拓扑信息的地图匹配算法全面分析了车辆行车方向、速度和道路网连通性等信息，充分考虑了路网的几何形状以及道路的连通性和连续性，如图 7-14 所示。该算法需要结合路网间的拓扑关系，以获取道路网的特征因子，如弯道、路段方向和路段连通性等，并通过实地测得的定位数据统计分析出特征因子的阈值（或建立特征因子的权值函数），利用阈值大小（或拟合权值函数）来衡量采样轨迹和匹配轨迹的相似性，最终确定最佳匹配路段。

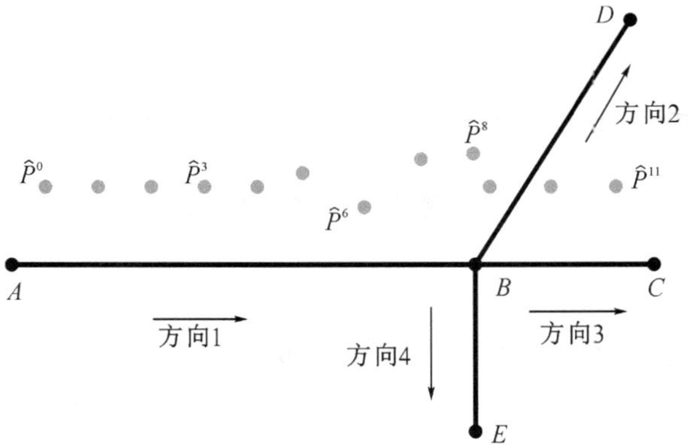

图 7-14　基于道路拓扑信息的地图匹配方法示意

该类算法由于高度依赖精确的电子地图，因此其匹配结果受道路拓扑关系质量的影响，在实际应用中，如果出现复杂路网或存在异常定位点时，其匹配性能将会有所下降。

3. 基于概率的算法

基于概率的地图匹配算法其基本思想是根据 GPS 定位点数据，考虑 GPS 定位误差，以待匹配点为中心设置一个置信区间，确定可能的误差区域范围，把置信区间范围内的路段作为匹配路段，若误差范围包含多个路段，则使用航向、连通性、接近度等指标对候选路段进行评估。此外，该算法还可结合车速以及至下游路口的距离等来提升匹配效果，从而确定最佳的匹配路段。

如图 7-15 所示，针对准备匹配的轨迹点 $\hat{P}^0$，$\hat{P}^1$ 和 $\hat{P}^2$，以轨迹点坐标为中心，在轨迹点的置信区间内挑选出候选匹配位置集，搜索出全部与置信区间相交的路段，候选匹配位置集合为轨迹点在置信区间内所有道路路段的垂直投影的集合 $\{p_i^0, p_i^1, p_i^2, \cdots\}$。再用合适的方法来确定最佳的匹配路段。

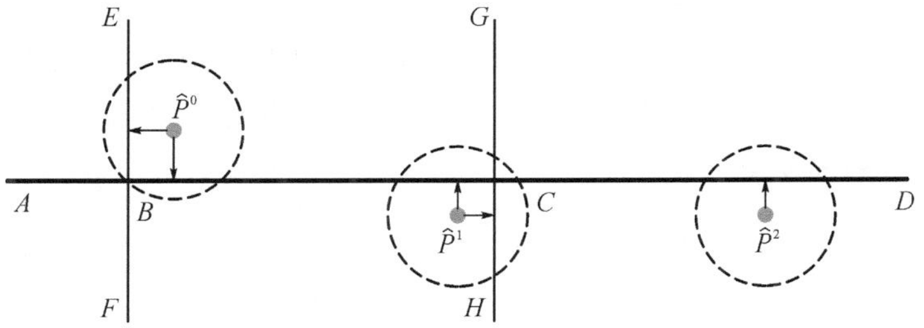

图 7-15　基于概率的地图匹配方法示意

4. 高级匹配算法

该类算法往往需要利用更加全面的信息，典型算法包括卡尔曼滤波、模糊逻辑模型、贝叶斯推断、隐马尔可夫模型(HMM)等。

基于隐马尔可夫模型(HMM)的地图匹配算法是目前在实际应用中准确度较高的匹配算法，它的核心思想是利用隐马尔可夫模型对地图匹配问题进行抽象和建模，根据采集到的 GPS 轨迹点信息来推断车辆实际可能经过的路段序列。

隐马尔可夫模型是一种统计模型，用来描述一个含有隐含未知参数的马尔可夫过程，模型从可观察的参数中确定该过程的隐含参数，然后利用这些隐含参数做进一步的分析。通常的隐马尔可夫模型可以用五个元素来描述，包括 2 个状态集合(隐含状态 S、可观察状态 O)和 3 个概率矩阵(初始状态概率、状态转移概率和观测概率)。下面针对文献[42]中的 HMM 地图匹配算法进行简要介绍。

基于隐性马尔可夫链的地图匹配过程假设隐藏的状态是一个简单的一阶马尔可夫过程，该算法将 GPS 接收到的位置信息作为 HMM 中的观察变量，实际位置作为隐含状态变量，基于规则计算初始状态概率、状态转移概率和观测概率，权衡就近路段和道路拓扑结构，从而得到较为准确的行驶轨迹。

1) 隐含状态

隐含状态是实际所隐含的状态，通常无法通过直接观测得到。在地图匹配过程中，其隐含状态是 GPS 数据点实际所在的路段。

2）可观察状态

可观察状态是指与隐含状态有关并可通过直接观测得到的状态。在地图匹配过程中，可观察状态是实际获取到的浮动车 GPS 经纬度信息。

3）观测概率

观测概率又称发射概率，是在特定隐性状态下，得到某观察值的概率。地图匹配的观测概率可以表示为待匹配的浮动车 GPS 坐标点（以下简称“待匹配点”）z_t 在该路段 r_i 上能被观察到的概率，计算所需考虑的主要包括以下因素：

（1）待匹配点到路段的距离，距离越小，观测概率越大；

（2）待匹配点前进方向和路段的方向差，差值越小，观测概率越大；

（3）待匹配点与道路限速值的差异，当高于限速值时，观测概率会降低。

在只考虑待匹配点到路段的距离的情况下，对于一个给定的待匹配点 z_t 和路段 r_i，将路段上距离待匹配点最近的点记为候选匹配点 $x_{t,i}$，待匹配点与候选匹配点在地球表面上的距离表示为 $\| z_t - x_{t,i} \|_{\text{great\_circle}}$。定位点和匹配点之间存在距离是由于存在 GPS 噪声，故可以将 GPS 噪声建模成一个零均值的高斯过程。待匹配点 z_t 匹配到每个路段 r_i 的似然概率 $P(z_t \mid r_i)$ 的计算公式为

$$P(z_t \mid r_i) = \frac{1}{\sqrt{2\pi}\sigma_z} \mathrm{e}^{-0.5\left(\frac{\| z_t - x_{t,i} \|_{\text{great\_circle}}}{\sigma_z}\right)^2} \tag{7-15}$$

式中，σ_z 是 GPS 测量数据的标准差，通常使用式(7-16)来评估该常量：

$$\sigma_z = 1.4826 median(\| z_t - x_{t,i} \|_{\text{great\_circle}}) \tag{7-16}$$

通常，在计算观测概率的时候，为了减少不必要的计算量，往往会设定一个范围，只计算待匹配点匹配到其周围一定距离以内的路段上的概率。

4）初始状态概率

初始状态概率 $\pi_i (i = 1, 2, \cdots, N_r)$ 表示，在匹配开始时，第一个待匹配点在所有的路段中选择路段 r_i 作为初始路段的概率。在没有测量数据的情况下，第一条道路的概率通过计算第一个待匹配点 z_1 匹配到周围道路的概率作为 π_i，即

$$\pi_i = P(z_1 \mid r_i) \tag{7-17}$$

5）状态转移概率

每个待匹配点都有一系列可能的匹配路段，地图匹配中的隐含状态转移概率是指相邻两个待匹配点在候选匹配路段之间转移的概率。

状态转移概率计算的核心思想是当相邻两个待匹配点之间的直线距离与它们在候选路段上的匹配点之间的路网距离越接近，则转移概率越大，即正确匹配的路网距离往往比不正确匹配的路网距离更加接近待匹配点之间的直线距离。

如对于 t 时刻的待匹配点 z_t，其在路段 r_i 上的匹配点为 $x_{t,i}$。对于下一时刻待匹配点 z_{t+1} 和候选路段 r_j，对应的点是 $x_{t+1,j}$。在候选路段上的匹配点之间的路网距离长度（以下

简称“匹配路网距离”)记为 $\| x_{t,i^*} - x_{t+1,j^*} \|_{route}$，两个待匹配点之间地球表面上的距离(以下简称“待匹配点间距”)记为 $\| z_t - z_{t+1} \|_{great\_circle}$。如图 7-16 所示，图中有三个路段 r_1，r_2 和 r_3，两个待匹配点 z_t 和 z_{t+1}，第一个匹配点 z_t 有两个候选匹配点 $x_{t,1}$ 和 $x_{t,3}$，分别位于路段 r_1 和路段 r_3 上，第二个匹配点 z_{t+1} 有一个候选匹配点 $x_{t+1,2}$，位于路段 r_2 上。计算匹配路网距离 $\| x_{t,1} - x_{t+1,2} \|_{route}$ 和 $\| x_{t,3} - x_{t+1,2} \|_{route}$。

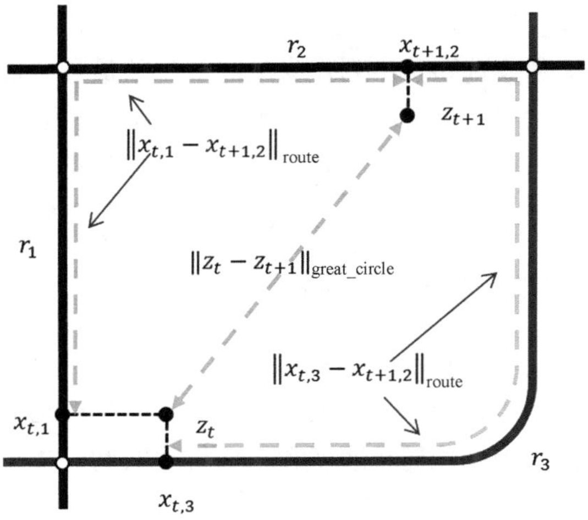

图 7-16　待匹配点间距和匹配路网距离示意[42]

正确匹配时的待匹配点间距和匹配路网距离的绝对值差值应满足

$$p(d_t) = \frac{1}{\beta} e^{-d_t/\beta} \tag{7-18}$$

$$d_t = \left| \| z_t - z_{t+1} \|_{great\_circle} - \| x_{t,i^*} - x_{t+1,j^*} \|_{route} \right| \tag{7-19}$$

式中　i^*，j^*——地面真实路段；

β——匹配路网距离与待匹配点间距的差值，β 的评估方法为

$$\beta = \frac{1}{\ln 2} median_t \left(\left| \| z_t - z_{t+1} \|_{great\_circle} - \| x_{t,i^*} - x_{t+1,j^*} \|_{route} \right| \right) \tag{7-20}$$

6) 最优路径求解

为缩小求解最优匹配路径的规模，通常采用维特比(Viterbi)算法进行求解。维特比算法的本质是一种通过局部最优去寻找全局最优的动态规划算法，其原理可以概括为以下三点：

(1) 如果概率最大的路段序列经过路网中的某点，则从初始点到该点的子路径也一定是从开始到该点路径中概率最大的。

(2) 假定第 i 个待匹配点有 k 个匹配路段，轨迹段从开始到第 i 个待匹配点的 k 条匹配路段中有 k 条最短路径，且最优路径序列必然经过其中的一条。

(3) 根据上述性质，在计算轨迹段的第 $(i+1)$ 个待匹配点的匹配路径时，只需考虑从开始到当前的第 k 个待匹配点的最短路径和当前轨迹所在路段到第 $(i+1)$ 个待匹配点的最短路径即可。

如图 7-17 所示，基于隐马尔可夫模型的地图匹配算法的实现主要在于建立隐马尔可夫模型，结合路网数据计算轨迹点序列(待匹配点序列)的初始概率、观测概率

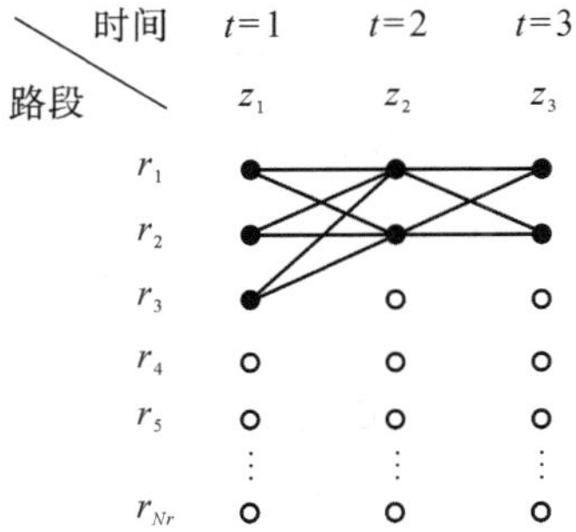

图 7-17　基于隐马尔可夫过程的地图匹配示例[42]

和转移概率，并通过对一系列轨迹点的匹配路段进行序列构建，利用维特比算法找到概率最大的候选路段序列作为最终得到的最佳匹配路段序列。相较于其他地图匹配算法，基于隐马尔可夫模型的地图匹配算法综合考虑了每个轨迹点与前、后轨迹点之间的联系，同时也综合考虑了前面一个甚至几个轨迹点的信息以及轨迹点自身周边的路段信息。因此，在实际应用中，即便是在较为复杂的路网中，仍然也能获得较高的匹配精度。

7.3.3 交通参数估计

基于 GPS 浮动车行驶在路网中所实时检测到的数据，可根据其预处理之后的结果实时估计道路的交通参数并分析出道路的交通状态，从而判断交通拥堵程度。主要的道路交通参数为平均行程速度和平均行程时间。本节分别针对单车和区间路段两个研究对象，提供交通参数的估计方法。

7.3.3.1 单车交通参数估计

单车作为研究对象时，考虑车辆在观测区间及相邻区间内的采样点，进行行程时间和平均行程速度的估计。

1. 行程时间

估计行程时间，即估计浮动车进入和离开区间对应的时刻。如图 7-18 所示，对于长度为 L 的道路区间，包含浮动车 i 在 t 时刻的多个采样点 $\{P_i^1, \cdots, P_i^k, \cdots, P_i^n\}$，对应的瞬时速度为 $\{v_i^1, \cdots, v_i^k, \cdots, v_i^n\}$，$t_i^{\text{ent}}$ 和 t_i^{exit} 分别为浮动车进入和离开区间对应的时刻。

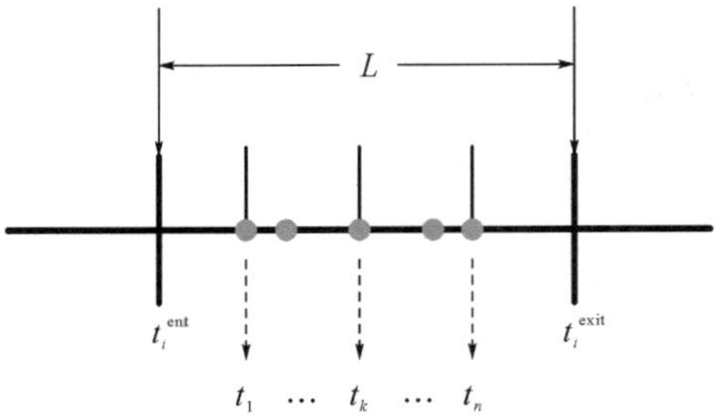

图 7-18 单车交通参数估计示意

区间行程时间：

$$T_i = t_i^{\text{exit}} - t_i^{\text{ent}} \tag{7-21}$$

t_i^{ent} 和 t_i^{exit} 可根据上游及下游相邻区间有无采样点进行分类讨论。下面以离开区间的时刻 t_i^{exit} 为例进行介绍。

1）下游相邻区间无采样点

如图 7-19 所示，已知 P_i^n 到观测区间终点的距离为 b，则离开区间的时刻如式(7-22)所示。

$$t_i^{\text{exit}} = t_n + \frac{b}{v_i^n} \tag{7-22}$$

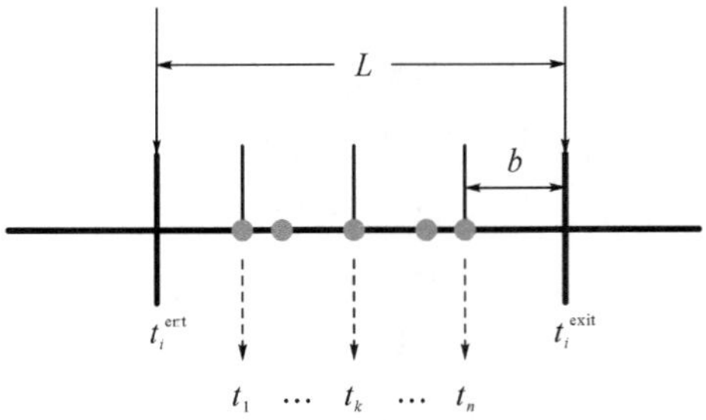

图 7-19 单车离开区间时间估计示意

（下游相邻区间无采样点）

2）下游相邻区间有采样点

如图 7-20 所示，下游相邻区间包含浮动车 i 在 t_{n+1} 时刻的采样点 P_i^{n+1}，对应的瞬时速度为 v_i^{n+1}，P_i^1 到 P_i^n 的距离为 d，P_i^n 到观测区间终点的距离为 b_1，P_i^{n+1} 到观测区间终点的距离为 b_2。此时，浮动车 i 离开观测区间的速度可采用内插法或外延法进行推断。

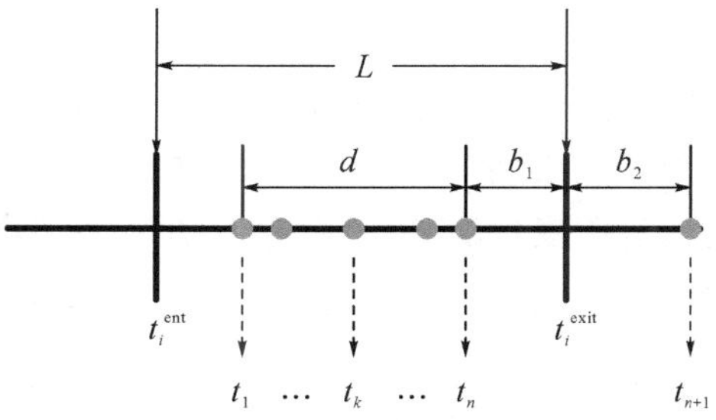

图 7-20　单车离开区间时间估计示意（下游相邻区间有采样点）

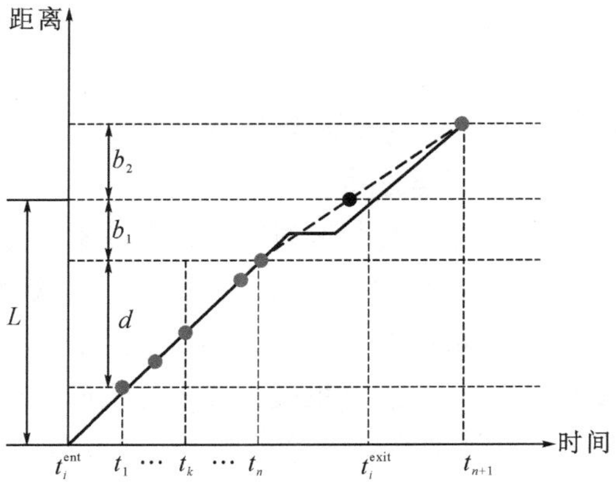

图 7-21　单车离开区间时间估计示意(内插法)

内插法示意图如图 7-21 所示。该方法利用观测区间终点前、后两个数据点之间的平均速度求得离开区段的时间，见式(7-23)。

$$t_i^{\text{exit}}=t_n+\frac{b_1}{b_1+b_2}\times(t_{n+1}-t_n) \tag{7-23}$$

外延法示意图如图 7-22 所示。该方法假设车辆离开区间后以 $P_i^1P_i^n$ 区段内的平均速度运行，从而计算得到离开区间的时间，见式(7-24)。

$$t_i^{\text{exit}}=t_{n+1}-\frac{b_2}{d}\times(t_n-t_1) \tag{7-24}$$

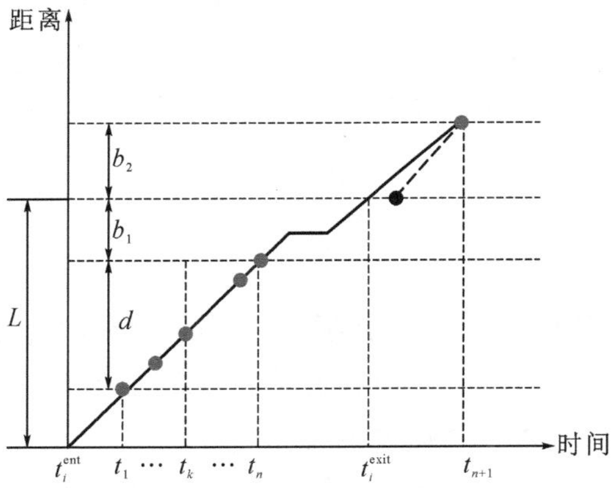

图 7-22　单车离开区间时间估计示意(外延法)

2. 平均行程速度

对于单台浮动车，计算区间平均速度的方法有两种：基于瞬时速度的计算方法和基于区间行程时间的计算方法[14]。

1）基于瞬时速度的计算方法

将浮动车在区间内运行的瞬时速度进行平均，以此作为区间平均速度的估计：

$$\bar{v}_i=\frac{1}{n}\sum_{j=1}^{n}v_i^j \tag{7-25}$$

式中　$\bar{v}_i$ ——浮动车 i 的区间平均速度；

n ——时间间隔 T 内浮动车 i 在区间 L 内的采样点数量；

v_i^j ——浮动车 i 在时刻 t_j 的瞬时速度。

2）基于区间行程时间的计算方法

基于区间长度和估计的区间行程时间可进行区间平均速度的估计：

$$\bar{v}_i = \frac{L}{T_i} \tag{7-26}$$

7.3.3.2 道路区间交通参数估计

1. 平均行程时间

一般来说，平均行程时间是根据地图匹配结果计算得到的，一种方法是根据区间中所有采样点的平均速度和区间长度进行估计，或通过计算单车的平均速度来估计每辆车的行程时间进而得到区间行程时间。但是，由于受到交叉口等因素的影响，这种估计方法往往会存在较大误差。因此，这里提供另一种根据距离和时间比例求解平均行程时间的估计方法。

道路区间平均行程时间的计算涉及观测区间内的采样点数量、车辆速度、采样频率、估计时段等诸多因素，下面按照观测区间内有/无浮动车采样点两种情况分别讨论[43]。

1）观测区间内没有浮动车采样点

设观测区间长度为 L，路段限速或者历史平均车速为 v_s，当观测区间内没有浮动车采样点时，可由 v_s 计算得到平均行程时间，如图 7-23 所示。

$$T_L = L / v_s \tag{7-27}$$

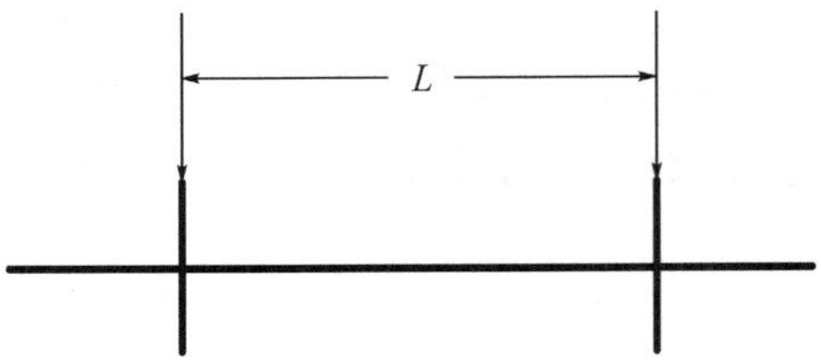

图 7-23 区间平均行程时间估算
（观测区间内无浮动车采样点）

2）观测区间内包含多辆浮动车的采样点

当观测区间内包含多辆浮动车的采样点时，可将各辆浮动车的行程时间进行平均，从而得到平均行程时间：

$$T_L = \frac{1}{N}\sum_{i=1}^{N} T_i \tag{7-28}$$

式中 T_i ——浮动车 i 在观测时段内的行程时间；

N ——在该时段内该区间经过的采样浮动车的数量。

2. 平均行程速度

估计道路区间平均速度，一种直接的方法是在时间间隔 T 内对观测区间内浮动车的区间平均速度进行平均，将其作为这段道路区间平均速度的估计值：

$$\bar{v} = \frac{1}{N}\sum_{i=1}^{N} \bar{v}_i \tag{7-29}$$

式中，$\bar{v}_i$ 表示浮动车 i 在观测时段内的平均行程速度。

由于路段上浮动车的数量处于动态变化中，因此，就有可能存在估计时段内的浮动车数量不一定能够达到最小样本数量 N_{min} 要求的情况，对此，可采用指数平滑方法进行区间平均速度估计，见式(7-30)：

$$\bar{v}(t) = f(t)\,\bar{v}(t-1) + \frac{[1 - f(t)]}{N}\sum_{i=1}^{N} \bar{v}_i \tag{7-30}$$

式中　$\bar{v}(t)$ ——当前时间间隔的区间平均速度估计值；

$\bar{v}(t-1)$ ——前一时间间隔的区间平均速度估计值；

$f(t)$ ——平滑系数：

$$f(t)=\begin{cases}1-\dfrac{N(t)}{N_{\min}}, & 0\leqslant N(t)<N_{\min} \\ 0, & N(t)\geqslant N_{\min}\end{cases} \tag{7-31}$$

7.4　手机信令数据处理

原始的手机数据需要经过预处理步骤来完成数据过滤、基站匹配和噪声数据剔除，以得到有效的用户出行轨迹。通过对数据做进一步处理分析，可从中识别出关键的活动地点。一方面，利用单日手机信令数据可确定用户当天停留过的活动地点，提取出行链；另一方面，利用长期积累的数据可发现用户的常规活动地点，如工作地和居住地。基于提取的信息和抽样比例进行数据扩样，将样本人群扩展到总体人群，从而为出行特征分析、人口分布、OD分析等具体的数据分析及研究应用提供数据基础。手机信令数据处理流程如图7-24所示。

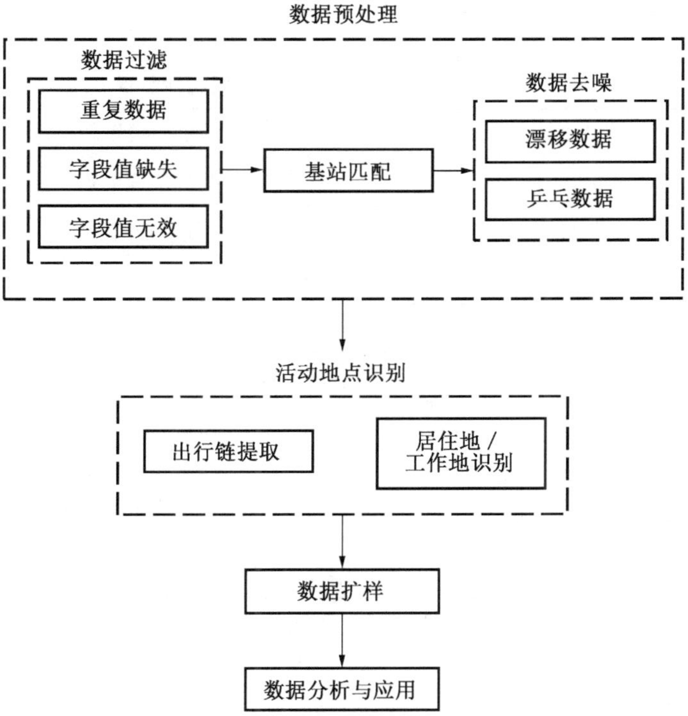

图 7-24　手机信令数据处理流程

7.4.1　数据预处理

实际上，在信令数据采集系统运行过程中，由于网络、软件等多种原因会产生大量无效或错误的数据，这些数据对后续的数据分析又会产生影响，因此需要进行数据预处理。

1. 数据过滤

数据过滤主要从以下几方面进行：

（1）剔除重复数据；

（2）剔除字段值缺省的数据，如部分数据在上传时为初始值，即 CellID=00000；

（3）剔除字段取值无效的数据。

由于位置更新失败、切换失败等事件也会触发产生手机信令数据，这些情况下记录的位置区和小区信息的准确性还有待确认，因此需要利用字段来进行数据的剔除，主要包含以下字段：

（1）FLAG 字段。FLAG 字段用于标识是否捕获到 IMSI，当 FLAG = 1 时，获取 IMSI 失败，无法确定用户信息。

（2）EventID 字段。EventID 字段用于标识触发手机信令记录的事件信息编号。

有效事件分类及 EventID 字段取值如表 7-1 所列，此时产生的位置区识别码（LAC）和 CellID 信息被认为是可靠的。

表 7-1　　EventID 有效值

事件类型	EventID 取值	含义
位置更新事件	000	正常位置更新事件
	001	周期性位置更新事件
	002	开机位置更新事件
	051	关机位置更新事件
切换事件	110	BSC① 内切换（小区内或小区间）
	120	下行信号质量和强度变差产生的 BSC 间切换
	121	其他原因产生的 BSC 间切换
	130	下行信号质量和强度变差产生的 MSC② 切换
	131	其他原因产生的跨 MSC 切换
通话过程事件	041	主叫和发短信
	061	被叫和接收短信
	014	通话结束、挂机

注：① BSC：基站控制器（Base Station Controller）。
② MSC：移动业务交换中心（Mobile Switching Center）。

2. 与基站数据匹配

将手机信令数据与基站数据进行匹配，得到对应的地理位置信息，剔除无对应基站以及研究区域范围之外的数据。

3. 噪声数据剔除

按照用户及手机信令数据产生的时间进行排序，得到用户当日的出行轨迹，其中异常数据主要包括漂移数据和乒乓数据两类。

1）漂移数据

在采集到的原始手机信令数据中，存在某些数据短时间内跳变到较远距离的基站，而一定时间后又切换回正确基站小区的现象，这被称为数据漂移。

如图7-25所示，用户在沿道路移动的过程中，实际产生的手机信令数据的基站切换顺序应为L_1—L_2—L_4—L_5—L_6，并未经过L_3，因此，信号在L_3处出现了漂移。漂移数据往往与用户真实位置间的距离较远，为了避免对数据分析造成干扰，需要进行判别，然后将之剔除。漂移数据的判别方法如下[44]。

给定某个用户的轨迹，按照时间顺序排列为$\{d_1, d_2, \cdots, d_k\}$。顺次选取三个轨迹数据点$\{d_i, d_{i+1}, d_{i+2}\}$，分别计算相邻两点间的距离$Distance(d_i, d_{i+1})$和$Distance(d_{i+1}, d_{i+2})$，以及穿越速度$Speed(d_i, d_{i+1})$和$Speed(d_{i+1}, d_{i+2})$。

给定距离阈值D和穿越速度阈值V，当轨迹点d_{i+1}突然由轨迹点d_i所在基站跳变到很远的地方，并在记录d_{i+2}中回到记录d_i位置附近时，即认为发生了数据漂移，可根据以下四个条件进行判别：

$$Speed(d_i, d_{i+1}) \times Speed(d_{i+1}, d_{i+2}) > V \times V;$$
$$Distance(d_i, d_{i+1}) > D;$$
$$Distance(d_{i+1}, d_{i+2}) > D;$$
$$Distance(d_i, d_{i+2}) < D/2。$$

这里的距离阈值条件不能忽略，考虑到基站覆盖半径，若两轨迹点时间间隔很小（如几秒钟），那么，即使是正常切换，也可能得到非常高的穿越速度。

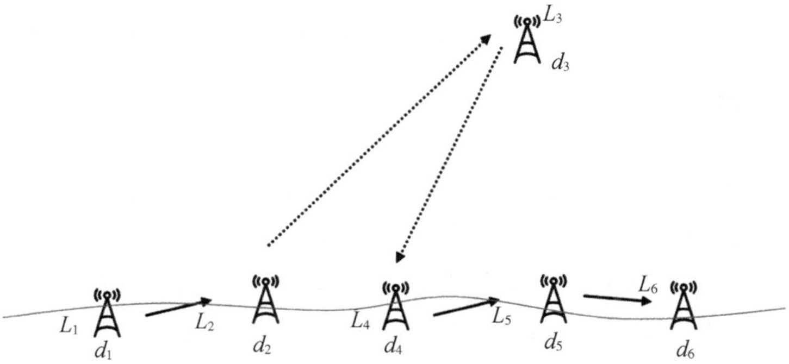

图7-25　漂移数据产生示意

2）乒乓数据

乒乓数据是指定位数据在服务小区和相邻小区基站之间来回切换产生的数据。在GSM系统中，当手机用户逐渐远离当前基站小区，信号随之变弱，而相邻基站小区的信号逐渐变强，手机信号会进行自动切换。但是，由于信号在传播过程中受折射、反射等因素影响，会出现不规则的强弱变化，从而造成短时间内的波动。尤其是当手机用户在多个相邻的蜂窝小区边界处时，信号能够被多个基站检测到，且各信号的强度差异不大，导致系统对用户是否发生切换会有识别误判，即尽管用户未移动，但数据表现为在多个基站之间来回切换，

图 7-26 中所示用户的位置在 L_2 和 L_3 之间来回切换了 4 次。

根据文献[45]，下面介绍乒乓数据的识别和剔除方法。

给定某个用户的轨迹，按照时间顺序排列为 $\{d_1, d_2, \cdots, d_k\}$。顺次选取三个轨迹数据点 $\{d_i, d_{i+1}, d_{i+2}\}$，若点 d_i 与点 d_{i+2} 所在基站小区 L_{d_i} 和 $L_{d_{i+2}}$ 相同，而与点 d_{i+1} 所在基站小区 $L_{d_{i+1}}$ 不同，则标记点 d_{i+1} 为一条乒乓数据，三点依次经过的基站构成重复组 $\{L_{d_i}, L_{d_{i+1}}, L_{d_i}\}$。在图 7-26 所示的轨迹数据 $\{d_1, d_2, \cdots, d_8\}$ 中，乒乓数据为 $\{d_3, d_4, d_5\}$，由于三条乒乓数据首尾相接，因而可以合并得到重复组为 $\{L_2, L_3, L_2, L_3, L_2\}$，对应的轨迹点为 $\{d_2, d_3, \cdots, d_6\}$。

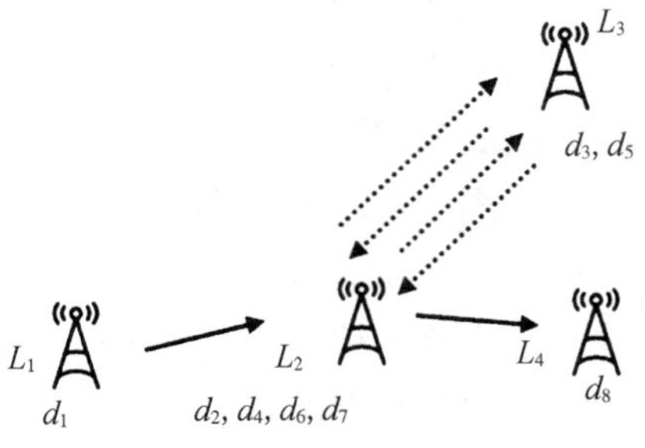

图 7-26　乒乓数据产生示意

根据重复组中乒乓数据的数量进行分类讨论，处理方法如下。

(1) 重复组中只包含一条乒乓数据，对应轨迹点为 $\{d_i, d_{i+1}, d_{i+2}\}$。

若 $Distance(d_i, d_{i+1}) > 1$ km，穿越速度 $Speed(d_i, d_{i+1}) > 6$ km/h（步行平均速度），则将乒乓数据 d_{i+1} 的基站小区修改为 L_{d_i}；否则不做修改。

此外，对于发生在凌晨 02:00—06:00 的乒乓切换，直接将乒乓数据 d_{i+1} 的基站小区修改为 L_{d_i}。

(2) 重复组中包含多条乒乓数据。

若重复组中包含大于等于两条乒乓数据，如图 7-26 中的 $\{L_2, L_3, L_2, L_3, L_2\}$，从第一条乒乓数据起，依次将其基站小区修改为相邻点的基站小区。

当所有重复组遍历结束后，重复上述步骤，直至所有乒乓切换处理完毕。

7.4.2　单日出行链提取

手机信令数据中包含了用户的出行信息，根据信令产生的条件可知，当用户处于移动状态时，随所处小区变化发生基站切换，而当用户停留在某个位置时，会定时上传或由通话等事件触发上传用户位置。利用这种性质可以区分用户所处状态，识别出用户的停留点，从而对轨迹进行划分，利用停留点获取职住、OD 等位置信息，即基于移动状态下的轨迹得到活动路径，提取用户当日完整的出行链。

如图 7-27 所示，当用户处于移动状态时，用户会产生较为分散的轨迹点，这些轨迹点分

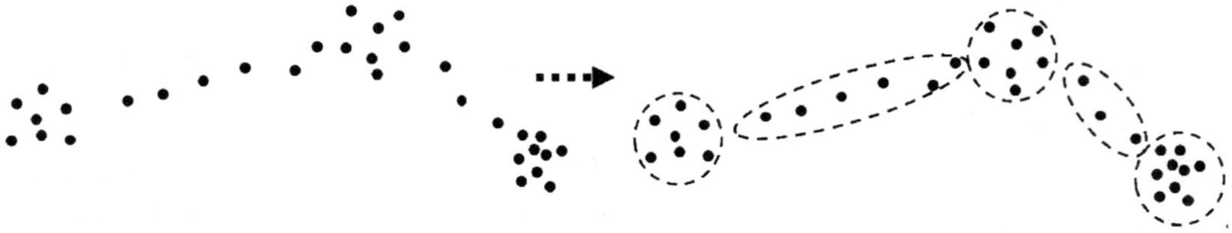

图 7-27　轨迹划分示意

布在出行路径周围,形成移动区域;当用户处于停留状态或在小范围内移动时,用户会触发附近多个基站,产生一系列位置相近的定位数据,这些连续轨迹点相距非常近,表现为较为密集的轨迹点分布特征,形成停留区域。通常采用聚类方法以及设定规则来进行状态判别及划分。

对于连续的一组轨迹点 $\{d_m, d_{m+1}, \cdots, d_n\}(1 \leqslant m, n \leqslant k)$,若其反映用户停留状态的信息,应满足以下几点。

(1) 空间约束:任意两个轨迹点所属基站 L_{di} 和 L_{dj} 之间的最大地理距离 $(m \leqslant i, j \leqslant n)$ 不应超过距离阈值 R_c(如 300 m)。

(2) 时间约束:轨迹序列的最后一个轨迹点和第一个轨迹点(即 $t_{dn} - t_{dm}$)的时间差不应小于时间阈值 T_c。其中,t_{dn} 和 t_{dm} 分别为轨迹点 d_n 和 d_m 的时间戳,T_c 是时间约束。

在手机信令数据的处理过程中,传统的聚类方法(如 K-Means 和 DBSCAN 等)通常不适用,主要是因为个体之间存在行为和出行模式的差异,难以确定聚类或密度等参数。一种增量聚类方法如下[46]。

步骤一:给定某个用户当日的轨迹,按照时间顺序排列为 $\{d_1, d_2, \cdots, d_k\}$。

步骤二:由 d_1 开始,创建一个新的类簇 C_1,将 d_1 作为类簇中心。

步骤三:依次计算 $d_2, d_3, \cdots, d_k$ 分别到 d_1 的距离,若距离小于 R_c,则把该轨迹点加入 C_1,并更新 C_1 中心的位置,直至 C_1 中不能聚合新的记录点。

步骤四:创建一个新的类簇 C_2,重复步骤三直至确定所有轨迹点的所属类簇。

步骤五:将满足停留时间约束的类簇判别为停留点。

7.4.3 居住地和工作地判别

居民的休息及工作在时间和空间上会呈现出不同的规律,在 22:00—6:00 这一时段内,绝大多数居民处于居家休息的状态,而周一至周五的 9:00—17:00,大多数居民则处于工作状态,由此可进行居住地和工作地判别[45]。

以居住地判别为例进行介绍[47]。给定观测周期(如 2 个月),提取用户在该周期内的夜间数据(22:00—6:00),则该用户的居住地所在的基站小区应满足以下两个阈值条件:

(1) 停留时间阈值:用户在该小区内的总停留时间应大于预设时间阈值 ΔT;

(2) 出现天数阈值:用户在观测周期内至少有 Y 天的夜间出现在该小区。

选取满足上述阈值条件的基站小区作为候选,将总停留时间最长的小区作为居住地。

7.4.4 数据扩样

由于手机信令数据采集终端会遗漏抓取部分少量数据,导致出行分析包含的人群和总体人群并不对等,而是针对总体人群的大比例抽样。因此,须将手机信令数据扩样为总体人群的出行数据,以尽可能真实地反映总体人群的出行特征和规律。

数据扩样时可采用多层扩样模型。首先,根据采集终端数据中异常掉线的用户比例将采集到的运营商手机信令数据扩样至当前运营商的所有手机用户群体;其次,根据不同运营商的市场占有率,将某家运营商的手机用户扩样至全部手机用户;最后,根据手机用户持有比例，将全部手机用户扩样至总体人群。

扩样系数计算见式(7-32)[47]：

$$P = \frac{1}{(1-\alpha) \times \beta \times \gamma} \tag{7-32}$$

式中 P ——扩样系数；

α ——异常掉线的用户比例；

β ——运营商的市场占有率；

γ ——手机覆盖率。

7.5 基于公交 APC 数据的客流 OD 推算

Ben-Akiva 于 1987 年提出了迭代比例拟合(Iterative Proportional Fitting, IPF)方法。该方法计算简单，通常利用单线路公交各站点的上、下车人数，结合乘客出行的基础矩阵来进行客流 OD 推算，但对基础矩阵的精确度要求较高。

假设一条公交线路的站点数为 m，其求解过程如下。

(1) 计算过程。

$$x_{ij} = a_i b_j t_{ij} \tag{7-33}$$

$$\sum_j x_{ij} = B_i \tag{7-34}$$

$$\sum_i x_{ij} = A_j \tag{7-35}$$

$$a_i = \prod_k a_i^k \tag{7-36}$$

$$b_j = \prod_k b_j^k \tag{7-37}$$

(2) 收敛控制。

为了控制最终迭代的精度，定义如下参数：

$$a_i^k = \frac{B'_i}{B_i} \tag{7-38}$$

$$b_j^k = \frac{A'_j}{A_j} \tag{7-39}$$

式中 x_{ij} ——从站点 i 上车到站点 j 下车的乘客数；

B_i ——在站点 i 上车的人数；

A_j ——在站点 j 下车的人数；

B'_i ——在站点 i 上车的目标乘客数；

A_j ——在站点 j 下车的目标乘客数；

a_i ——迭代 k 次以后的行系数；

b_j ——迭代 k 次以后的列系数；

t_{ij} ——从站点 i 上车到站点 j 下车乘客数的种子矩阵。

给定一个 ε，且 $\varepsilon > 0$，迭代 k 次以后的 a_i 和 b_j 须同时满足以下条件：

$$1-\varepsilon \leqslant a_i^k \leqslant 1+\varepsilon \tag{7-40}$$

$$1-\varepsilon \leqslant b_j^k \leqslant 1+\varepsilon \tag{7-41}$$

随着自动乘客计数(APC)技术的普及，采集到的上、下车数据可用于乘客 OD 估计。迭代比例拟合迭代基础(IPF-IB)方法是一种基于 IPF 方法的程序，用在没有良好基础矩阵的情况下，以估算具有大量上、下车数据的路线 OD 矩阵[48]。IPF-IB 方法可用来确定乘客旅行方式相对稳定的同日时段的路线概率 OD 矩阵。矩阵中的一个单元格值代表随机选择的乘客从与该单元格相关的始发站到与该单元格相关的目的地站旅行的概率。图 7-28 为 IPF-IB 流程。以该行程的可用上、下车数据以及基础矩阵为输入，使用 IPF 方法计算新的概率 OD 矩阵，在下一次迭代中，使用新的概率 OD 矩阵作为基础矩阵，即基础矩阵通过迭代不断变化，但是对于迭代内的所有线路都使用相同的基础矩阵。

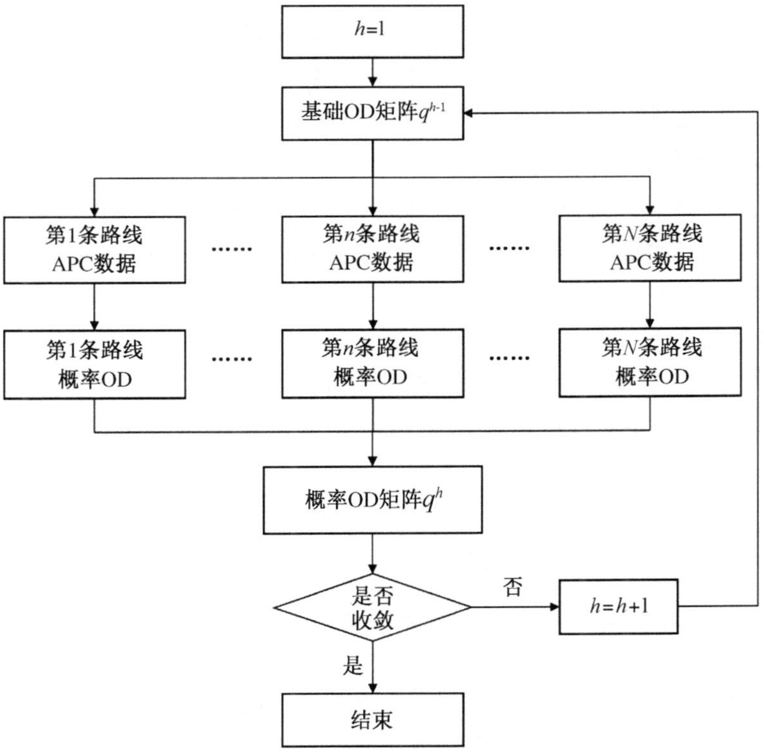

图 7-28　IPF-IB 流程

IPF-IB 方法的步骤如下：

① 任意选择一个基础 OD 矩阵 q_0(可以使用单元矩阵)，设置计数器 $h=1$。

② 通过对每个公交行程 $n(n=1, 2, \cdots, N)$ 应用 IPF 方法，确定 N 个公交行程特定的

OD矩阵。其中，N 是公交行程总数，使用行程特定的上车和下车计数以及基本矩阵 q^{h-1} 作为输入。

③ 将在第②步中确定的 N 个公交出行的特定 OD 矩阵求和（即对于每个单元，将该单元中对每个行程估计的值相加），形成总 OD 矩阵。

④ 将总 OD 矩阵中的每个像元值除以总乘客量来确定概率 OD 矩阵 q^h 的估计。

⑤ 如果该过程已收敛或已执行了指定的 H 次迭代，便可停止；否则，设置 $h=h+1$，并转到步骤②。

7.6 公交 AFC 数据处理

公交自动售检票（AFC）数据记录了使用者的信息，通过 AFC 数据，不仅能够采集客流信息，还能刻画一个出行者的完整公交出行链。本节将对 AFC 数据的预处理以及基于 AFC 数据的公交出行链提取进行介绍。

7.6.1 AFC 数据预处理

在数据的采集、传输以及存储过程中，多种因素都会导致 AFC 数据的不准确，AFC 数据常常存在冗余、缺失等问题。对此，我们可以采用常规的数据预处理方法进行处理。本节主要针对 AFC 数据的特有问题（如卡类型不一致以及乘客代刷）进行预处理。

1. 卡类型不一致

IC 卡的卡号一般是其身份信息的唯一标识。在通常情况下，一个卡号仅对应一个卡类型。然而，系统随机错误或者信息更改都会导致卡类型不一致。针对卡类型不一致的数据，需要结合其形成原因进行处理。

1）系统随机错误

在卡类型变化以后，可以根据卡类型代码进行识别，若卡类型代码为非有效代码，或者后续卡类型又转变为原类型，则认定该条记录为系统随机错误。可以根据历史数据对该条数据进行修补。

2）信息更改

部分卡类型不一致是由于用户对卡的信息进行了更改，如果变化后的卡类型代码保持不变，即可认定为卡信息更改，该记录为准确信息。

2. 代刷记录识别

公交 IC 卡收费系统普遍采用“一票制”收费模式，无须下车刷卡，且允许公交乘客重复刷卡，例如为同行者多次付款。这便导致无法通过 IC 卡刷卡数据将乘客与公交卡一一对应。由于代刷所产生的刷卡记录无法表征 IC 卡持有者的真实出行轨迹，因此会对后续的出行行为分析造成一定的影响。在分析前，需要对该类数据进行有效识别。

根据乘客代刷行为的特点，刷卡数据包含卡号、时间和刷卡车辆的字段，代刷记录可以根据同一卡号在同一辆公交车上的多次刷卡时间差值进行判断。如果两次刷卡时间间隔较短，则可认为后一次刷卡是为同行乘客代刷。

7.6.2 乘客上车站点识别

AFC系统的主要用途为乘客计费，常规公交线路的刷卡数据中并不包含乘客上车站点的信息，且在拥挤状态下，乘客可能在途中而非停站时刷卡，这就需要将刷卡数据和公交运营规律或其他公交运营数据相结合来对乘客上车刷卡数据进行处理，从而识别乘客的上车站点。

随着自动定位技术的普及，大多数城市公交车均配备了车辆自动定位系统（Automatic Vehicle Location system，AVL)，可以实时监控和记录车辆的位置信息。下面介绍IC卡数据结合车辆自动定位数据的乘客上车站点识别方法。

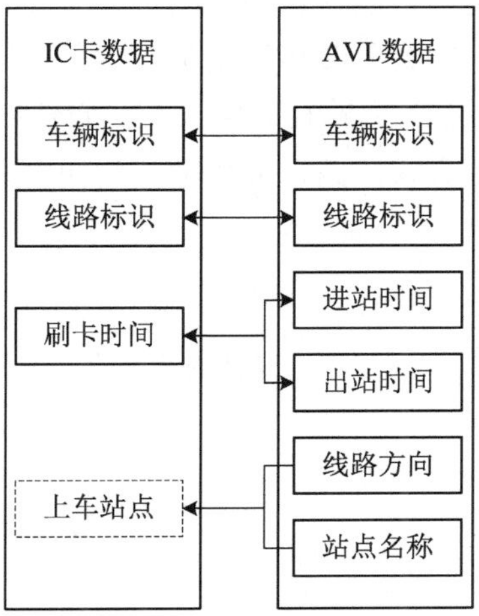

图7-29 IC卡数据与AVL数据匹配关系

IC卡数据包含卡号、所乘车辆、所乘线路以及刷卡时间等信息，AVL数据则包含车辆标识、线路标识、站点名称、进/出站时间等信息，通过将二者信息进行匹配，即可通过AVL数据中的站点信息获知乘客刷卡的上车站点。IC卡数据与AVL数据匹配关系如图7-29所示。

先通过车辆标识和线路标识将刷卡数据与车辆进行匹配，再将刷卡记录时间与该车辆的进站时间和出站时间相匹配，以确定刷卡时车辆所在站点，此站点即为乘客的上车站点。若刷卡时间不在停站时间内，则匹配至刷卡时间所在区段的上一站点。

7.6.3 乘客下车站点识别

公交IC卡数据一般不包含乘客的下车信息，需要结合上车刷卡数据，通过乘客的出行行为特征对其下车站点进行分析。公交卡一般一人一卡，按照先后顺序在空间上依次排列出公交乘客的单次出行全过程，从而呈现出每个乘客的公交出行链。本节基于出行链的概念，对基于公交出行链的下车与换乘站点一体化识别方法进行介绍。

1. 出行链的概念

出行链是以出行者的居住地为中心，将其一天内所有的出行活动，按出行时间顺序连接起来的闭合链。它呈现了出行者从出行开始一直到出行结束的一系列过程，其中包含出行时间、出行空间和所使用的交通工具等信息。

出行者在出行过程中采用城市公共交通的出行方式所形成的出行链称为公交出行链，它包含的信息将有助于识别乘客的下车站点及换乘站点。公交出行链的特点是：出行者每天至少有两次使用城市公共交通出行的乘车过程，且前一次乘坐公交的下车时刻必须早于后一次乘坐公交的上车时刻，如此这两个乘车过程才能成链。

根据乘客的出行特征，公交出行链分为闭合公交出行链和非闭合公交出行链。当出行者所有出行的线路能闭合时，该公交出行链就是闭合公交出行链，反之则是非闭合公交出行链。在非闭合公交出行链中，出行者在某次出行中因未使用公交出行方式从而产生断链，则断链有可能在首尾，也有可能在中部。

闭合公交出行链又可细分为原路径闭合公交出行链和环形闭合公交出行链。

(1) 原路径闭合公交出行链：出行者通过城市公共交通方式出行至某个目的地，再以同样的方式原路返回所形成的闭合公交出行链，如图 7-30 所示。

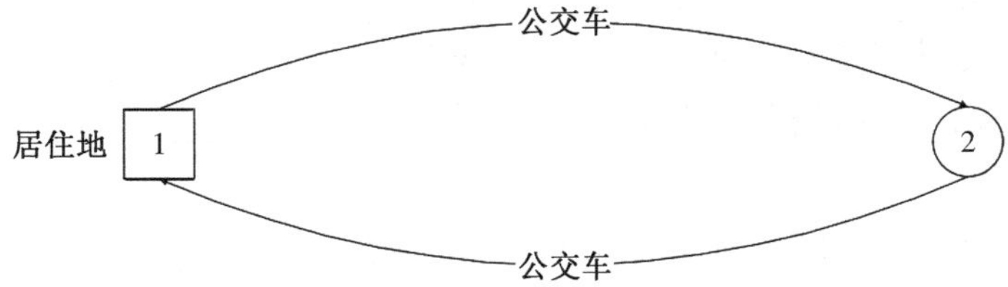

图 7-30　原路径闭合公交出行链示意[49]

(2) 环形闭合公交出行链：出行者一天的出行过程中有多个目的地，且前往每个目的地与回到出发地的线路能够形成闭合出行链，如图 7-31 所示。

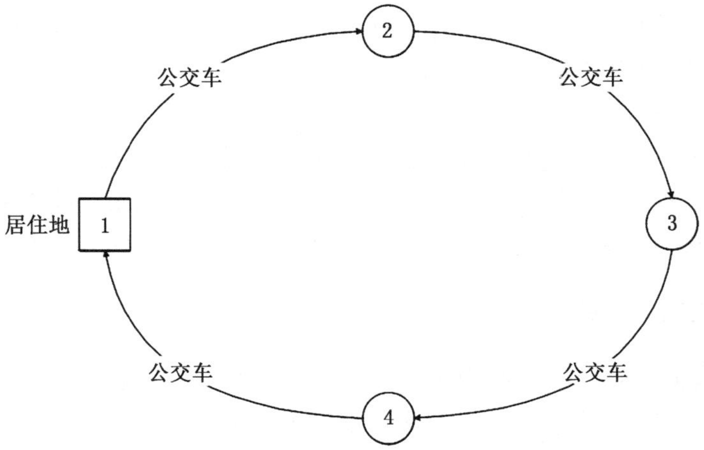

图 7-31　环形闭合公交出行链示意[49]

2. 乘客下车行为特征分析及基本假设

时间成本最小化是出行者考虑的最为重要的一点。所有的出行者都不愿意把时间浪费在交通上，总是希望以最短的时间到达目的地。因此，基于公交出行链的概念，针对不同类型的出行链，并根据乘客的行为特征可以做出如下假设。

1) 闭合公交出行链

如果出行者乘坐的公交线路是连续的，即能够形成连续的公交出行链，则可根据乘客的下一次上车站点推断出出行者上一次乘车过程中的下车站点，即为本次出行上车后，在车辆完成这一轮运行前，所有经过的站点中距离后一次公交出行的上车站点最近且满足空间约束的公交站点。

通过上述分析，可以确定以下三个主要假设：

假设一：基于“时间成本最小化”原则，当天在时间上相邻的乘客多次公交出行过程中，乘客前一次出行过程的下车站点与后一次出行过程的上车站点之间的距离应是最近的。那么,前一次出行过程的下车站点可认为是当前线路上距离后一次出行过程的上车站点最近的站点。

假设二：当日末次出行的目的地,可以认为是次日首次出行的出发地。

假设三：如果乘客连续两次乘坐同一线路方向相反的公交车,那么可以认为,这两次公交出行过程的出发地与目的地互换。

2）非闭合公交出行链

如果出行者的公交线路不是连续的,出行过程无法成链,那么上述方法不能用于识别下车站点,如此便只能从乘客以往的公交出行记录中处于相同时段的部分中找出其公交出行的规律,以识别出行者的下车站点。

通过分析乘客在过去一周内目标时段往返出行的 OD 对,可确定出行者的下车站点。若某一 OD 对在目标时段内的出现频率较高,则该 OD 对就是乘客的一个出行规律,当某个下车站点无法识别的出行过程符合所在时段的出行规律时,可认为该出行过程的下车站点就是对应的所在时段出行规律的下车站点。

还有另一种情况,如果当天乘客最终没有返回首次出行过程的出发地,则可将乘客在当天最后一次公交出行过程线路上经过的站点中距离次日首次公交出行过程的上车站点最近且满足空间约束的站点作为该出行过程的下车站点。

通过上述分析,可以得出假设四和假设五。

假设四：若乘客在一天内只出行一次,那么该乘客的下车站点可以是一周内相同时段的出行规律的下车站点。

假设五：对于乘客最后一次下车站点未确定的出行,该乘客的下车站点则是其公交线路上距离次日首次出行的上车站点最近且符合空间约束的站点。

3. 基于公交出行链的乘客下车与换乘站点识别

1）公交出行链提取

判断两次公交出行是否能够构成连续的出行链,需要两次出行的终点和起点同时满足空间要求。

(1) 判断方法：若将后一次乘车过程的上车站点作为圆心、一定空间衔接阈值 l_{om} 作为半径的圆形区域内至少存在一个属于乘客前一次乘车过程乘坐的公交线路的上车站点在其线路运行方向上的后继站点,则认为这两个公交乘车过程可以在空间上构成衔接。

(2) 空间衔接阈值取值：城区内主要的公交站点间的距离一般在 300～800 m 之间,针对城市区域的公交线路,可以设置一个空间衔接阈值,以此作为公交乘车过程间在空间上衔接的判断条件。空间衔接阈值一般取两个相邻公交站点间的最大距离,用 l_{om} 表示,可设 l_{om} ＝800 m。

假设乘客一天中所有公交乘车过程对应的车辆运行情况存在如图 7-32 所示的关系。当乘客第一次刷卡记录的上车站点是线路 1 的站点 A,第二次刷卡记录的上车站点为线路 2 的站点 B 时,站点 S1,S2,S3,S4 都在以站点 B 为圆心、l_{om} 为半径的圆形区域内,然而只有 S1 和 S2 为站点 A 在线路 1 上的后继站点,所以可认为在站点 A 上车的乘车过程与在站

点 B 的乘车过程可能构成衔接。

当乘客第一次刷卡记录的上车站点为线路 3 的站点 C，第二次刷卡记录的上车站点为线路 4 上的站点 D 时，站点 S7 和 S8 在以站点 D 为圆心、l_{om} 为半径的圆形区域内，但都不是线路 3 上站点 C 的后继站点，所以，乘客这两次乘车过程不是在空间上衔接的乘车过程。

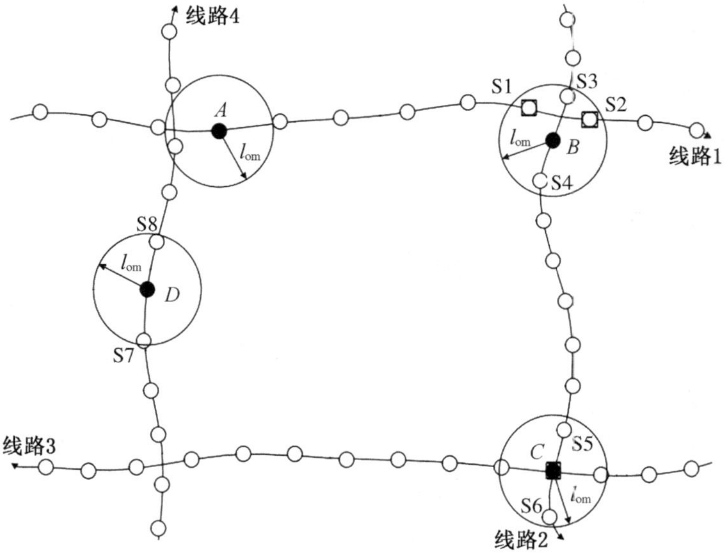

图 7-32　前后两次乘车空间关系图[49]

2）下车站点及换乘站点识别

由于在空间链接阈值范围内的站点都有可能是上一次出行的下车站点，因此，鉴别下车站点还须在可能的下车站点中进行选择。同时，在整个公交出行过程中，换乘行为与单纯的下车行为应该区分开来，但是，二者也具有内在的联系，即它们都有“下车”的具体动作，但区别在于，从出行链的角度来看，换乘行为的“下车”动作与之后的“上车”动作不仅在空间上能够衔接，而且在时间上也能紧密衔接；下车行为则仅仅只有“下车”动作，无法判断其与之后的乘车过程在时间上是否衔接。

基于“时间成本最小化”原则以及出行链的概念，对基于公交出行链的下车站点与换乘站点一体化识别方法归纳如下：

（1）如果之前没有匹配出上车站点，则下车站点无法确定。

（2）如果之前已匹配出上车站点，并且乘客当天只有一次乘车刷卡记录，则无法确定该记录对应的下车站点。

（3）若有代替他人刷卡的情况发生，即在同一个站点出现连续刷卡的情况，则无法确定被代替刷卡的乘客的下车站点。

（4）如果乘客的公交 IC 卡当日最后一次刷卡记录所搭乘的线路就是当日最早搭乘的线路，则可分为以下两种情况：

① 如果两次乘车方向相反或者为循环线，那么，该记录对应的下车站点是当前线路上距离当日最早乘车站点最近的站点。

② 如果两次乘车方向相同或者为非循环线，那么，该记录对应的下车站点是当前线路上距离次日最早乘车站点最近且距离小于 l_{om} 的站点。

(5) 如果乘客的公交 IC 卡当日最后一次刷卡记录中所搭乘的线路与当日最早搭乘的线路不同，那么，该记录对应的下车站点是当前线路的当前方向上与当日最早乘车站点最近且距离小于 l_{om} 的站点。如果没有这样的站点，则无法确定该记录对应的下车站点。

(6) 如果乘客当前乘车的站点与下一次刷卡记录中乘车的站点不同，且非前五种情况，那么，当前乘车过程的下车站点是当前线路当前方向上距离下一次刷卡的站点最近且距离小于 l_{om} 的站点。

(7) 在规则(6)的基础上，通过定义换乘时间区间来判断下次乘车时间是否在换乘时间区间内，从而对下车行为与换乘行为进行判断，具体分为以下三种情况。

① 当乘客到达下次乘车站点的时刻在换乘时间区间内时，可认为当前下车站点为换乘站点。

② 当乘客到达下次乘车站点的时刻在换乘时间区间的左侧时，可认为当前下车站点为普通的下车站点。

③ 当乘客到达下次乘车站点的时刻在换乘时间区间的右侧时，可认为这两次公交乘车过程在时间上不衔接，无法形成出行链。

换乘时间区间常常根据换乘线路的最大发车间隔定义为 $(t-t_{cm},\ t)$，其中后一次上车的刷卡记录时刻为 t，换乘线路的最大发车间隔为 t_{cm}。在早、晚高峰时段，考虑到乘车拥挤，可以适当放宽换乘行为定义区间。

乘客到达下一个乘车站点时刻的计算方法如下：

$$t_d = t_u + \frac{d}{v_{max}} \tag{7-42}$$

式中　t_u ——车辆到达当前下车站点的特征点记录时刻，可将 GPS 与 GIS 数据关联得到；

t_d ——乘客到达下一个乘车站点的时刻；

d ——从当前下车站点到下一次乘车过程的公交 IC 卡刷卡记录所在的乘车站点的距离；

v_{max} ——人步行的最大速度。

第8章
交通数据质量评价及预处理

交通数据是业务功能和交通信息应用的基础，高质量的数据是各项业务功能和信息应用有效、稳定、可持续发展的保障。由于受到检测设备故障、通信系统故障、环境变化等影响，交通数据往往存在错误、缺失、冗余、时延长等问题，以至于影响后继数据的工程应用效果，因此，在数据投入使用前对交通检测数据进行质量评价就显得十分必要。数据预处理是提高数据可用性的有效手段。本章结合工程应用的实际需求，提出交通数据质量评价方法，并介绍常用的交通数据预处理技术。

8.1 交通数据质量评价方法

交通数据质量评价属于交通数据质量管理的一项前期和基础性工作。本节将对交通数据质量的定义、问题数据的辨别方法、交通数据质量评价框架及其应用案例进行介绍。

8.1.1 数据质量的定义

定义交通数据质量首先需要明确数据的含义。数据和信息有时会被混淆，数据通常是指反映客观事物属性的记录，是信息的具体表现形式；信息则是指使用者在做决定时可能用到的数据处理结果。例如，环形线圈检测器每 20 s 就可以收集一次流量和速度数据，通过对这些数据进行处理，使其成为使用者需要的信息，如出行者行程时间。但数据与信息也是相对的。对一个用户而言是数据，对另一用户而言可能就是信息。本节没有明确区分数据与信息，数据质量是指数据和信息的质量。

数据质量是数据对需求目标的适用性。数据质量管理需要统筹考虑数据所有潜在的使用目标。文献中对于数据质量有两种定义。Strong，Lee 和 Wang 将信息质量定义为数据适合信息用户的使用程度(fit for use by an information consumer)，并指出这是一个广泛应用的数据质量标准。English 进一步阐述了这一被广泛采用的定义，认为信息质量是“对数据经过处理所需实现的各种目的的适用程度”。English 将信息质量定义为“信息使用者和终端用户的要求的普遍满足程度”。从这些定义中可以清楚地看出，数据质量是一个相对概念，对不同的数据使用者而言，数据质量可能有不同的定义。例如，交通数据使用者包括政府、交通规划部门、交通管控部门等，数据质量的定义应统筹考虑各部门对数据的需求。

8.1.2 交通数据质量评价框架

如前所述，数据质量是一个相对概念，随着用户需求和评价对象的不同，数据质量的标准也存在差异。从微观、中观和宏观三个方面，可以形成集点、线、面为一体的数据质量评价体系。

点维度数据质量分析是以某个断面所覆盖的各条车道为研究对象，实现道路断面的评价。线维度数据质量分析是以某条路段为研究对象，考虑从起点到终点所覆盖的全部里程内的检测设备，实现路段的评价。面维度数据质量分析是以某一指定区域的路网为研究对象，通过对路网中所有路段的数据进行分析，得到区域数据质量评价结果。

交通数据质量评价流程如图 8-1 所示。首先，针对数据现存问题所对应的数据质量属性，结合不同应用对数据质量的要求，构建具体的评价指标体系和计算方法。然后，确定不同时空维度下的数据质量指数计算方法，根据数据质量指数综合评定的结果给出结论与建议。

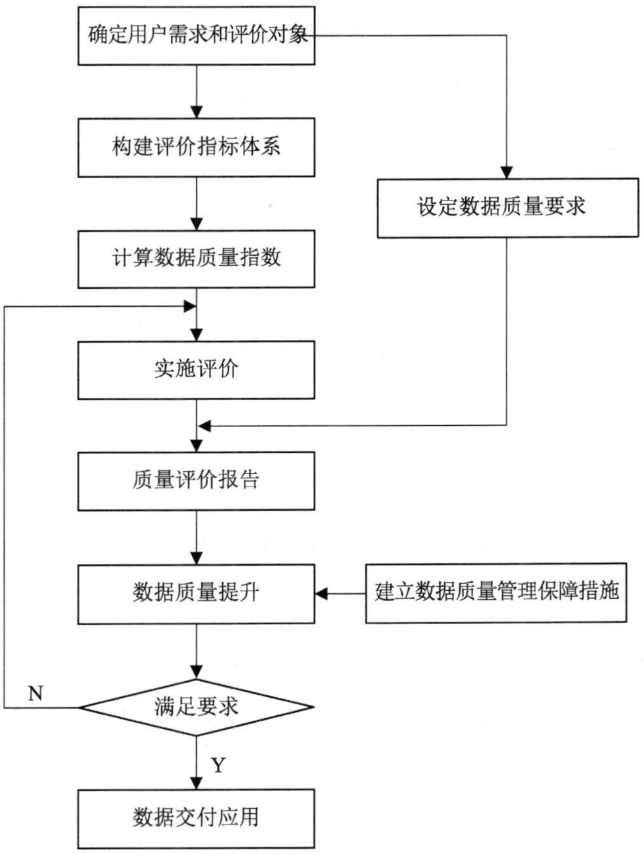

图 8-1　交通数据质量评价流程

8.1.3　交通数据质量评价指标

本节对交通数据质量评价指标进行介绍，根据交通数据质量问题的产生原因及主要表现，建立交通数据质量评价指标体系。

交通数据质量受多方面影响，主要问题源于数据的采集端，其常见问题的产生原因及表现具体如下：

（1）检测设备长期运行造成其性能下降，导致数据精度不足；

（2）检测设备间歇性故障导致数据间歇性缺失、错误或无效以及数据长传延误；

（3）设备永久性故障导致长时间数据缺失、错误或无效；

（4）通信系统故障导致无数据或冗余数据上传以及数据上传延误；

（5）软件问题包括固有的软件缺陷和运行中的非正常关闭等，导致校时不准、数据记录冗余或记录丢失、数据记录格式和内容有误等。

以上数据采集端的问题最终会造成数据缺失、冗余、无效、精度不足以及传输延时等。在交通数据质量评价体系中对应以上情况分别建立了数据的完整性、有效性、准确性和实时性指标，以对数据质量进行评估，如图 8-2 所示。

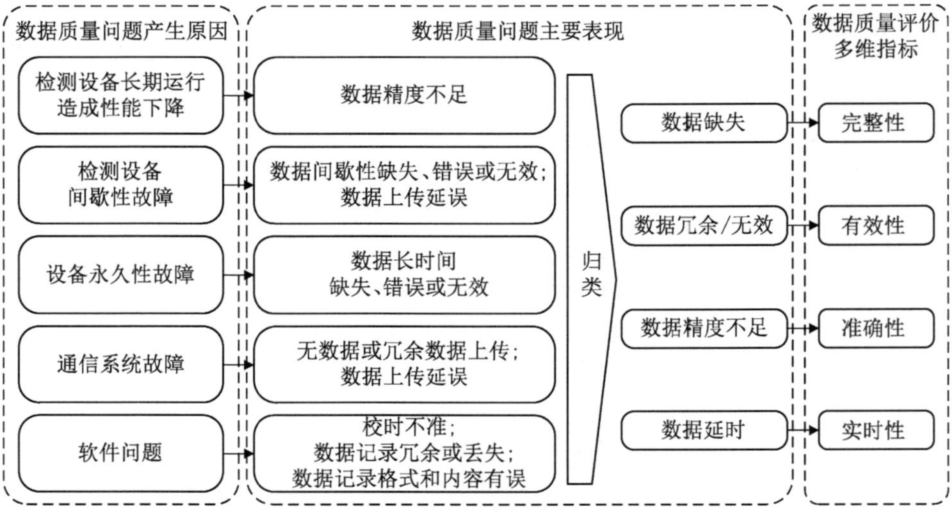

图 8-2　交通数据质量评价框架

1. 数据完整性

数据完整性是指数据对于期望采集的完整数据的满足程度。数据完整性包括空间完整性和时间完整性。空间维度上的数据完整性可以从路网、路段、断面、交叉口和车道级层层细化；时间维度上的数据完整性可以从年、月、周、日、小时、采集周期进行分析。

数据完整性通常使用实际采集到的非冗余的参量数据相对于应该采集到的参量数据的比值作为衡量指标：

$$Complete=\frac{n_{\text{available records}}}{n_{\text{total expected}}}\times 100\% \tag{8-1}$$

式中　$n_{\text{available records}}$——实际采集到的非冗余参量数据记录数；

$n_{\text{total expected}}$——应该采集到的参量数据量。

2. 数据有效性

数据有效性是指参量数据值满足验收标准或在合理值范围内的程度。通常采用在所采集的数据中满足有效性判别准则的数据比例作为衡量指标：

$$Valid = \frac{n_{\text{valid}}}{n_{\text{total}}} \times 100\% \tag{8-2}$$

式中　n_{valid}——满足有效性判别准则的数据量；

n_{total}——所采集数据的总量。

数据的有效性依赖于有效性判别准则。有效性判别准则的建立是多维度的，从时间到空间，从宏观到微观，可以建立不同维度由简单至复杂的有效性判别准则。在实际应用中，需要针对不同的有效性准则进行分类分析和评价，采取合适的准则来衡量数据的有效性。

有效性与完整性的区别如图 8-3 所示，整个饼图表示应该采集的所有数据，完整性考核的是采集到的数据(2＃＋3＃)占应采集的所有数据(1＃＋2＃＋3＃)的比例；有效性考核的是有效数据(3＃)占所有采集到的数据(2＃＋3＃)的比例。

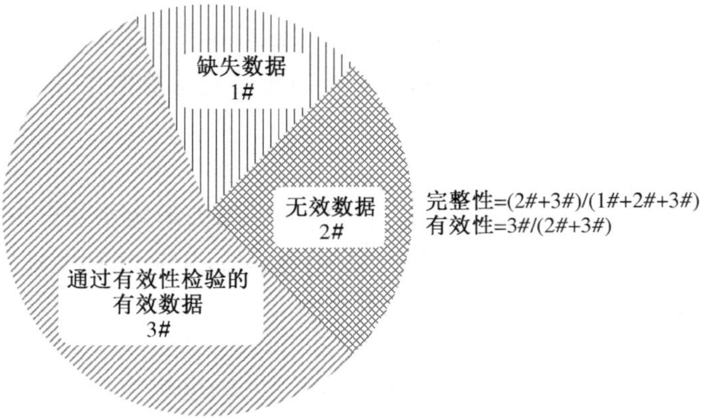

图 8-3　完整性与有效性

3. 数据准确性

数据准确性是指采集到的数据与真实数据相符的程度。准确性常见的衡量指标有正负误差(Signed Error，SE)、绝对误差(Absolute Error，AE)、正负相对误差(Signed Percent Error，SPE)、平均绝对相对误差(Mean Absolute Percent Error，MAPE)和均方根误差(Root Mean Squared Error，RMSE)。各衡量指标的计算方法如下：

$$SE = \frac{1}{n} \times \sum_{i=1}^{n} (x_i - x_{\text{reference}}) \tag{8-3}$$

$$AE = \frac{1}{n} \times \sum_{i=1}^{n} |x_i - x_{\text{reference}}| \tag{8-4}$$

$$SPE = \frac{1}{n} \times \sum_{i=1}^{n} \frac{(x_i - x_{\text{reference}})}{x_{\text{reference}}} \tag{8-5}$$

$$MAPE = \frac{1}{n} \times \sum_{i=1}^{n} \left| \frac{x_i - x_{\text{reference}}}{x_{\text{reference}}} \right| \tag{8-6}$$

$$RMSE = \sqrt{\frac{1}{n} \times \sum_{i=1}^{n} (x_i - x_{\text{reference}})^2} \tag{8-7}$$

式中　n ——数据总量；

x_i ——采集数据；

$x_{reference}$ ——真实参考数据。

这些不同的误差公式都是衡量数据准确性的有效指标，但对准确性的解释有所不同。精确性强调数据与真实数据的相对精度，SPE 和 $MAPE$ 是误差与准确值的比值，这些公式可用于比较不同属性的相对精度（如流量计数和速度测量精度）。由于正负误差 SE 使用的不是绝对值，因此可以表示测量数据的分布中心是否与实际数据存在偏差。均方根误差（$RMSE$）则是统计软件应用程序中最常用的误差公式。

数据准确性无法从采集到的数据中直接判断，而是需要获取真实数据作为参考。真实数据的获取方式多种多样，可以使用专门的精确设备或通过人工方式进行采集，以最大限度地降低数据发生错误的可能性，如采用人工采集的流量数据作为环形线圈检测流量的参考；也可采用严格校准的更高精度的检测器，假定经校准后的数据采集器所采集的数据为真实数据，如采用经校准的环形线圈检测器采集的交通流量数据作为其他检测器数据准确性的参考。

4. 数据实时性

数据实时性是指数据采集在应用所规定的时间内能够获取数据的程度，通常使用在规定时间内接收到数据的比例（Percent Timely Data，PTD）和平均延误（Average Delay，AD）两个指标来衡量，其计算方法如下：

$$PTD = \frac{n_{on\text{-}time}}{n_{total}} \times 100\% \tag{8-8}$$

$$AD = \frac{1}{n_{late}} \times \left[\sum (t_{late} - t_{expected})\right] \tag{8-9}$$

式中　$n_{on\text{-}time}$ ——规定时间内接收到的数据量；

n_{total} ——接收到的数据总量；

n_{late} ——延迟接收到的数据量；

t_{late} ——延迟数据的接收时间；

$t_{expected}$ ——数据接收的期望时间。

对于时延数据的判别可根据所要求的采集周期与实际写入数据库的时间之差来判定。

8.2　交通数据预处理技术

交通检测设备在数据采集及传输过程中易受到外界环境、传输干扰和自身技术局限等因素的影响，因而采集到的交通数据可能存在冗余、缺失甚至错误的情况。美国得克萨斯州A&M大学交通运输研究所（Texas Transportation Institute，TTI）指出交通数据的平均缺失率为67%，这说明数据质量问题是一个不容忽视的问题[50]。

与其他系统的时间序列数据不同，交通数据有其内在的规律性，只有深入挖掘数据的内在规律，才能更好地进行数据的预处理。国外关于交通数据预处理的研究随着20世纪60

年代交通监控系统的发展而展开，不少研究在系统中都集成了数据预处理功能。总的来说，针对不同的交通信息系统开发了相应的数据处理软件程序，并得到了良好的应用。国内多位学者根据实际检测数据进行了针对性的数据筛选和修复方法研究[51,52]。

本节从工程实际应用需求出发，介绍交通数据预处理方法，包括故障数据识别、数据修复和平滑，并结合实例给出基本的处理流程，以便于后续针对数据进一步分析和应用。

8.2.1　交通故障数据识别

由于交通检测设备工作环境的特殊性及其自身技术限制，加之检测系统各组成部分相互影响，因此，采集到的交通数据不可避免地会存在数据质量问题。道路交通数据中常见的数据质量问题包括数据冗余、数据缺失、数据错误和精度偏差等。

1. 故障数据产生原因

交通信息采集系统产生异常值有其自身的原因，数据质量的影响因素及问题表现如表8-1所列。

表 8-1　　数据质量影响因素及问题表现

数据质量影响因素	问题表现
检测设备性能下降	错误或无效数据比例增加
检测原理限制	产生错误数据或无效数据
检测设备运行不稳定，发生间歇性故障	数据间歇性缺失、间断性数据错误或无效、数据重复上传或上传延误
检测设备永久性故障	长时间数据缺失、长时间数据错误或无效
通信系统发生故障	无数据或冗余数据上传、数据上传延误等
软件问题	校时不准、记录冗余或记录丢失、数据记录格式有误

1）检测设备性能下降

检测设备长期运行，若缺少适时维护可能会造成设备性能下降，进而导致采集数据的有效性和准确性降低。

2）检测原理限制

检测器的采集技术可分为磁频技术、波频技术和视频技术三类。其中，磁频检测器通过回路电感量的变化来检测车辆信息。交通低峰时，车辆速度快，车辆检测器灵敏度不够，可能会出现检测不到车辆的情况；交通高峰时，车辆间距较小，检测精度显著降低。另外，车型和底盘高度也是影响磁频检测器精度的两个因素。波频检测器发射电磁波，当被车辆阻挡时，电磁波会被反射回来，检测器接收到反射波，由此获取车辆信息。电磁波空气传播的特点决定了其易受环境影响，温度、天气等都会导致检测精度发生变化。视频检测器是以视频图像处理技术为基础，大雾、暴雨等恶劣天气都会给检测带来困难。另外，树下斑驳的阴影也会影响视频图像的识别。

3）检测设备发生间歇性故障或永久性故障

路基型检测器除了易受天气、温度影响外，还会受到车辆破坏以及路面维修的影响。另外，设备更换不便易造成间歇性故障或永久性故障，导致无法检测。

4）通信系统发生故障

数据传输过程中出现通信故障容易导致数据缺失等问题。

5）软件问题

由于软件缺陷以及异常关闭等情况的存在，可能会导致数据记录校时不准、冗余或丢失以及格式错误等问题，从而给交通数据的实时性、完整性、准确性、规范性等带来不利影响。

通过分析影响数据质量的因素，将单源的数据质量问题提炼为三类，即数据冗余、数据缺失和数据有效性判别。其中，数据有效性判别涵盖数据延时、数据记录格式错误和数据错误。下面针对这三类数据质量问题进行详细介绍。

2. 数据缺失与冗余

数据缺失判别包括记录缺失判别和元素缺失判别。记录缺失即为缺少整条数据记录，包括记录时间、关键字段等信息均缺失，无法获取到任何有效的信息。元素缺失为数据记录中某些字段数据缺失。当交通数据导入数据库时，对于未识别的字段常用一些字符代替，如“0”或“—”等，因此元素缺失的情况较为少见。本节主要讨论记录缺失的判别方法。

数据记录缺失主要分为两种情况：一是由于设备故障或检测原理限制等原因，在相应时间段内没有采集或接收到原始交通数据，判定为该时段检测数据缺失；二是对于某时段数据，由于数据质量较差且后续无法使用，因此该时段数据被筛除，从而导致的数据缺失。

常见的交通数据包括交通流数据、过车数据和浮动车数据等。按触发类型进行划分，交通数据的产生方式可分为时间触发方式和事件触发方式。

交通流数据和浮动车数据的产生方式为时间触发方式，即按一定的时间间隔产生一条数据记录。一般情况下，交通检测设备的采样间隔为 10 s，20 s，30 s，1 min，5 min 等。校准设备时间后，每一采样间隔应产生一条记录，当该时刻未产生数据记录时，则认定该时刻数据缺失。表 8-2 中采样间隔为 20 s，表中加粗的相邻两条记录时间间隔为 40 s，原本在 04:17:00 时刻应产生一条交通流数据记录，故判定该时刻数据缺失。对于时间触发方式的数据可将记录间隔时间与采样间隔对比，判别是否存在数据缺失。

表 8-2　　交通流数据

FDT_TIME	VOLUME	SPEED	OCCUPANCY	FSTR_WORKSTATE
2019-11-05 04:16:00	1	73	1	valid
2019-11-05 04:16:20	0	0	0	valid
2019-11-05 04:16:40	**1**	**77**	**1**	**valid**
2019-11-05 04:17:20	**1**	**77**	**1**	**valid**
2019-11-05 04:17:40	1	73	1	valid
2019-11-05 04:18:00	1	74	1	valid
2019-11-05 04:18:20	1	65	2	valid

过车数据的产生方式为事件触发方式。车辆经过检测区域即为一个事件发生，从而产生一条包括时间、车辆位置、车辆速度等信息的完整记录。对于事件触发记录，不进行记录缺失判别。

因不同交通数据采集的信息不同，故数据冗余判别略有差异。对于交通流数据，每隔一个采样间隔，检测设备对于相应的检测车道应只产生一条记录，否则就认为出现了数据冗余。对于过车数据和浮动车数据，采集的字段不尽相同，但均可通过判别是否存在“同时同地异车，同时同车异地”的情况来判别数据冗余。通俗地说，同一时间同一地点只会有一辆车经过并产生一条记录，不可能出现多辆车或者多条记录；同一辆车在同一时间只会在一地出现，不可能发生“瞬间漂移”。表 8-3 所列为数据冗余判别规则。

表 8-3　　数据冗余判别规则

数据类型	判别规则
交通流数据	设备编号、检测时间、检测车道组合唯一
过车数据	设备编号、检测时间、检测车道组合唯一； 车牌号码、时间组合唯一
浮动车数据	设备编号、时间、GPS 坐标组合唯一

另外，采集到的交通数据应当满足数据库的字段约束，即一些强制执行的数据校验规则。若交通数据中存在“记录 ID”这样能够唯一标识记录的字段，则该字段应满足主键约束，取值不可重复。冗余数据的筛除规则可酌情设定，一般地，从研究目的出发，对于关键信息（如速度等）相同的冗余记录，保留前者，后者视为重复上传的记录；对于关键信息不同的冗余记录，由于无法判别并获取到数据关键信息，应考虑将所有冗余记录剔除。

3. 线圈数据有效性判别

数据异常是指获取数据的过程中由于硬件或软件故障而导致的数据质量问题，表现为采集到的数据不在期望阈值范围内或不满足交通流理论。判别数据异常需要考虑两方面情况：一方面，考虑到数据整体的有效性，包括数据的分布、趋势等，若数据整体出现问题，则检测器可能失效；另一方面，要考虑单条数据的检测值是否合理，对于异常数据，须进行处理及修复。

针对数据异常的表现形式，提出分布合理性和数值有效性的判别方法。前者用于识别分布异常的数据，后者用于识别数值异常的单条数据。其中，数值有效性判别又可分为阈值筛选和交通流理论筛选。

1）分布合理性检验

分布合理性可细分为取值区间分布合理性和夜间车速分布合理性。当检测器发生故障时，易出现检测值较为单一的情况，据此可检验各参数的取值区间分布以识别取值单一的情况，从而判别检测器的工作状态。另外，交通流参数取值在白天与夜晚有较大差异，若采用统一的阈值判别标准，易遗漏异常数据，因此，单独对夜间车速进行检验，可识别出夜间车速过低的异常值以便后续处理。

针对检测值单一的问题，可采用区间划分的方法对这种异常情况进行识别，具体方法如下。

(1) 对于单车道,确定参数 x 的区间检验范围,如表 8-4 所列,其中对于速度参数,$\min(v)$ 的取值为非零车速的最小值。

表 8-4　　参数区间检验范围

参数	区间检验范围
流量	$[0, \max(q)]$
占有率	$[0, \max(o)]$
速度	$[\min(v), \max(v)]$

(2) 将该区间进行 10 等分,统计有取值落入的区间(即非空区间)数量 n;

(3) 若 $n \geqslant 5$,即一半以上的区间有取值落入,则认为该参数取值区间分布正常,否则认为存在异常。统计表可按表 8-5 设计。

表 8-5　　区间分布统计样例

车道	非空区间数量		
	流量	速度	占有率
1	n_{11}	n_{12}	n_{13}
2	n_{21}	n_{22}	n_{23}
…	…	…	…

例如,若因设备故障导致检测到车道 1 在一天中的占有率取值仅为 49%和 50%(按 1 min 聚合),确定区间检验范围为[0, 0.5],将该区间 10 等分,统计得到有取值落入的区间数量 n_{13} 为 1,仅 1 个小区间非空,则认为占有率取值过于集中,区间分布存在异常。

2) 取值有效性检验

R. E. Turochy 于 2000 年提出了一个新的数据筛选过程,其中包含四个测试过程:两个阈值检测和两个利用交通流理论的检测[53]。该检测方法简单适用,并适合在线处理。本书以 R. E. Turochy 提出的方法为基础,结合交通流特性进行了一些调整,具体方法如下。

阈值筛选是指根据设定的阈值(可为预先设定的固定阈值,也可为实时变化的动态阈值)筛选出满足阈值条件的数据记录。对于交通数据而言,通常将交通流参数(流量、速度和占有率)作为阈值检验的对象,将检测值与理论极限值(又称为阈值)进行对比,未通过检验的错误数据将被阈值所代替。

对需要判断的各个参数,根据其特征来确定合理的取值范围 ($y_{\min}$, $y_{\max}$),超过合理范围即为异常数据。流量一般不超过单车道的通行能力,速度上限与道路限速密切相关,而时间占有率不能超过 1。由于不同的采样间隔采集到的数据聚合程度不同,因此设定的阈值也不同。采样间隔越小,数据波动越大,设定的阈值应该越大,对数据波动有较好的容忍度;反之,采样间隔越大,削弱了数据波动特征,阈值相应减小。

表 8-6 列出了交通流参数的一般范围,数据预处理时,可根据该表筛选出满足有效范围

条件的数据记录。

表 8-6　　阈值检验条件

判别内容	参数	有效范围	含义
合理取值范围	流量 TOTAL_FLOW	$0 \leqslant q \leqslant f_q \times Q_{max}$	Q_{max}：道路流量阈值(pcu)； f_q：修正系数，一般取 1.3～1.5
		$q = sum(q_n)$	q_n：分车型流量
	速度 SPEED	$0 \leqslant v \leqslant f_v \times V_{lim}$	V_{lim}：道路限速(km/h)，不同等级道路的限速值不同； f_v：修正系数，一般取 1.3～1.5
	占有率 OCCUPANCY	$0 \leqslant o \leqslant O_{max}$	O_{max}：占有率最大值，在 90%～99%之间

3）交通流理论检验

上述取值有效性检验仅从单一参数的角度来判别数据的有效性。但交通数据不同于其他数据，各参数之间具有一定的内在联系，不少学者研究了交通流机理并探索了交通流三参数的关系。仅检验单参数的取值有效性是非常保守的方法，下面将介绍利用交通流三参数的内在联系来检验数据有效性的方法，包括多参数联合判断零值的合理性以及有效车长检验，该方法充分利用了流密速之间的隐含关系。

(1) 零值检验。

零值是数据异常的一个重要表现形式，当设备未检测到某参数时，软件程序常用零值代替，但在实际情况中，的确会有"0"的情况，例如，采样间隔内没有车辆经过，此时设备采集到的流量和占有率均为零。因此，在数据预处理时，需要甄别零值是否合理。根据流密速关系，由于三参数相互关联，因而当出现零值时，可以进行联合判断来确定零值是否为异常数据。这里把交通流三参数作为一个整体进行考虑，有利于更好地利用其内在规律进行数据筛选。表 8-7 列出了交通流三参数六种不同的错误取值组合，通过对这些组合进行分析，可以对零值做一个基本判断，从而筛选出明显错误的数据。

表 8-7　　零值检验无效参数

判别内容	无效参数	参数形式		
		流量/veh	速度/(km·h^{-1})	占有率
零值检验	流量	≠0	0	0
		=0	≠0	≠0
	速度	0	≠0	0
		≠0	=0	≠0
	占有率	0	0	(0，90%)
		≠0	≠0	=0

(2) 全零检验。

在实际中，常常会出现检测到的流量、速度和时间占有率都为零的情况。出现这种情况存在两种可能：一是检测设备故障或数据传输中断，从而造成数据丢失；二是在夜间低流量情况下，由于采样间隔较小，在采样间隔内没有车辆通过，也会存在参数全为零的情况。因此，需要设计一种方法来检验交通流参数全零数据，区分上述两种可能以免误判或漏判。全零数据检测的关键是判别流量为零是否为真实值，可利用统计概率估计判断出现流量为零的情况是否合理。

针对夜间低流量的情况，假设车辆到达随机，车辆到达近似服从泊松分布，概率表达式为

$$P(x)=\frac{m^{x}\mathrm{e}^{-m}}{x!},\quad x=0,1,2,\cdots \tag{8-10}$$

式中 $P(x)$——采样间隔内到达 x 辆车的概率；

m——采样间隔内平均到达的车辆数；

e——自然对数的底，取为 2.718 28。

在显著性水平为 α 的情况下，采样间隔内有车辆通过的概率，即 $x>0$ 的概率为

$$P(x>0)=1-P(0)=1-\frac{m^{0}\mathrm{e}^{-m}}{0!}=1-\alpha \tag{8-11}$$

在显著性水平 $\alpha=0.01$ 时，计算得到 $m\approx 4.6$。因此，若 $m>4.6$，出现流量为零的概率小于 1%。

通过上述分析，将前几个采样间隔检测到的流量平均值作为平均到达的车辆数，与一定显著性水平下的 m 值进行比较，从而判断是否可能出现零流量，以此作为参数全零时的异常数据筛选准则。如果计算得到的流量均值大于一定置信水平下的 m 值，则本采样间隔几乎不会出现流量为零的情况，因此可以认为全零数据是异常的；否则，判定本采样间隔内没有车辆通过。

(3) 有效车长检验。

平均有效车长是根据交通流参数关系推算得到的参量，根据实际交通中车辆组成可知，采样周期内，有效车长小于 2 m 或大于 20 m 都是不现实的。因此，我们可以通过设定平均有效车身长度区间 ($l_{\min}$, $l_{\max}$) 来判断数据是否存在异常。同时，平均有效车身长度阈值的选取必须考虑极端条件，以保证正确数据不被剔除。

对于时间占有率不为零的情况，引入平均有效车长 $AEVL$ (车辆长度与检测器长度之和)这一指标，即通过三个参数之间的关系得到平均有效车长，然后判断采集数据是否在有效车长合理阈值范围内。

平均有效车长的计算公式如下：

$$AEVL=\frac{v\times 1\,000\times\left(\frac{o}{100}\right)}{q\times\left(\frac{60}{T}\right)}=\frac{voT}{6q} \tag{8-12}$$

式中 $AEVL$ ——平均有效车长，m；

v ——速度，km/h；

o ——时间占有率；

q ——交通流量，veh/h；

T ——采集周期，min。

将实际检测到的流量、速度和时间占有率数据代入式(8-12)，计算得到平均有效车长，该计算值必须在实际的平均有效车长区间内，否则认为是异常数据，予以剔除。对于社会车辆行驶的普通车道，取 $AEVL$ 的有效范围为 3～12 m，而对于公交专用道，依据使用时段对取值范围进行调整，在专用时段内，$AEVL$ 的有效范围为 6～12 m；在非专用时段内，$AEVL$ 的有效范围为 3～12 m。

4. 浮动车数据有效性判别

浮动车数据使用前，需要对原始数据进行有效性验证。浮动车数据失效主要是由于定位不准出现较大偏移，可对速度、经纬度等参数设定合理的阈值范围来剔除不合理的数据。常见的方法有速度判定、夹角判定和出行轨迹聚类判定。

1）速度判定

通过相邻两点间的距离和时间差来近似估计浮动车移动速度，若超过给定的速度阈值，则认为数据可能存在异常。

2）夹角判定

计算观测点与相邻两个轨迹点所形成的夹角，若夹角过小，有可能是异常数据，但不排除由于转弯或掉头造成夹角偏小。

3）轨迹点聚类

根据轨迹点在地图上的分布情况，通常单次出行的轨迹密度较为一致，异常值一般表现为离群点，对此，可通过聚类算法识别。

8.2.2 数据修复方法

原始交通数据经过数据筛选，剔除了其中的异常数据，导致采样周期内的数据记录缺失。对于单检测点采集的数据而言，交通数据是时间序列数据，部分时段的数据缺失会影响后续的研究与应用，因此，需要对数据进行修复，以确保数据分析工作的顺利开展。

当数据缺失时，常用短时交通流预测值代替缺失数据。关于交通流数据的短时预测方法，国内外学者进行了大量研究，主要目的是提高预测精度，但往往增加了计算的复杂度。在工程实践中，数据修复技术的关键是建立简单、稳定、快速的数据预测方法。

根据交通数据的特点，需要重点修复的是流量、速度和占有率这三个参数的数据，从时空特性和多变量插补出发，多维度地建立数据修复框架。

8.2.2.1 时空特性修复

交通流数据在时间和空间上都存在着明显的相关特性，可根据交通流数据的时空关联性，利用检测数据修复缺失或错误的数据。时间序列修复方法通常用于单点交通流数据修复，由交通流趋势特性预测一定时序内的交通流参数值，补全缺失数据。作为典型的地理空间数据，交通数据还具有空间相关性，各点位数据与邻近车道和上、下游断面之间都存在空间上的相似性，因此，利用空间位置上的相关关系填补缺失数据也是一种常见的修复方法。近年来，基于数据驱动的时空序列建模已成为各学科领域的研究热点，在交通领域，综合考虑时间和空间维度的交通数据时空插值方法也逐渐得到了发展和应用。

1. 时间序列修复

交通流数据本质上属于时间序列数据，具有实时性、动态性、规律性特征。其中，规律性特征与出行行为的规律性关系紧密，在以日、周为周期的时段内呈现出较高的相似性。时间序列修复的关键是基于交通流数据的规律性开展相关性分析及数据修复工作。

表 8-8 列出了根据时间序列进行数据修复的样例，每一行代表不同的观测周期，每一列代表该周期内不同时刻所采集的数据内容，$y(k, t)$ 即变量 y 在第 k 个周期 t 时刻的取值，以此对时间序列修复方法进行阐述，得到 $y(k, t)$ 的修复值为 $\hat{y}(k, t)$。

表 8-8　　时间序列修复样例

周期	时刻						
	1	2	…	$t-1$	t	$t+1$	…
1	$y(1, 1)$	$y(1, 2)$		$y(1, t-1)$	$y(1, t)$	$y(1, t+1)$	
2							
…							
$k-1$				$y(k-1, t-1)$	$y(k-1, t)$	$y(k-1, t+1)$	
k				$y(k, t-1)$	?	$y(k, t+1)$	

1）基于时间序列的修复方法

基于移动平均法选择合适的移动窗口大小 N，用相邻时间数据的平均值作为修复值：

$$\hat{y}(k, t)=\frac{\sum_{i=1}^{N} y(k, t-i)}{N} \tag{8-13}$$

对于孤立异常数据的修复，移动平均法具有较好的效果，但是对于连续 5 个以上异常数据点的修复，这种方法就不适用了。因此，针对连续多数据点缺失的情况，须考虑交通流的时空相关特性，设计新的数据修复方法。

2）基于历史数据的修复方法

（1）简单填充。

① 使用前一周期同一时刻的数据进行修复：

$$\hat{y}(k, t)=y(k-1, t) \tag{8-14}$$

② 使用同一时刻历史数据的均值或中位数进行修复：

$$\hat{y}(k, t) = mean[y(1, t), y(2, t), \cdots, y(k-1, t)]$$

或
$$\hat{y}(k, t) = median[y(1, t), y(2, t), \cdots, y(k-1, t)] \tag{8-15}$$

简单填充的方法大多简单易行，但利用同期历史数据或统计值会忽略交通数据的动态性，因而无法反映出交通流的真实波动特性。

(2) 指数平滑。

根据历史趋势进行数据修复，引入平滑系数 α，对历史数据进行平滑处理，递推得到 $(k-1)$ 周期的平滑值 $z(k-1, t)$：

$$z(1, t) = y(1, t);$$
$$z(2, t) = \alpha \times y(2, t) + (1-\alpha) \times z(1, t);$$
$$\cdots$$
$$z(k-1, t) = \alpha \times y(k-1, t) + (1-\alpha) \times z(k-2, t);$$

用 $z(k-1, t)$ 近似替代 k 时刻的修复值：

$$\hat{y}(k, t) = z(k-1, t) \tag{8-16}$$

平滑系数的引入强调了近期历史数据对预测值的作用，指数平滑法对于实际序列具有平滑作用，平滑系数 α 越小，平滑作用越强，但对实际数据的变动反应较迟缓。平滑系数选择的经验原则如下：

① 如果时间序列波动不大，平滑系数应取小一点，以减少修正幅度；

② 如果时间序列具有迅速且明显的变动倾向，平滑系数应取大一点，以提高预测模型的灵敏度，以便迅速跟踪数据的变化。

以上原则仅为经验准则，在实际应用中，平滑系数的具体取值可通过多次试算，取使预测误差最小的系数值。

2. 空间位置修复

交通数据空间相关性表征交通流各参数在空间上的相似特性，包括横向的相邻车道检测数据和纵向的相邻断面检测数据。路网中相邻断面的交通状态基于车辆到达与驶离行为产生的影响，并且这种影响会随着距离的增大而减弱。同时，同一断面相同功能的各车道因超车、变道等行为使得采集到的交通流数据之间形成了一定的规律。下面将介绍基于这种空间相似特性建立的空间位置修复方法。

1) 回归分析

选取相邻车道，建立当前车道与相邻车道之间的相关关系，得到回归系数 $\hat{\beta}_0$ 和 $\hat{\beta}_1$，并计算相关系数 R^2，基于此可计算在给定相关系数最高的车道数据时当前车道的估计值：

$$\hat{y} = \hat{\beta}_0 + \hat{\beta}_1 y_1 \tag{8-17}$$

2) 流量加权平均

对于待修复的车道，其空间邻近的车道有 n 条，则可根据历史数据流量的比值来得到流量数据的修复值：

$$\hat{q}(k, t)=\frac{1}{n}\sum_{i=1}^{n}\frac{q(k-1, t)}{q_i(k-1, t)}q_i(k, t) \tag{8-18}$$

其中，$q_i(k, t)$ 为第 i 条邻近车道在周期 k、时刻 t 的流量值。

该方法利用历史数据中与邻近车道之间的交通流参数比例，以及邻近车道已知的交通数据来推算待修复车道的交通参数。这一方法克服了采用历史数据进行预测时不能反映数据波动的弱点，保留了预测数据的实时变化特性。

8.2.2.2 时空相关修复

基于时空相关性的数据修复方法是综合了时间相关性和空间相关性所进行的缺失数据重构，该修复方法充分利用了待修复数据与历史或相邻时段的数据，以及与相邻车道或不同检测器断面数据的相关特征。

如图 8-4 所示，深色阴影部分为待修复数据，其中纵向浅色阴影部分为时间相关数据，选取相邻 5 天同一时刻的历史数据以及同一天相邻 2 个时刻的数据作为修复参考；横向浅色阴影部分为空间相关数据，选取同一时刻相邻车道数据以及相邻断面同一车道的数据作为修复参考。根据当前检测车道不同时刻下的时空相关数据 X 以及观测数据 y，构建多元回归模型，基于待修复时刻的时空相关数据完成修复。

$$\hat{y}=X\beta \tag{8-19}$$

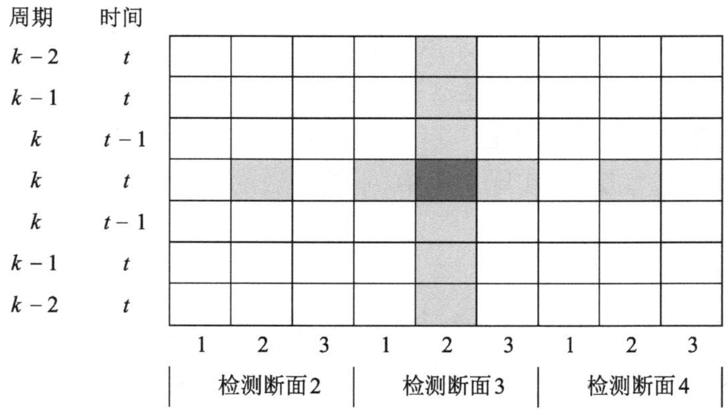

图 8-4　时空相关数据

8.2.3 数据平滑及滤波

因设备、传输等问题，交通数据通常存在一些噪声或者随机误差，须通过平滑滤波处理来消除混入的噪声，以适应数据的应用需求。交通数据本质上是时间序列数据，因此，传统的时间序列预测方法对交通数据平滑滤波具有良好的应用效果，常用的方法有移动平均法、指数平滑法、小波变换和卡尔曼滤波等。

1. 移动平均法

移动平均法是以一组观测序列的平均值作为本期的平滑值，以固定窗口的算术平均值为基础进行数据平滑预测的一种方法。它需要不断地根据新得到的统计数据“吐故纳新”

（增加新近数据，去掉远期数据），计算出新的平均值作为预测值。这样的过程类似于使用固定窗口逐步移动，利用“框”在窗口内的观测序列求平均得到平滑值，从而减小时间序列数据的波动特性，降低噪声带来的影响。

简单的移动平均基本公式为

$$M_t = \frac{y_t + y_{t-1} + \cdots + y_{t-N+1}}{N} \tag{8-20}$$

式中　y_t ——第 t 期观测值；

M_t ——第 t 期移动平均数，作为 t 期的平滑值；

N ——移动窗口的大小。

2. 指数平滑法

指数平滑法利用平滑时刻的前 N 个序列数值，分别赋予它们一定的权值，用权值的大小来表征前 N 个序列对当前序列的重要程度。一般地，认为较近时间序列的状态对当前状态的影响程度较大。

1）指数平滑法模型

在介绍指数平滑法之前，将观测值序列记为 y_t，一次指数平滑值序列记为 S_t^1，二次指数平滑值序列记为 S_t^2。

（1）一次指数平滑法。

一次指数平滑值通过式(8-21)计算：

$$S_t^1 = \alpha y_t + (1-\alpha)S_{t-1}^1, \quad t=1, 2, \cdots, T \tag{8-21}$$

式中，α 表示模型的平滑系数（$0<\alpha<1$）。当 $t=1$ 时，$S_{t-1}^1 = S_0^1$，S_0^1 默认为初始实际观测值或者是前几期（一般取 3～5 期）的平均观测值。

假定 y_t 的序列长度无限，利用式(8-21)递推得到 t 时刻的平滑值为

$$S_t^1 = \alpha y_t + (1-\alpha)[\alpha y_{t-1} + (1-\alpha)S_{t-2}^1] = \cdots = \alpha \sum_{j=0}^{n} (1-\alpha)^j y_{t-j} \tag{8-22}$$

需要明确的是，t 时刻的平滑值同时也是$(t+1)$时刻的预测值。可见 S_t^1 实际上是 y_t，y_{t-1}，…，y_{t-j}，… 的加权平均，加权系数分别为 α，$\alpha(1-\alpha)$，$\alpha(1-\alpha)^2$，…，即首项为 α、公比为 $(1-\alpha)$ 的等比数列，加权系数的和为

$$\lim_{n\to\infty} \alpha \sum_{j=0}^{n} (1-\alpha)^j = \lim_{n\to\infty} \frac{\alpha[1-(1-a)^n]}{1-(1-\alpha)} = 1 \tag{8-23}$$

指数平滑法实际上是以时间定权的平滑法，越近的数据，加权系数越大，代表着对当前状态的影响程度越大。

（2）二次指数平滑法。

二次指数平滑值 S_t^2 通过式(8-24)计算：

$$S_t^2 = aS_t^1 + (1-a)S_{t-1}^2 \tag{8-24}$$

2）模型参数的确定

在运用指数平滑法时，选择合适的平滑系数是非常重要的，因为平滑系数的选择直接影响到平滑效果。以一次指数平滑法为例，在 T 时刻的一次指数平滑值为

$$S_T^1 = \alpha y_T + (1-\alpha) S_{T-1}^1 \tag{8-25}$$

说明在 T 时刻的平滑值是 T 时刻的观测值与 $(T-1)$ 时刻平滑值的加权平均。平滑系数 α 体现了 T 时刻观测值的重要程度，α 取值的大小变化决定了 y_T 和 S_{T-1}^1 对 S_T^1 的影响程度，当 $\alpha=1$ 时，$S_T^1=y_T$；当 $\alpha=0$ 时，$S_T^1=S_{T-1}^1$。

3. 卡尔曼滤波

卡尔曼滤波是由美国学者卡尔曼[54]于 20 世纪中叶提出的对线性系统状态进行最优估计的一种算法。卡尔曼滤波充分利用了模型估计值 $\hat{x}_k$ 和传感器测量值 z_k，在二者均存在不确定性的情况下，以最小方差为目标求得最佳卡尔曼增益 K_k（类比于加权平均法中的权重），并利用卡尔曼增益修正模型的估计值，给出 k 时刻系统状态的最佳预测值，以达到降低外界干扰噪声的目的。卡尔曼滤波在交通领域的研究和应用很广泛，可利用噪声影响下的数据源来估计系统状态。

针对待解决的系统问题，首先建立数学模型，通过模型求解来估计系统状态。要表示卡尔曼滤波算法的模型估计的过程，需要引入以下一些方程来进行说明：

$$\hat{\boldsymbol{x}}_k = \boldsymbol{F}\hat{\boldsymbol{x}}_{k-1} + \boldsymbol{B}\boldsymbol{u}_k \tag{8-26}$$

$$\boldsymbol{P}_k = \boldsymbol{F}\boldsymbol{P}_{k-1}\boldsymbol{F}^{\mathrm{T}} + \boldsymbol{Q}_k \tag{8-27}$$

式(8-26)是系统自身状态 x 的更新方程，式(8-27)是系统状态向量 x 的协方差矩阵的计算公式。当模型估计值存在噪声时，在状态空间中可用一个高斯斑表示，代表了模型估计值可能的取值。高斯斑中有的点存在的概率大，有的点存在的概率小。

式(8-26)和式(8-27)分别表示高斯斑的均值和协方差，二者决定了高斯斑的位置和形状。当选取的系统状态向量 $\boldsymbol{x}$ 是一维单变量时，模型估计值可能的状态退化为一维高斯分布，式(8-27)中的协方差矩阵 $\boldsymbol{P}_k$ 的大小则为 1×1，即单一系统状态的方差。在式(8-26)中，$\hat{\boldsymbol{x}}_k$ 表示 k 时刻系统状态的模型估计值，$\boldsymbol{F}$ 是状态转移矩阵，$\hat{\boldsymbol{x}}_{k-1}$ 是 $(k-1)$ 时刻的最优预测结果，$\boldsymbol{B}$ 为控制矩阵，$\boldsymbol{u}_k$ 是 k 时刻的控制向量。式(8-27)中的 $\boldsymbol{P}_k$ 表示在 k 时刻系统状态向量 $\boldsymbol{x}$ 的协方差矩阵，$\boldsymbol{P}_{k-1}$ 表示 $(k-1)$ 时刻迭代的协方差矩阵。在多数情况下，建立估计模型时，总会存在一些难以预测的不确定因素，如小车运动中的风速、风向等，假设这些不确定因素符合高斯分布，其协方差用 $\boldsymbol{Q}_k$ 表示，在协方差矩阵的基础上加上 $\boldsymbol{Q}_k$ 作为模型预测的不确定项。

另外，系统状态估计时，往往会利用传感器检测系统状态。在模型估计值存在噪声的情况下，利用检测值信息能够辅助提取系统的真实状态。再精密的传感器因其精度限制，总会存在测量噪声，噪声用随机变量 v_k 表示，其协方差为 R，k 时刻传感器的测量值表示为 z_k。

通过以上分析，建立模型来估计系统状态以及利用传感器等设备直接测量系统状态均会存在一定的高斯噪声。如何充分利用存在噪声的模型估计值和传感器测量值，尽可能地获得精确的系统状态预测值就是卡尔曼滤波要解决的问题。需要注意的是，传感器测量的范围和单位可能与跟踪系统变量所使用的范围和单位不一致，例如在车辆运动系统中，采用的动力学模型的速度标准单位为 m/s，而使用测速仪测得的数值其单位为 km/h，这时就需要引入矩阵 $\boldsymbol{H}$，模型估计状态 $\hat{x}_k$ 左乘矩阵 $\boldsymbol{H}$ 变换为 $\boldsymbol{H}\hat{x}_k$，协方差矩阵 $\boldsymbol{P}_k$ 变换为 $\boldsymbol{H}\boldsymbol{P}_k\boldsymbol{H}^{\mathrm{T}}$，使得模型估计值和传感器测量值的范围和单位一致，以便后续计算。

式(8-26)和式(8-27)只是利用估计模型得到的迭代公式，若引入传感器的测量值得到该时刻系统状态的最优估计，则可对系统未来状态有更优的估计。假设当前系统时刻为 k，那么，根据系统之前的状态去预测系统现在的状态，其输出值为

$$\hat{\boldsymbol{x}}_k^- = \boldsymbol{F}\hat{\boldsymbol{x}}_{k-1} + \boldsymbol{B}\boldsymbol{u}_k \tag{8-28}$$

式中　$\hat{\boldsymbol{x}}_k^-$ ——系统利用数学模型基于前一个状态对现在状态的估计值，但并非 k 时刻系统状态的最优估计，加上角标-加以区分；

$\hat{\boldsymbol{x}}_{k-1}$ ——前一个系统状态的最佳预测输出；

$\boldsymbol{u}_k$ ——当前时刻的系统状态控制量。

通过以上递推步骤，预测值也随之不断更新。下面将对上一时刻系统状态的协方差矩阵进行修正：

$$\boldsymbol{P}_k^- = \boldsymbol{F}\boldsymbol{P}_{k-1}\boldsymbol{F}^{\mathrm{T}} + \boldsymbol{Q}_k \tag{8-29}$$

式中　$\boldsymbol{P}_k^-$ —— k 时刻对应状态向量 $\hat{\boldsymbol{x}}_k^-$ 的协方差矩阵；

$\boldsymbol{P}_{k-1}$ —— $(k-1)$ 时刻对应状态向量最优估计 $\hat{\boldsymbol{x}}_{k-1}$ 的协方差矩阵。

综合前一个状态对现在状态的估计值以及当前状态的测量值，便可得到当前系统状态 k 的最佳预测结果 $\hat{\boldsymbol{x}}_k$：

$$\hat{\boldsymbol{x}}_k = \hat{\boldsymbol{x}}_k^- + \boldsymbol{K}_k(\boldsymbol{z}_k - \boldsymbol{H}\hat{\boldsymbol{x}}_k^-) \tag{8-30}$$

其中，$\boldsymbol{K}_k$ 表示卡尔曼增益：

$$\boldsymbol{K}_k = \boldsymbol{P}_k^-\boldsymbol{H}^T(\boldsymbol{H}\boldsymbol{P}_k^-\boldsymbol{H}^T + \boldsymbol{R})^{-1} \tag{8-31}$$

卡尔曼增益衡量了第 k 步迭代过程中模型估计值和传感器测量值对预测结果的重要性。在极端情况下，若估计模型是一个完美模型，即模型不存在不确定因素，然而传感器测量值存在随机误差，这时，系统状态的预测值即为模型估计结果，卡尔曼增益为 0；若传感器是一个极其精密的仪器，测量的结果即为真实值，然而，估计模型存在随机噪声，这时，系统状态的预测值即为传感器测量结果，卡尔曼增益为 $\boldsymbol{H}^{-1}$。

通过对以上 4 个方程的递推和更新，得到最优的预测结果 $\hat{\boldsymbol{x}}_k$。接下来，通过更新当前系统状态的协方差矩阵使得卡尔曼滤波算法不断递推与更新，方程如下：

$$\boldsymbol{P}_k=(\boldsymbol{I}-\boldsymbol{K}_k\boldsymbol{H})\boldsymbol{P}_k^- \tag{8-32}$$

式中，$\boldsymbol{I}$ 为单位矩阵，对于单模型单测量，$\boldsymbol{I}=1$。

式(8-28)—式(8-32)是卡尔曼滤波的全部方程，其中前两式称为预测过程，仅利用前一时刻的系统状态最佳估计以及模型估计得到系统状态的估计值，后三式称为更新过程，即利用传感器检测值对预测过程的两式进行修正，得到该时刻系统状态的最佳预测值。

第 9 章 交通数据相关性分析

本章首先介绍假设检验方法，用于验证样本数据特征是否与总体一致以及对回归模型检验与验证；接下来介绍线性回归模型的基本概念、参数估计与假设检验；之后将线性回归模型拓展到广义线性模型(GLM)，并介绍了其中的 Logistic 模型；然后考虑数据的时空相关性，引入时间序列分解和预测方法、空间自回归方法；最后介绍数据关联方法，用于解析数据的内在规律。

9.1 假设检验

假设检验也称为显著性检验，是以小概率反证法的逻辑推理判断假设是否成立的统计方法。它首先假设样本对应的总体参数（或分布）与某个已知总体参数（或分布）相同，然后根据统计量的分布规律来分析样本数据，利用样本信息判断是否支持这种假设，并对检验假设做出取舍抉择，所得的结论是概率性的，不是绝对的肯定或否定。

假设检验涉及原假设和备择假设。原假设也称为零假设，用 H_0 表示。原假设一般是想要拒绝的假设。备择假设用 H_1 表示，是想要接受的假设。

从总体中抽取随机样本并构造检验统计量。检验统计量是判断是否拒绝原假设的依据，常用的检验统计量包括 t 统计量、Z 统计量、卡方统计量和 F 统计量。

假设检验有两类错误：弃真错误与取伪错误。弃真错误也称为第Ⅰ类错误，指原假设是正确的，但拒绝了原假设。取伪错误也称为第Ⅱ类错误，指原假设是错误的，但未拒绝原假设。P 值(P-value)表示当原假设为真时，比得到的样本观察结果更极端的结果出现的概率。如果 P 值很小，说明原假设情况发生的概率很小，有理由拒绝原假设，P 值越小，拒绝原假设的理由就越充分。总之，P 值越小，表明结果越显著。一般会预设显著性水平 α（如 $\alpha=0.05$），若 P 值小于 α，则拒绝原假设；否则，没有足够的理由拒绝原假设。

另外，给定显著性水平 α 后，可查表得到具体临界值，将检验统计量与临界值进行比较，判断是否拒绝原假设。如果样本观测计算出来的检验统计量的具体数值落在拒绝域内，就拒绝原假设，否则不拒绝原假设。拒绝域与临界值的关系如图 9-1 所示，包括双侧检验拒绝域、左侧检验拒绝域和右侧检验拒绝域。

综上所述，假设检验的基本步骤如图 9-2 所示。

常用的假设检验包括 t 检验、卡方检验、Z 检验和方差分析等[55]。

1. t 检验

t 检验是用于样本与总体（或两个样本）平均值差异程度的检验方法，采用 t 分布理论推断差异发生的概率，从而判断两个平均值的差异是否显著。当样本数较小时，要求样本取自

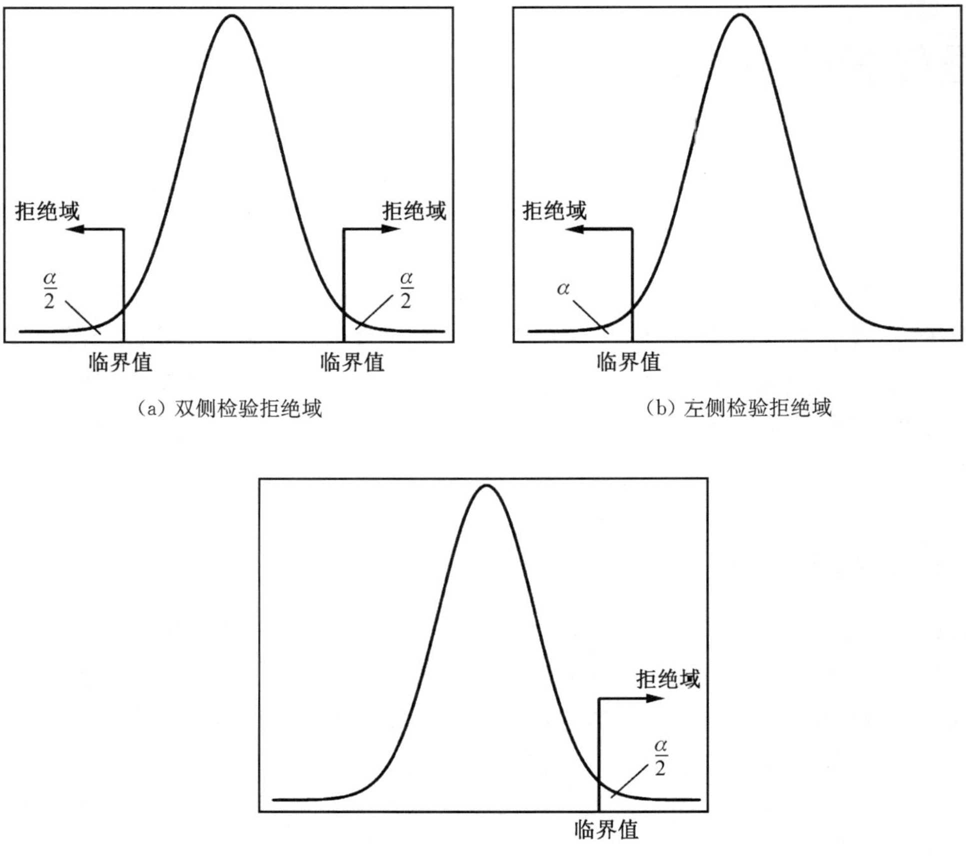

（a）双侧检验拒绝域　（b）左侧检验拒绝域　（c）右侧检验拒绝域

图 9-1　临界值拒绝域示意

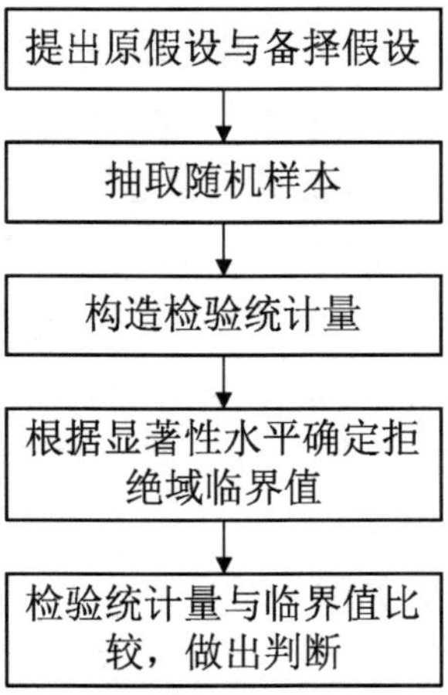

图 9-2　假设检验基本步骤

正态总体；另外，当两样本平均值比较时，还要求两样本的总体方差相等。比较样本均值与总体均值时，t 检验中检验统计量的计算见式(9-1)：

$$t=\frac{\bar{x}-\mu_0}{s/\sqrt{n}} \tag{9-1}$$

式中　$\bar{x}$ ——样本均值；

μ_0——总体均值；

s ——样本标准差；

n ——样本数。

若原假设为样本均值不大于总体均值：

$$\mu\leqslant\mu_0 \tag{9-2}$$

那么，备择假设就是样本均值大于总体均值：

$$\mu>\mu_0 \tag{9-3}$$

若检验统计量落在拒绝域内则拒绝原假设，接受备择假设；否则接受原假设。拒绝域为

$$t\geqslant t_\alpha(n-1) \tag{9-4}$$

式中，α 为显著性水平，n 为样本容量，$t_\alpha(n-1)$ 查表可得。

2. 卡方检验

卡方检验是统计样本的实际观测值与理论推断值之间的偏离程度，二者的偏离程度决定了卡方值的大小，如果卡方值越大，说明二者偏离程度越大；反之，二者偏离程度越小。卡方检验中检验统计量的计算见式(9-5)。

$$\chi^2=\frac{(n-1)s^2}{\sigma_0^2} \tag{9-5}$$

式中　s^2——样本方差；

σ_0^2——理论推断方差。

若原假设为样本方差不大于理论推断方差：

$$\sigma^2\leqslant\sigma_0^2 \tag{9-6}$$

那么，备择假设是样本方差大于理论推断方差：

$$\sigma^2>\sigma_0^2 \tag{9-7}$$

若检验统计量落在拒绝域内则拒绝原假设，接受备择假设；否则接受原假设。拒绝域为

$$\chi^2\geqslant\chi_\alpha^2(n-1) \tag{9-8}$$

式中，α 为显著性水平，n 为样本容量，$\chi_\alpha^2(n-1)$ 查表可得。

3. Z 检验

Z 检验和 t 检验都是均值差异检验方法，但是，Z 检验要求已知总体样本标准差或者样

本量足够大(一般大于 30);同时,总体要符合正态分布。Z 检验中检验统计量的计算见式(9-9):

$$Z = \frac{\bar{x} - \mu_0}{\sigma / \sqrt{n}} \tag{9-9}$$

若原假设为样本均值不大于总体均值:

$$\mu \leqslant \mu_0 \tag{9-10}$$

那么,备择假设是样本均值大于总体均值:

$$\mu > \mu_0 \tag{9-11}$$

若检验统计量落在拒绝域内则拒绝原假设,接受备择假设;否则接受原假设。拒绝域为

$$Z \geqslant Z_\alpha \tag{9-12}$$

式中,α 为显著性水平,Z_α 查表可得。

4. 方差分析(F 检验)

方差分析也称为联合假设检验或方差比率检验或方差齐性检验。它是一种在零假设之下统计值服从 F 分布的检验。当两总体的 μ_1 ,μ_2,σ_0^2,σ_0^2 未知时,分别取两总体的样本,且两样本相互独立,s_1 和 s_2 分别表示两样本的标准差,F 检验统计量的计算见式(9-13):

$$F = \frac{s_1^2}{s_2^2} \tag{9-13}$$

若原假设为样本 1 的方差不大于样本 2 的方差:

$$\sigma_1^2 \leqslant \sigma_2^2 \tag{9-14}$$

那么,备择假设是样本 1 的方差大于样本 2 的方差:

$$\sigma_1^2 > \sigma_2^2 \tag{9-15}$$

若检验统计量落在拒绝域内则拒绝原假设,接受备择假设;否则接受原假设。拒绝域为

$$F \geqslant F_\alpha(n_1 - 1, n_2 - 1) \tag{9-16}$$

式中,α 为显著性水平,n_1 为样本 1 容量,n_2 为样本 2 容量,$F_\alpha(n_1 - 1, n_2 - 1)$ 查表可得。

9.2 线性回归方法

9.2.1 线性回归模型

线性回归用于对连续因变量和一个或多个自变量之间的线性关系进行建模。在线性回归分析中,若只包括一个自变量和一个因变量,则称为一元线性回归分析;若包括两个或两个以上的自变量,则称为多元线性回归分析。线性回归模型的一般形式如式(9-17)所示:

$$y=\boldsymbol{\beta}^{\mathrm{T}}\boldsymbol{x}+\varepsilon \tag{9-17}$$

式中，$\boldsymbol{\beta}$、$\boldsymbol{x}$ 分别代表系数与自变量向量，线性模型的常数项对应的 x 取 1；ε 代表误差项。线性回归模型基于以下假设[11]：

(1) 因变量是连续变量；

(2) 因变量与自变量之间是线性关系；

(3) 自变量之间线性无关；

(4) 自变量与随机误差项相互独立；

(5) 随机误差项相互独立，期望值为 0，方差相同，服从正态分布。

在满足以上条件的基础上，进行参数估计最常用的方法是最小二乘法。参数估计的目标是找出所有 $\boldsymbol{\beta}$，进而在出现新的自变量时，可以对因变量进行估计。最小二乘法的思想是使得回归模型根据自变量得到的估计值与真实值之间的差异尽可能小：

$$S(\boldsymbol{\beta})=\frac{1}{2}(\hat{\boldsymbol{y}}-\boldsymbol{y})^2=\frac{1}{2}\sum_{1}^{m}(\boldsymbol{\beta}^{\mathrm{T}}\boldsymbol{x}_i-y_i)^2 \tag{9-18}$$

式中 $S(\boldsymbol{\beta})$——损失函数；

$\hat{\boldsymbol{y}}$——使用模型估计的因变量向量；

$\boldsymbol{y}$——样本中实际的因变量向量。

式(9-18)是关于系数向量 $\boldsymbol{\beta}$ 的函数，使其最小化即可得到回归模型的系数，从而确定线性回归模型。

这里假设共有 m 个样本、n 个自变量(包含常数项)。分别对 n 个自变量 $\boldsymbol{x}$ 的系数 $\boldsymbol{\beta}$ 求偏导且令其等于 0，可以得到 n 个等式：

$$\frac{\partial S(\boldsymbol{\beta})}{\partial \boldsymbol{\beta}_i}=0 \tag{9-19}$$

从而求得系数向量：

$$\boldsymbol{\beta}=(\boldsymbol{x}^{\mathrm{T}}\boldsymbol{x})^{-1}\boldsymbol{x}^{\mathrm{T}}\boldsymbol{y} \tag{9-20}$$

值得注意的是，要得到式(9-20)，就需要满足 $\boldsymbol{x}^T\boldsymbol{x}$ 可逆，这与假设(3)中自变量之间线性无关是一致的。

对于线性回归模型进行参数估计的另一个思路是极大似然估计法。极大似然估计法(Maximum Likelihood Estimate, MLE)也称为最大概似估计或最大似然估计。极大似然估计模型参数的求解过程可以理解为找到使得观测样本出现概率最大的参数 $\boldsymbol{\beta}$。根据线性回归模型的假设，残差项 ε 服从正态分布，且均值为 0。因此，可以得到 ε 的概率密度函数：

$$p(\varepsilon)=\frac{1}{\sigma\sqrt{2\pi}}\mathrm{e}^{-\frac{\varepsilon^2}{2\sigma^2}} \tag{9-21}$$

把式(9-17)代入式(9-21)，可得：

$$p(y\mid\boldsymbol{x},\boldsymbol{\beta})=\frac{1}{\sigma\sqrt{2\pi}}\mathrm{e}^{-\frac{(y-\boldsymbol{\beta}^{\mathrm{T}}x)^2}{2\sigma^2}} \tag{9-22}$$

即固定 $\boldsymbol{x}$，$\boldsymbol{\beta}$ 时，y 服从正态分布。根据极大似然法的定义可以得到极大似然函数，如式(9-23)所示：

$$L(\boldsymbol{\beta})=\prod_{i=1}^{m}\frac{1}{\sigma\sqrt{2\pi}}\mathrm{e}^{-\frac{(y_i-\boldsymbol{\beta}^{\mathrm{T}}\boldsymbol{x}_i)^2}{2\sigma^2}} \tag{9-23}$$

其中，x 和 y 已知，只要求得使极大似然函数 $L(\boldsymbol{\beta})$ 最大的模型参数 $\boldsymbol{\beta}$ 即可。对式(9-23)两边取对数并化简，可得式(9-24)。

$$\ln L(\boldsymbol{\beta})=m\ln\frac{1}{\sigma\sqrt{2\pi}}-\frac{1}{\sigma^2}\times\frac{1}{2}\sum_{1}^{m}(y_i-\boldsymbol{\beta}^{\mathrm{T}}\boldsymbol{x}_i)^2 \tag{9-24}$$

其中，方差 σ 是定值，那么，$m\ln\frac{1}{\sigma\sqrt{2\pi}}$ 即为常数。因此，最大化 $L(\boldsymbol{\beta})$ 等价于最小化 $\frac{1}{2}\sum_{1}^{m}(y_i-\boldsymbol{\beta}^{\mathrm{T}}\boldsymbol{x}_i)^2$，这一结果与最小二乘法的结果是一致的。

完成线性回归模型的参数估计后，需要对回归模型进行统计检验，包括拟合优度检验、回归方程的显著性检验和回归参数的显著性检验。

对总离差平方和(Total Sum of Squares, TSS)进行分解，得到残差平方和(Residual Sum of Squares, RSS)与回归平方和(Explained Sum of Squares, ESS)，如式(9-25)所示：

$$\sum_{i=1}^{m}(y_i-\bar{y})^2=\sum_{i=1}^{m}(y_i-\hat{y}_i)^2+\sum_{i=1}^{m}(\hat{y}_i-\bar{y})^2 \tag{9-25}$$

回归模型的拟合优度使用判定系数 R^2 进行评价，其定义如式(9-26)所示：

$$R^2=\frac{ESS}{TSS}=1-\frac{RSS}{TSS} \tag{9-26}$$

判定系数 R^2 的取值范围为 0～1。判定系数 R^2 越大，自变量对因变量的解释程度越好，自变量引起的变动占总变动的百分比就越大，说明拟合效果越好。

但是，判定系数 R^2 只能给出模糊的推测。在指定的显著性水平下，F 检验却可以给出回归模型整体拟合效果的严格结论。F 检验的原假设是自变量系数都为 0，即该模型不具有回归意义；备择假设是自变量系数不全为 0。

$$H_0: \beta_1=\beta_2=\beta_3=\cdots=\beta_k=0 \tag{9-27}$$

$$H_1: \beta_1, \beta_2, \beta_3, \cdots, \beta_k \text{ 不全为 } 0 \tag{9-28}$$

使用自由度修正各平方和，F 检验统计量如式(9-29)所示，其中，k 表示自变量数量(不包含常数项)，m 为样本数。给定显著性水平 α，若 $F\geqslant F_\alpha(k, m-k-1)$，拒绝原假设，接受备择假设，说明该模型是有意义的，接下来分别对每一个回归系数进行 t 检验；否则接受原假设，说明该模型不具有统计意义，停止检验。

$$F=\frac{ESS/k}{RSS/(m-k-1)} \tag{9-29}$$

回归模型通过 F 检验后，需对每一个系数进行 t 检验，以检验系数对应的自变量是否具有回归意义。设第 j 个自变量的系数为 β_j，原假设为该系数为 0，备择假设是其不为 0。

$$H_0: \beta_j = 0 \tag{9-30}$$

$$H_1: \beta_j \neq 0 \tag{9-31}$$

根据样本计算 t 检验统计量，其中，$\hat{\sigma}$ 为随机误差项标准差估计值，$c_{j+1, j+1}$ 为 $(\boldsymbol{x}^{\mathrm{T}}\boldsymbol{x})^{-1}$ 的第 $(j+1)$ 行和第 $(j+1)$ 列的元素。

$$t = \frac{\hat{\beta}_j}{\hat{\sigma}\sqrt{c_{j+1, j+1}}} \tag{9-32}$$

给定显著性水平 α，若 $|t| \geqslant t_{\frac{\alpha}{2}}(m-k-1)$，拒绝原假设，表示该系数具有意义，其对应的变量应该保留在模型中；反之，应该从回归模型中删除该系数对应的自变量。

9.2.2 广义线性模型

线性回归模型有其局限性，包括假设因变量是连续的，则对于离散因变量无法描述；假设模型的随机误差项(残差项)服从正态分布，这在实践中不一定能满足。因此，可将线性回归模型推广到一般线性回归模型，即广义线性模型(Generalized Linear Model, GLM)。

广义线性模型的因变量不再只是正态分布，而是指数分布族中的任一分布，如泊松分布、二项分布、伽马分布、伯努利分布等，指数分布家族的一般形式[56]如式(9-33)所示：

$$p(y \mid \theta, \tau) = h(y, \tau)\mathrm{e}^{\frac{y\theta - b(\theta)}{\tau^2}} \tag{9-33}$$

式中，θ 为自然参数，在广义线性模型中，自变量的线性组合不再直接用于描述因变量的均值，而是通过连接函数来解释因变量，连接函数表示为 $\theta(\mu)$，其中 μ 表示该分布的数学期望。连接函数连接了自变量组合与因变量，一方面，因变量的值是指定自变量 $\boldsymbol{x}$ 后的数学期望，即 $y=\mu$；另一方面，根据广义线性模型的定义，$\theta = \boldsymbol{\beta}^{\mathrm{T}}\boldsymbol{x}$，每个指数分布家族中的成员都有其自身的连接函数。当因变量服从正态分布时，将正态分布转化为指数分布家族的形式：

$$p(y \mid \mu, \sigma^2) = \mathrm{e}^{-\frac{1}{2}\left[\frac{y^2}{\sigma^2} + \ln(2\pi\sigma^2)\right]}\mathrm{e}^{\frac{y\mu - \frac{\mu^2}{2}}{\sigma^2}} \tag{9-34}$$

与式(9-33)对比可知，此时，连接函数 $\theta(\mu) = \mu$，因此，自变量的线性组合可以直接描述因变量，这就从广义线性模型退化为线性回归模型。同理，当因变量服从伯努利分布时，得到的回归模型被称为 Logistic 回归模型。首先，将伯努利分布转化为指数分布家族的形式：

$$p(y \mid \mu) = \mu^y (1-\mu)^{1-y} = \mathrm{e}^{y\ln\frac{\mu}{1-\mu} + \ln(1-\mu)} \tag{9-35}$$

与式(9-33)对比可知，连接函数如式(9-36)所示：

$$\theta(\mu) = \ln\frac{\mu}{1-\mu} \tag{9-36}$$

将 $\theta=\boldsymbol{\beta}^{\mathrm{T}}\boldsymbol{x}$ 和 $y=\mu$ 代入式(9-36)，化简后，因变量与自变量的关系如式(9-37)所示，这是Logistic 回归模型的常见形式。将 $\boldsymbol{\beta}^{\mathrm{T}}\boldsymbol{x}$ 替换为 x，便得到机器学习中应用广泛的 Sigmoid 函数。

$$y=\frac{1}{1+\mathrm{e}^{-\boldsymbol{\beta}^{\mathrm{T}}\boldsymbol{x}}} \tag{9-37}$$

Logistic 回归模型的因变量取值在 0～1 之间，实际意义是一定条件下（x）事件发生的概率。Logistic 回归模型建立起多因素与离散因变量的关系，其在交通出行行为分析中应用广泛。与线性回归模型类似，使用极大似然函数的方法对广义线性模型进行参数估计。对极大似然函数取对数后，得到式(9-38)：

$$\ln L(\theta)=\sum_{i=1}^{m}[y_i\ln P_i+(1-y_i)\ln(1-P_i)] \tag{9-38}$$

式中　y_i——样本数据的因变量，取 0 或 1；

P_i——根据式(9-37)基于样本的自变量计算出来的概率值。

又 $\theta=\boldsymbol{\beta}^{\mathrm{T}}\boldsymbol{x}$，因此，式(9-38)是关于系数 $\boldsymbol{\beta}$ 的函数。使得 $\ln L(\theta)$ 最大化的系数 $\boldsymbol{\beta}$ 就是要得到的 Logistic 回归模型参数值。

9.3 时间序列方法

9.3.1 时间序列分解

时间序列是按时间顺序排列、随时间变化且相互关联的数据序列。时间序列数据一般可拆分为长期趋势、季节变动、循环变动和不规则变动四部分。

长期趋势是指数据在一段相当长的时期内沿着某一方向持续变化。长期趋势可能呈现为不断增长的态势，也可能呈现为不断降低的趋势，还可能呈现为不变的水平趋势。

季节变动是广义的，指一年内由于社会、政治、经济、自然因素的影响以一定周期有规律地重复变动，周期如年、季、月、周、日等。

循环变动是指以若干年为周期涨跌起伏的周期波动。时间序列有时呈现出沿着长期趋势的上下波动，时间间隔超过一年的环绕长期趋势的上下波动，可归结为循环变动。

不规则变动是时间序列分离了长期趋势、季节变动、循环变动以后的波动，呈现为无规律的随机变动。

按照时间序列四类构成因素影响方式的差异性，可以设定不同的组合模型，其中最常用的有乘法模型和加法模型。以 Y 表示时间序列的指标数值；T 表示长期趋势；S 表示季节变动；C 表示循环变动；I 表示不规则变动。

加法模型[57]为

$$Y=T+S+C+I \tag{9-39}$$

乘法模型为

$$Y = T \times S \times C \times I \tag{9-40}$$

在时间序列中，长期趋势是经常存在的，季节变动因素和循环变动因素则不一定存在。当季节变动因素或循环变动因素不存在时，乘法模型中的 S 或 C 取值为 1，加法模型中的 S 或 C 取值为 0。时间序列分析的任务之一，就是对序列中的这几种构成要素进行统计测定和分析，从中划分出各种要素的具体作用，揭示其变动规律和特征。

如果季节性波动的幅度或者趋势周期项的波动不随时间序列水平的变化而变化，那么，加法模型较为合适。当季节项或趋势周期项的变化与时间序列的水平成比例时，则乘法模型较为合适。

在时间序列分析过程中，需要测定前三种趋势，剩下的就是不规则变动。设 x_1，x_2，…，x_n 是一组时间序列，下面以乘法模型为例。

1. 长期趋势测定方法

时距扩大法是测定长期趋势最原始也最简便的方法。它将时间序列指标所属的时间单位予以扩大，然后对新的时间单位内的指标进行合并，从而得到一个扩大了时距的时间序列，其作用是消除较小时距单位内偶然因素的影响，显示现象变动的趋势。例如，原时间序列是以天为单位，波动性较大，若使用周数据（七天数据之和）代替天数据作为数据的基本单位，则有利于弱化数据的偶然性影响。

趋势模型法测定长期趋势就是给时间序列配一条恰当的趋势线，从而呈现出现象发展的总趋势。趋势线配合法的原理是最小二乘法，即原有时间序列的实际值与趋势值的离差之和为 0，原有时间序列的实际值与趋势值的离差平方和最小。

移动平均法是测定时间序列趋势变动的基本方法。它在时间序列中按一定项数逐项移动计算平均数，达到对原始数列修匀的目的。修匀的原理与时距扩大法一样，即从较长时期来看，短期数据由于偶然因素影响而形成的差异，在加总平均过程中会相互抵消，故移动平均数列能够显示原时间序列的基本趋势。移动平均法有多种形式，常用的有简单移动平均法和加权移动平均法。若移动平均周期为 N，那么，移动平均计算方法如式(9-41)所示：

$$x_t^N = \frac{x_t + x_{t-1} + \cdots + x_{t-N+1}}{N} \tag{9-41}$$

2. 季节变动测定方法

按月(季)平均法也称为原始资料平均法。这是对原始时间序列不剔除长期趋势因素而直接计算季节指数的方法。

常用的方法是移动平均趋势剔除法。首先，基于移动平均法计算出长期趋势，然后，从原始时间序列中剔除长期趋势后再进一步计算季节指数，如式(9-42)所示，SI 为去除移动平均值后的比值。

$$SI = \frac{x_t}{x_t^N} \tag{9-42}$$

季节指数 S 为不同周期同时间 SI 平均值与总体 SI 平均数的比值，如式(9-43)所示：

$$S_i = \frac{\frac{1}{m}(\sum_{k=1}^{m} SI_i^k)}{\frac{1}{n}\sum_{i=1}^{n}\left(\frac{1}{m}\sum_{k=1}^{m} SI_i^k\right)} \tag{9-43}$$

式中 S_i ——每个周期的第 i 个季节指数；

SI_i^k ——第 k 个周期第 i 个去除移动平均值后的比值；

m，n ——周期数与一个周期的时间序列长度。

3. 循环变动测定方法

循环变动的规律性不如季节变动明显，成因也较为复杂。同一经济现象在各个时期的循环变动具有其自身特点，且各个周期长度往往很不相同，因而大部分循环变动的研究不仅依赖统计分析，而且依赖经济分析，最终可能还要归结于平均周期的研究。

常用的方法是剩余法。剩余法是在时间序列中剔除长期趋势和季节变动，再对此结果消除不规则变动，从而得到反映循环变动的循环指数。一般情况下，循环变动可忽略。

4. 不规则变动测定方法

从原始时间序列中去除长期趋势、季节变动后剩余部分为不规则变动，计算方法如式(9-44)所示：

$$I_i = \frac{Y}{T \times S} = \frac{x_t}{x_t^N \times S_i} \tag{9-44}$$

结合澳门国际机场 2009—2019 年旅客吞吐量(以月计)数据(https://www.camacau.com/cn/OurBusiness/TrafficStatsPassengers)，使用 Python 内置函数 seasonal_decompose 可以快捷地对数据进行时间序列分解，结果如图 9-3 所示。

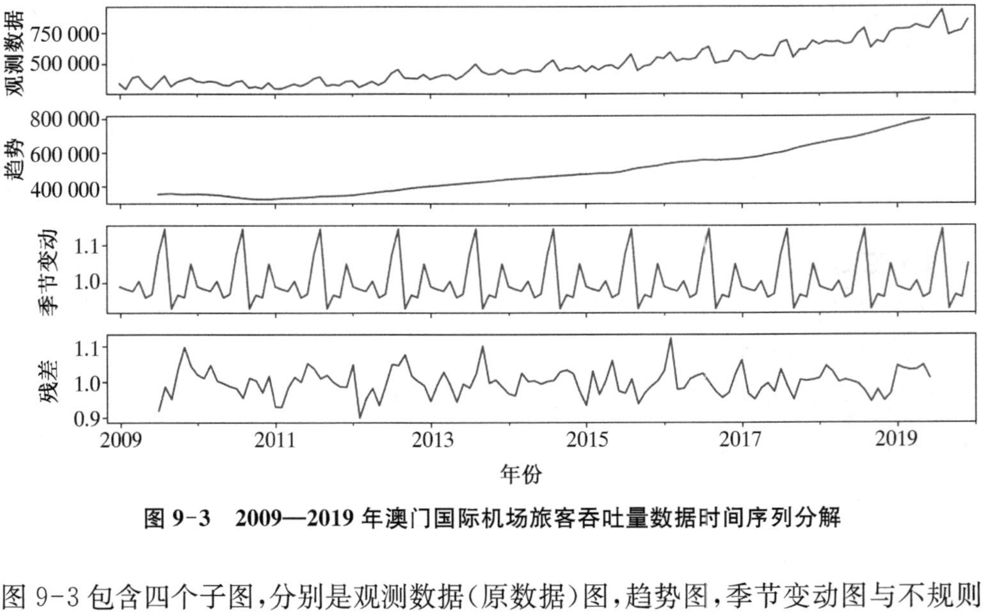

图 9-3 2009—2019 年澳门国际机场旅客吞吐量数据时间序列分解

图 9-3 包含四个子图，分别是观测数据(原数据)图，趋势图，季节变动图与不规则变动图(残差图)。通过观察原数据图可以发现，季节项的变化幅度随着时间变化而增大，因此选

用乘法模型。从趋势图可以看出，旅客吞吐量数据从 2009—2011 年小幅减少，2011—2019 年逐渐上升。从季节变动图可以看出，旅客吞吐量有季节变动特征，但是不显著(季节指数介于 0.9～1.2 之间)，其中暑期旅客吞吐量最大，需求旺盛。

9.3.2　时间序列预测

ARIMA 模型(Autoregressive Integrated Moving Average model)，即差分整合移动平均自回归模型，又称整合移动平均自回归模型，是时间序列预测分析广泛使用的方法之一。其优点是模型十分简单，只需要内生变量而不需要借助其他外生变量；其缺点是模型要求时间序列是稳定的或者经过差分化后是稳定的。本质上，该模型只能捕捉线性关系，而不能捕捉非线性关系[57]。

ARIMA 模型中有三个主要参数：p，d 和 q。其中，p 代表预测模型中采用的时间序列本身的滞后数，d 为使得时间序列平稳的差分次数，q 代表预测模型中采用的预测误差的滞后数。ARIMA 模型的实现步骤如图 9-4 所示。首先检验时间序列的平稳性。时间序列预测分析只对平稳序列有意义，平稳时间序列的含义是不同子序列的均值、方差以及之间的相关性与时间 t 无关，在图像中的表现是时间序列围绕一个定值上下波动。检验某一时间序列是否平稳可以使用图示法，即若时间序列呈现出围绕定值上下波动的特征，说明是平稳的。但是，更加严格的做法是使用 ADF 单位根检验，若其显著性 $P < 0.05$ 可认为该时间序列已经平稳，否则需要继续差分，而差分的次数就是参数 d。

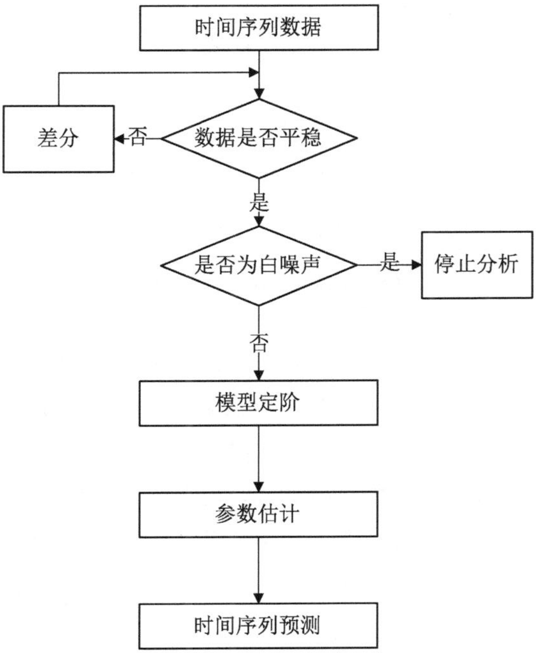

图 9-4　ARIMA 模型实现步骤

接下来针对数据进行白噪声检验，虽然白噪声没有研究意义，但只有通过了白噪声检验，才可以进行下一步。

模型定阶主要是确定另外两个主要的模型参数 p 和 q。一方面，参数 p 和 q 可以通过绘制平稳后数据的自相关系数图与偏自相关系数图来确定。自相关系数图在第 i 步截尾，那么 $q=i$，若拖尾，则 $q=0$；同理，偏自相关系数图在第 i 步截尾，那么 $p=i$，若拖尾，则 $p=0$。这里的截尾是指系数突然减小，拖尾是系数一直在波动。另一方面，可以使用 AIC 或者 BIC 信息作为判断 p 和 q 的标准。AIC 信息准则(Akaike Information Criterion 赤池信息量准则)或者 BIC 信息准则(Bayesian Information Criterion 贝叶斯信息准则)是衡量统计模型拟合优良性的标准，其值越小，表示模型越好，因此可以比较不同 p 和 q 组合的 AIC 值或者 BIC 值，从中选择值较小的组合。

模型定阶完成后，使用极大似然法或者最小二乘估计法等进行模型参数估计；最后可以基于标定完成的模型进行预测和评价。

使用澳门国际机场 2009—2019 年旅客吞吐量数据演示 ARIMA 模型。Python 的 statsmodels 库包含了时间序列分析的相关模型和函数。

首先使用 ADF 单位根检验，结果表明该数据不平稳。因此对原数据进行差分，差分两次后的时间序列通过了 ADF 单位根检验，表明差分过的数据是平稳的。接下来对时间序列进行白噪声检验，结果显示该序列并非完全随机的，因此具有研究意义。

ADF 单位根检验结果如下：

```
Test Statistic              -8.00
p-value                 2.33e-12
#Lags Used12
Number of Observations Used        117
Critical Value (1%)          -3.49
Critical Value (5%)          -2.89
Critical Value (10%)         -2.58
```

其中，Test Statistic 是检验统计量，它的值同时小于 Critical Value(1%,5%,10%)说明可以很好地拒绝原假设；同样地，显著性 $P \approx 0$，说明经过两次差分后的时间序列已经平稳，因此，参数 $d=2$。

基于平稳后的数据绘制自相关系数图与偏自相关系数图。自相关系数图表现出拖尾特征，因此，$q=0$；偏自相关系数图表现出四阶截尾特征，因此，$p=4$。

使用 statsmodels 库中 ARIMA 函数输出模型(基于平稳后的数据)，将模型计算的时间序列与真实数据做对比，如图 9-5 所示，其中实线代表原始数据，虚线代表 ARIMA 模型计算数据。从图 9-5 可以看出，ARIMA 模型可以较好地刻画出该时间序列。

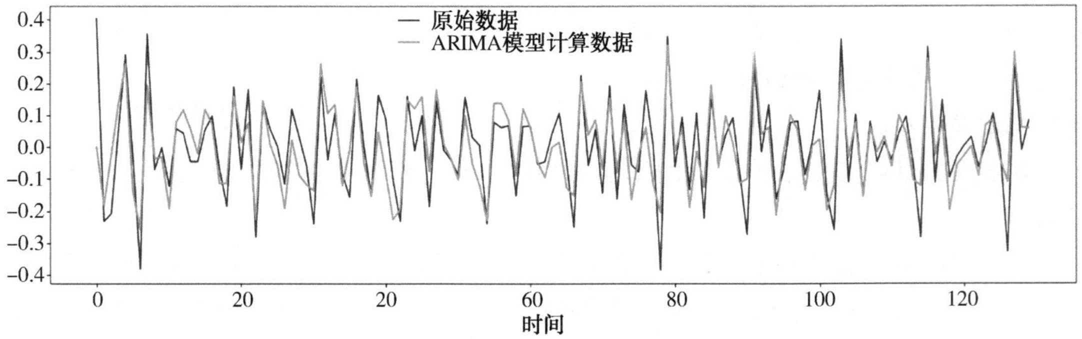

图 9-5　ARIMA 模型计算数据与原数据对比

9.4 空间自回归方法

空间计量经济学是用于处理横断面或时空观测数据的一系列考虑空间方面特征的计量经济学方法，在模型的建立、评估、诊断与预测中，特别需要考虑位置、距离、排列等因素。

空间自回归分析的第一步是判断是否存在空间相关性。空间相关性包括正相关、负相关和无关。正相关是指相似的数据聚集在一起；负相关的分布规律类似国际象棋棋盘，从视觉上很难与空间随机分布区分开。

空间自相关统计参数需要同时体现数值的相似程度与位置的邻近程度，Moran 发明的空间自相关参数是众多空间自相关参数中的一种[58]：

$$I=\frac{\sum_i \sum_j w_{ij} z_i z_j / S_0}{\sum_i z_i^2 / N} \tag{9-45}$$

其中，$z_i=y_i-m_x$，即与均值的差值；$S_0=\sum_i \sum_j w_{ij}$。Moran 的自相关参数 I 的值随权重 w_{ij} 的变化而变化。Moran 的自相关参数 I 的值通过 S_0 与 N 分别控制了分子与分母的尺度，S_0 为空间权重矩阵中的非零值或相邻对的数量，N 为观察的样本总量。Moran 的自相关参数 I 的值在 -1（负相关）到 $+1$（正相关）之间。判断 Moran 的自相关参数 I 是否显著与空间上的随机分布不同，需要将同一系列随机生成的重排列数据进行比较。

空间权重矩阵用来表达地区间的相邻。空间权重矩阵定义共同边界才是相邻：

$$\boldsymbol{W}=\begin{pmatrix} w_{11} & w_{12} & \cdots & w_{1n} \\ w_{21} & w_{22} & \cdots & w_{2n} \\ \vdots & \vdots & \ddots & \vdots \\ w_{n1} & w_{n2} & \cdots & w_{nn} \end{pmatrix} \tag{9-46}$$

其中，相邻时，$w_{ij} \neq 0$；不相邻时，$w_{ij}=0$；$w_{ii}=0$。空间权重矩阵包括基于地理位置的二元邻接矩阵，即邻接权重为 1，其他情况为 0；基于距离的权重矩阵，例如点之间的距离、基于距离阈值 d 的权重。

空间自回归方法包括空间滞后（Spatial Lag）模型与空间误差（Spatial Error）模型。空间滞后是相邻值的加权平均，可以表示为

$$y_{iL}=w_{i1} y_1+w_{i2} y_2+\cdots+w_{iN} y_N=\sum_j w_{ij} y_j \tag{9-47}$$

空间滞后与移动平均类似，空间滞后是对数据的平滑，但是空间滞后不是移动平均，因为 $w_{ii}=0$，并没有计算移动窗口“中心点”的因变量。空间滞后模型解析模型中的空间交互关系体现了空间上进行交互影响与反应的过程，模型形式如式(9-48)所示：

$$\boldsymbol{y}=\rho \boldsymbol{W} \boldsymbol{y}+\boldsymbol{X} \boldsymbol{\beta}+\boldsymbol{e} \tag{9-48}$$

式中 $\boldsymbol{Wy}$ ——空间自回归变量；

ρ ——空间自回归参数；

$\boldsymbol{X}$ ——回归自变量。

移除空间自相关的影响后，得到式(9-49)。

$$(\boldsymbol{I}-\rho \boldsymbol{W}) \boldsymbol{y}=\boldsymbol{X} \boldsymbol{\beta}+\boldsymbol{e} \tag{9-49}$$

其中，$(I-\rho W)$ 称为空间过滤。忽略空间滞后关系会导致忽略了实际存在的空间交互关系与部分变量，继而导致参数、符号、标准差、显著性、模型拟合度等都可能出现错误。

空间误差模型假设空间上的依赖性体现在无法观察的误差项中，在空间尺度上的观察结果与实际规律不一致，无法对空间关系做出实质解释且评估结果更倾向于空间误差模型的形式。空间自相关性导致误差的协方差不为零。空间误差模型的基本形式是

$$\boldsymbol{y}=\boldsymbol{X\beta}+\boldsymbol{e} \tag{9-50}$$

其中

$$\boldsymbol{e}=\lambda\boldsymbol{We}+\boldsymbol{\mu} \tag{9-51}$$

空间误差模型可改写为

$$\boldsymbol{y}=\boldsymbol{X\beta}+(\boldsymbol{I}-\lambda\boldsymbol{W})^{-1}\boldsymbol{\mu} \tag{9-52}$$

空间计量经济学要解决的问题包括指明空间依赖性与异质性的结构，检验是否存在空间影响，建立并估计带有空间影响的模型，最后进行空间上的预测。忽略空间误差关系会导致模型效果欠佳，经典线性回归模型拟合结果是无偏的，但是无效。

标准回归方法中的一些假设可能不符合实际情况，因此需要从误差项的分析入手来判断标准回归模型是否符合假设。模型选择流程如图 9-6 所示。其中，LM 误差检验基于式(9-53)：

$$\left[\frac{\boldsymbol{\mu}^{\mathrm{T}}\boldsymbol{W\mu}}{\sigma^2}\right]\Big/T\sim\boldsymbol{X}^2(I) \tag{9-53}$$

LM 滞后检验基于式(9-54)：

$$[\boldsymbol{e}^{\mathrm{T}}\boldsymbol{Wy}/\sigma^2]^2/T_1\sim\boldsymbol{X}^2(I) \tag{9-54}$$

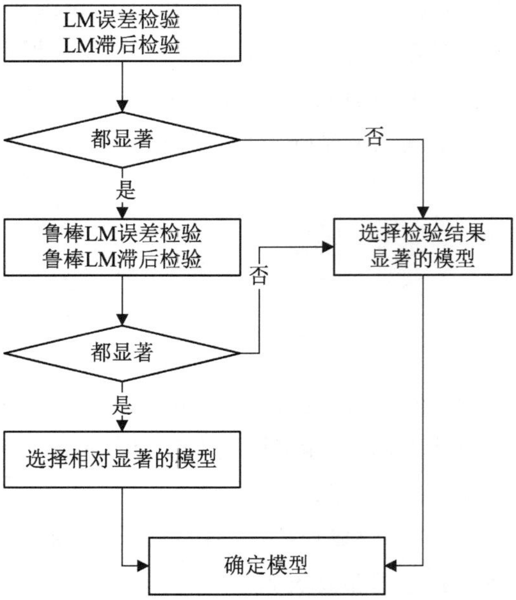

图 9-6　空间自回归模型选择流程

其中

$$T_1=(\boldsymbol{WXb})^{\mathrm{T}}M(\boldsymbol{WXb})/\sigma^2+T \tag{9-55}$$

$$M=I-\boldsymbol{X}(\boldsymbol{X}^{\mathrm{T}}\boldsymbol{X})^{-1}\boldsymbol{X}^{\mathrm{T}} \tag{9-56}$$

$$T=Tr(\boldsymbol{WW}+\boldsymbol{W}^{\mathrm{T}}\boldsymbol{W}) \tag{9-57}$$

式中　$\boldsymbol{\mu}$ ——最小二乘法计算的残差；

Tr ——矩阵的迹，为主对角线上各个元素的总和。

9.5　数据相关方法

数据关联方法是为了解析数据的内在规律，例如哪些商品经常会被同时购买、出行者会

更频繁地使用哪几种交通工具等。数据关联分析中有许多概念。首先，频繁模式是指频繁地出现在数据集中的模式(如项集、子序列或子结构)，是数据集内在的且重要的特性。

设 $I=\{i_1, i_2, \cdots, i_m\}$ 为所有项目的集合，D 为事务数据库，事务 T 是一个项目子集($T\subseteq I$)。每一个事务具有唯一的事务标识 TID。设 A 是一个由项目构成的集合，称为项集。事务 T 包含项集 A，当且仅当 $T\subseteq I$。如果项集 A 中包含 k 个项目，则称其为 k 项集。项集 A 在事务数据库 D 中出现的次数占 D 中总事务的百分比叫作项集支持度。如果项集的支持度超过用户给定的最小支持度阈值，就称该项集是频繁项集，其中最小支持度阈值需要给定[59]。

若 $X\subset I$，$Y\subset I$，且 $X\cap Y=\varnothing$，那么，$X\Rightarrow Y$ 称为关联规则，该规则的置信度表示为

$$confidence(X\Rightarrow Y)=\frac{support_{\mathrm{count}(X\cup Y)}}{support_{\mathrm{count}(X)}} \tag{9-58}$$

其中，$support_{\mathrm{count}(X)}$ 是指包含项集的事务数。闭频繁项集 X 的含义是 X 是频繁的且不存在 X 的真超项集 Y，使得 Y 与 X 在 D 中具有相同的支持度计数。极大频繁项集的含义是 X 是频繁的且不存在超项集 Y，使得 $X\subset Y$ 且 Y 在 D 中是频繁的。因此可以推得极大频繁项集一定是闭频繁项集，但是闭频繁项集不一定是极大频繁项集。

为了利用频繁项集构造出满足用户最小信任度的规则，需要找到所有频繁项集，由于直接全局搜索计算成本过高，因此，Apriori 算法被提了出来。Apriori 算法将发现关联规则的过程分为两个步骤：

(1) 通过迭代检索出事务数据库中的所有频繁项集，即支持度不低于用户设定的阈值的项集；

(2) 利用频繁项集构造出满足用户最小信任度的规则。

挖掘或识别出所有频繁项集是 Apriori 算法的核心。频繁项集的性质，即频繁项集的子集必为频繁项集，以及非频繁项集的超集一定是非频繁的。Apriori 算法运用上述性质，通过已知的频繁项集构成长度更大的项集，并将其称为潜在频繁项集，同时，剪除部分不符合性质的项集。以后只需计算潜在频繁项集的支持度，而不必计算所有不同项集的支持度，这在一定程度上减少了计算量。

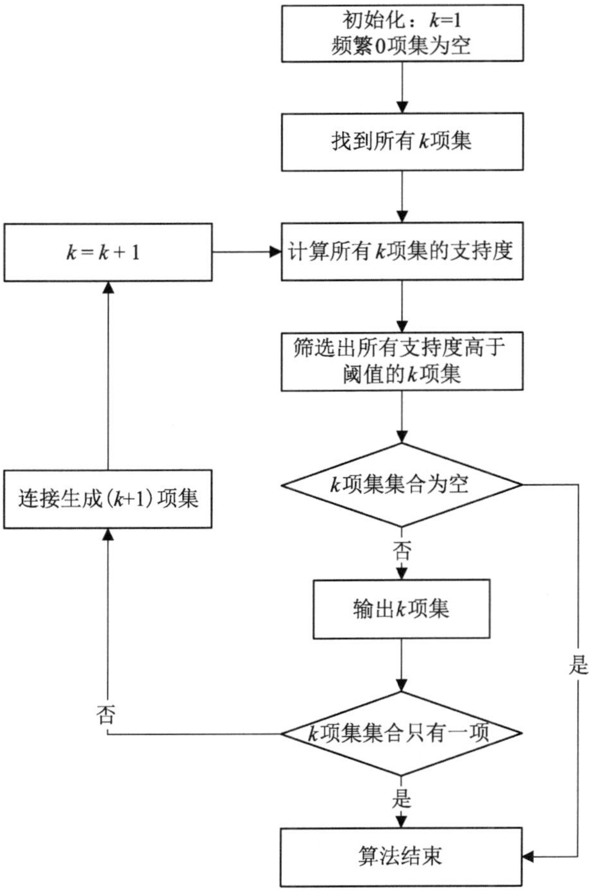

图 9-7 Apriori 算法迭代查找频繁项集流程

Apriori 算法迭代查找频繁项集的流程如图 9-7 所示。其中，频繁 k 项集集合连接生成 $(k+1)$ 项集的方法是所有元素两两求并集，且限制元素包含的项目为 $(k+1)$，同时，剪除 $(k+1)$ 项集的子集不属于频繁 k 项集集合的元素，继续迭代。

第 10 章
交通数据分类与聚类

数据划分按照数据样本是否有标签分为分类与聚类。分类属于有监督学习，即训练数据（观察、测量等）都带有标签，指示观察的类别。聚类属于无监督学习，即训练集的类别（标签）未知，给定一个观察、测量等的数据集合，发现数据中存在的类或簇。

10.1 数据分类方法

数据分类包括模型构建与模型使用两个过程。模型构建基于预先定义的类进行分类训练。假定每个样本均有类标签属性，用于构建模型的样本集合称为训练集（training set）。模型可以表示为分类规则、决策树、数学公式等。模型使用是指分类未知的对象，即分类预测。分类方法包括决策树、神经网络等。

训练完成分类算法后需要进行评估、比较，评估分类方法的好坏可以从以下几方面进行判断：

（1）准确性，即测试样本集中模型正确预测数与样本总数的比率，为了避免过拟合，测试集应该独立于训练集的样本。

（2）计算速度：包含训练时间与预测时间。

（3）鲁棒性：处理噪声与缺失数据的能力。

（4）解释性：不同特征的贡献程度。

（5）规则的优度：决策树的大小、分类规则的紧致性等。

10.1.1 决策树

决策树算法是一种逼近离散函数值的方法。首先对数据进行处理，利用归纳算法生成可读的规则和决策树，然后使用决策对新数据进行分析。本质上，决策树是通过一系列规则对数据进行分类的过程。

决策树算法属于贪心算法。在对问题求解时，总是做出当前看来最好的选择，不从整体最优上考虑，做出的是某种意义上的局部最优解。决策树结构如图 10-1 所示。决策树包含根节点、父节点、子节点和叶子节点四类节点。父节点和子节点是相对的，子节点由父节点根据某一规则分裂而来，然后子节点作为新的父节点继续分裂，直至不能分裂

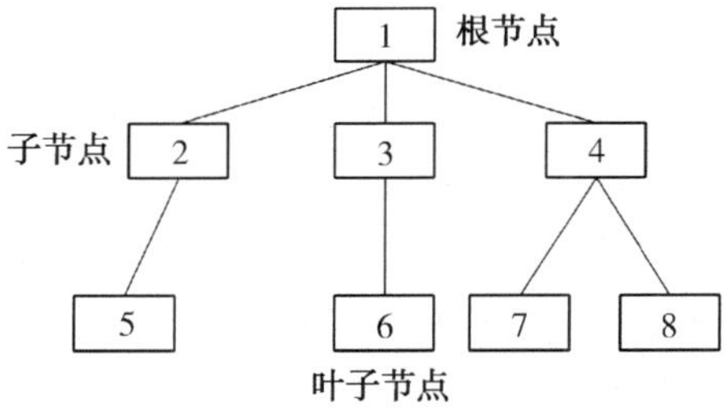

图 10-1　决策树结构示意

为止。根节点是没有父节点的节点,即初始分裂节点,叶子节点是没有子节点的节点。

树的构建采用自顶向下递归的分割方式。在开始阶段,所有的训练样本位于根节点,基于选择的属性,递归分割样本。其中,属性必须是分类属性,若是连续值,则需要先离散化。决策树的关键是如何分裂,可以基于启发式或者统计测量来选择分裂规则,例如信息增益、基尼指数等。决策树终止划分的判断标准是满足下述三个条件之一:①一个给定节点的所有样本属于一个类别;②没有属性剩下用于进一步划分;③没有样本剩下。

决策树的分裂规则取决于被选择的属性,一般选择具有最好度量得分的属性作为分裂属性。属性选择度量包括信息增益、增益率和基尼(Gini)指标三种,分别对应 ID3 算法、C4.5 算法和 CART 算法。信息增益偏向于多值属性;增益率倾向于不平衡的分裂,其中一个子集比其他小得多;基尼指标偏向于多值属性、当类数目较大时计算困难、倾向于导致大小相等的分区和纯度。属性选择度量需要使用信息论中熵的概念,用于度量不确定性的随机变量。

$$H(Y)=-\sum_{i=1}^{m}p_i\log(p_i) \tag{10-1}$$

其中,p_i 为训练集中的任一元组属于 i 类的概率(使用频率估计):

$$p_i=P(Y=y_i) \tag{10-2}$$

熵值越大,不确定性越高;熵值越小,不确定性越低。条件熵如式(10-3)所示:

$$H(Y \mid X)=\sum_{x}p(x)H(Y \mid X=x) \tag{10-3}$$

1. ID3 算法

使用信息增益作为属性选择度量。设 p_i 为训练集中的任一元组属于 i 类的概率,那么,分类训练集 D 中元组需要的期望信息为

$$Info(D)=-\sum_{i=1}^{m}p_i\log_2(p_i) \tag{10-4}$$

若根据属性 A 分裂训练集为 v 个部分后,分类 D 需要的信息为

$$Info_A(D)=\sum_{j=1}^{v}\frac{|D_j|}{|D|}Info(D_j) \tag{10-5}$$

因此,属性 A 对应的信息增益是

$$Gain(A)=Info(D)-Info_A(D) \tag{10-6}$$

分裂点逐个计算,具有最小期望信息需求的点被选为 A 的分裂点。

2. C4.5 算法

ID3 算法的不足之处是:信息增益倾向于有大量不同取值的属性,极端情况是每个划分子集只有一个样本,即一个类。针对此问题,C4.5 算法使用增益率作为属性选择度量。计算方法如下:

$$Gain\ Ratio(A)=Gain(A)/Split\ Info_A(D) \tag{10-7}$$

其中，$SplitInfo_A(D)$ 的计算方法为

$$Split\ Info_A(D) = -\sum_{j=1}^{v} \frac{|D_j|}{|D|} \times \log_2\left(\frac{|D_j|}{|D|}\right) \tag{10-8}$$

最后，具有最大增益率的属性被选为分裂属性。

3. CART 算法

CART 算法使用 Gini 指标作为属性选择度量。如果数据 D 包含 n 个类别的样本，那么，$Gini(D)$定义为

$$Gini(D) = 1 - \sum_{j=1}^{n} p_j^2 \tag{10-9}$$

如果数据集 D 基于属性 A 分裂为子集 D_1 和 D_2，那么，Gini 指标定义为

$$Gini_A(D) = \frac{|D_1|}{|D|}Gini(D_1) + \frac{|D_2|}{|D|}Gini(D_2) \tag{10-10}$$

最后，具有最小 $Gini_A(D)$ 的属性被选为分裂节点。

10.1.2 神经网络

神经网络模型最早受人脑结构机理启发，是将多个神经元连接起来组成一类网络，常见的有深度神经网络(Deep Neural Networks, DNN)、卷积神经网络(Convolutional Neural Network, CNN)、循环神经网络(Recurrent Neuron Network, RNN)[60]以及由这些基本网络优化改进而成的各类深度学习模型。

神经网络由众多神经元组成，神经元之间通过权重以及偏置连接起来，神经网络训练也就是权重、偏置的学习。神经网络包括众多要素。学习规则是定义误差为所有训练样本的残差的平方和，分别对权重求导，根据所有训练样本的导数之和，按比例调整权重。学习率就是梯度下降或者上升的步长。在学习率足够小、训练时间足够长的情况下，得到的结果越接近完美值，但是在实际操作中，需要根据经验选择学习率的大小。逻辑神经元是将学习规则扩展到非线性神经元，又称为 sigmoid 函数，即激活函数。sigmoid 函数适用于二元分类的输出层。常用的激活函数还包括 ReLU 函数、Leaky ReLU 函数等。训练开始前，需要进行参数初始化，一般情况下，权重与偏置初始化设为 0。

1. 卷积神经网络(CNN)

卷积神经网络是近年来在计算机视觉领域里程碑式的算法。在目标检测、对象识别、图像分割、超分辨、对象跟踪、对象检索等一系列子问题中，基于 CNN 算法的识别精度都远高于传统算法，可以说，CNN 是推动人工智能浪潮的主要力量。

CNN 的结构受到著名的 Hubel-Wiesel 生物视觉模型的启发，尤其是模拟视觉皮层 V1 和 V2 层中 Simple Cell 和 Complex Cell 的行为。受此启发，1980 年，Kunihiko Fukushima 提出了 CNN 的前身——neocognitron；1989 年，Yann LeCun 等发表论文，确立了 CNN 的现代结构，后来又对其进行完善。他们设计了一种多层的人工神经网络，取名为 LeNet-5，可以对手写数字做分类。

CNN 用的一个数学概念是卷积，它的积分形式是

$$s(t)=\int x(a)w(t-a)\mathrm{d}a \tag{10-11}$$

卷积是通过两个函数生成第三个函数的一种数学算子。在 CNN 中，卷积是指图像的部分像素矩阵与卷积核(过滤器)的乘积，如图 10-2 所示。在图像识别过程中，卷积的独特优势使得 CNN 发挥出强大威力，主要因为是稀疏连接，一方面，与全连接相比连接数少很多，学习难度小，计算复杂度低；另一方面，越高层的神经元感受野越大，获取的信息越丰富。

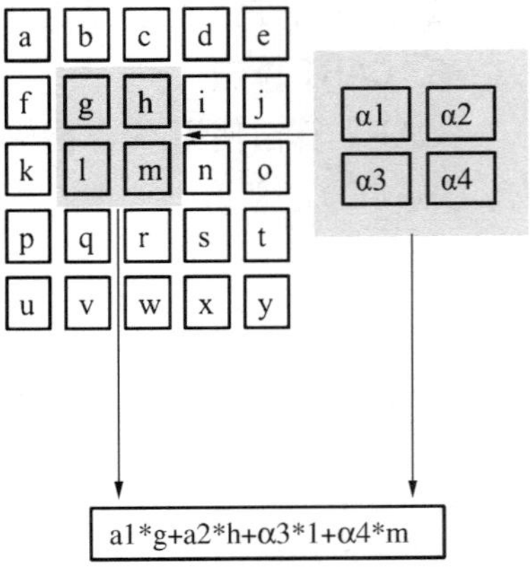

图 10-2 CNN 卷积过程示意

卷积运算首先需要进行边缘检测，比如检测垂直边缘就需要构造垂直边缘的过滤器，该过滤器可能具有如下特点：

$$\begin{bmatrix}1 & 0 & -1\\ 1 & 0 & -1\\ 1 & 0 & -1\end{bmatrix} \tag{10-12}$$

进一步，把过滤器的数字当作参数，使用 BP 算法，让神经网络自动学习以提高检测效果。使用过滤器进行卷积运算时，每做一次卷积运算，图像就会缩小，并且角落边缘的像素只被一个输出使用，因此，做卷积之前，需要填充图像。卷积运算中也需要设置步长 Stride。

CNN 的一个经典算法是 LeNet－5 算法，用来进行手写数字识别。

2. 循环(递归)神经网络(RNN)

传统神经网络包括 CNN，其输入和输出都是相互独立的，但是，在有些任务中，后续的输出和之前(或之后)的内容是相关的，例如，自然语言处理的任务中输入和输出之间不独立。因此，RNN 引入“记忆”概念，RNN 做预测不只依赖于输入，还依赖于之前的一部分信息，会把它存在“记忆”中。目前，RNN 的应用范围十分广泛，包括自然语言应用、视频建模、手写识别、用户意图预测等。

循环神经网络(RNN)是时间递归神经网络与结构递归神经网络两种人工神经网络的总称。

X_t 是时间 t 处的“输入”；S_t 是时间 t 处的“记忆”，$S_t=f(UX_t+WS_{t-1})$，f 是激活函数；O_t 是时间 t 处的“输出”，例如需要预测下一个词，那么 softmax 输出的是每个候选词的概率，$O_t=softmax(VS_t)$。可以把隐状态 S_t 视作“记忆体”，捕捉了之前时间点上的信息，输出 O_t 则由当前时间及之前所有的“记忆”共同计算得到。但在实际应用中，S_t 并不能捕捉和保留之前所有的信息(记忆力有限)。与 CNN 不同，RNN 中整个神经网络都共享一组参数 (U, V, W)，这极大地减小了需要训练和预估的参数量。值得注意的是，在有些任务下，O_t 是不存在的，比如文本情感分析，只需要最后的输出结果。

RNN 常用的激活函数有 softmax 函数，它是 sigmoid 函数的一个变种，通常将其用在多

分类任务的输出层，将输入转化成标签的概率。随时间反向传播 BPTT(back－propagation through time)算法是常用的训练 RNN 的方法，其本质还是 BP 算法，只不过 RNN 处理时间序列，所以要基于时间反向传播，故称为随时间反向传播。BPTT 的中心思想与 BP 算法相同，沿着需要优化的参数的负梯度方向不断寻找更优的点，直至收敛。RNN 的经典网络结构包括 LSTM 和 GRU 等。

交通安全与每个人息息相关，而基于驾驶行为数据的个人交通违章次数预测有助于交通安全研究。下面以驾驶行为为例进行说明。驾驶行为数据集样本数为 200，包括个人交通违章次数以及影响因素。将个人交通违章情况分为三类：①从不违章：0 次；②偶尔违章：1～2 次；③经常违章：3 次及以上。影响因素众多，包括：

(1) 个人特征：驾驶车型、驾驶频率、驾驶目的、驾驶年龄、实际年龄、性别、信仰、年平均收入、来自的地区；

(2) 驾驶行为：最近两年的交通违章次数和交通事故；

(3) 对交通问题或政策的态度：交通拥堵状况、交通安全、超速驾驶、驾驶时使用手机等。

对原数据进行预处理后(异常值处理、分类变量转换等)使用决策树分类方法，基于驾驶行为数据对个人交通违章次数进行预测。将样本的 80%用于训练，20%用于测试。利用 Python 中 sklearn 的决策树分类器，选择度量标准为信息熵或基尼指标，即对应 ID3 算法和 CART 算法，采用全局最优分支策略，因为不同的决策树深度会明显影响分类模型的准确度，故在[2，50]范围内搜索树深度以确定最佳的分类效果。如图 10-3 所示，当决策数深度为 11 时，训练集的准确度接近 100%，大部分测试集的准确度在 50%以下，最高准确度达到 55%；选择度量标准为信息增益(ID3 算法)和基尼指标(CART 算法)，在本例中效果类似。总体来说，决策树测试集分类效果一般，主要原因在于样本数不足。

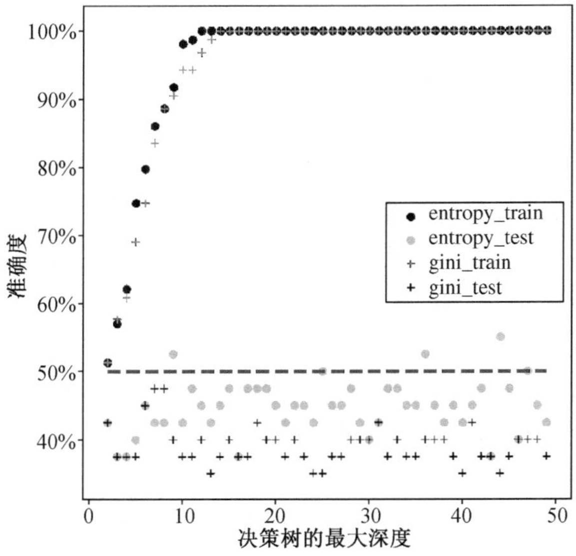

图 10-3　准确度随决策树深度变化散点图

10.2 数据聚类方法

数据聚类是指根据数据的内在性质将数据分成一些聚合类，每一聚合类中的元素尽可能地具有相同特性，不同聚合类之间的特性差别应尽可能大。聚类方法的应用十分广阔，包括模式识别、空间数据分析、图像处理、市场研究、文本分类、城市规划等。

好的聚类方法应当产生高质量的聚类：类内相似性高，类间相似性低。聚类结果的质量不仅依赖于方法所使用的相似性度量，也取决于发现隐藏模式的能力。数据挖掘对聚类的要求如下：

(1) 可伸缩性。有的算法当数据对象少于 200 个时，处理得很好，但对数据量较大的对象，结果偏差较大；实际业务中的样本达到百万级，对聚类算法效率要求高。

(2) 处理不同属性类型的能力。实际应用涉及不同的数据类型，包括数值型和离散型的混合数据。

(3) 发现任意形状的聚类。

(4) 用于决定输入参数的领域知识最小化。

(5) 处理噪声数据和孤立点的能力。现实世界中的数据库大都包含了孤立点、空缺或者错误的数据。

(6) 对于输入记录的顺序不敏感。

(7) 高维性。数据库或者数据仓库可能包含若干维或者属性，数据可能非常稀疏，而且高度偏斜。

(8) 整合用户指定的约束。现实世界的应用可能需要在各种约束条件下进行聚类，要找到既满足特定约束又具有良好聚类特性的数据分组是一项具有挑战性的任务。

(9) 可解释性和可用性。用户希望聚类结果是可解释的、可理解的和可用的。

10.2.1 K-means 方法

聚类的划分需要满足每个组至少包含一个对象；每个对象必须属于且只属于一个组。基本思路是：首先创建一个初始划分，然后采用迭代方法更新聚类中心，尝试通过在不同类型间移动数据对象来改进划分。在同一个类中，对象之间应尽可能地"接近"或相关；在不同类中，对象之间应尽可能地"远离"或不同，这是好的划分的一般准则。

如果穷举所有可能的划分，计算量极大，难以实现。因此，在实际应用中，经常采用启发式算法。K-means 方法属于启发式算法，适合发现中小规模数据库中的球状聚类。

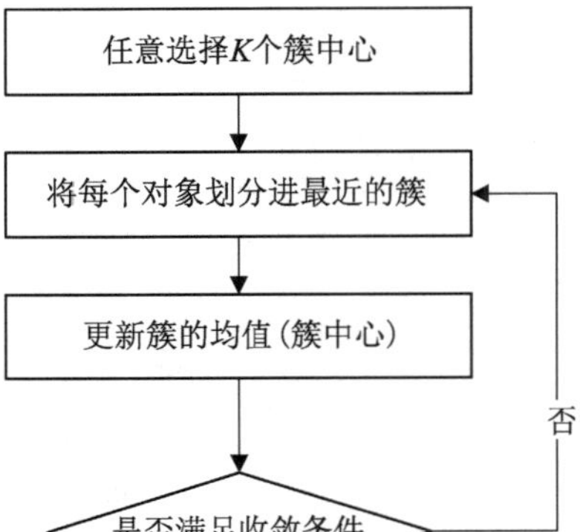

图 10-4 K-means 方法流程

K-means 方法的流程如图 10-4 所示。计算相似度常用的方法有欧氏距离法。采用平方误差准则作为收敛函数，其定义如式(10-13)所示：

$$E=\sum_{i=1}^{k}\sum_{p\in C_i}|p-m_i|^2 \tag{10-13}$$

其中，m_i 是簇 C_i 的平均值，该准则试图使生成的结果簇尽可能地紧凑和独立。

当结果簇是密集的且簇与簇之间区别明显时，K-means 方法效果较好，但是常常会终止于局部最优解，若想要获得全局最优解，可以使用诸如确定性的退火和遗传算法等。K-means 方法的缺点是：只有在簇的平均值被定义的情况下才能使用；需要预先指定簇的数目 k；不能处理噪声数据和孤立点；不适合用来发现具有非凸形状的簇。因此，较好的策略是先用层次凝聚算法决定簇的数目，并产生初始聚类，然后用迭代法重定位改进聚类结果。

10.2.2　层次聚类 Hierarchical Cluster 方法

Hierarchy method 方法即层次方法，是指对给定数据对象集合进行层次分解。一般有凝聚方法与分裂方法两种层次方法。凝聚方法(也称为自底向上的方法)开始时将每个对象作为单独的一个组，然后不断地合并相近的对象或组，直到所有的组合并为一个(层次的最上层)，或者达到一个终止条件。分裂方法(也称为自顶向下的方法)开始时将所有的对象置于一个簇，然后在迭代的每一步，一个簇被分裂为更小的簇，直到最终每个对象在单独的一个簇中，或者达到一个终止条件。

层次聚类方法的优点是：距离和规则的相似度容易定义；限制少；不需要预先指定聚类数；可以发现类的层次关系；可以聚类成其他形状。层次聚类方法也存在局限性，包括：计算复杂度太高；奇异值能产生很大影响；算法很可能聚类成链状。

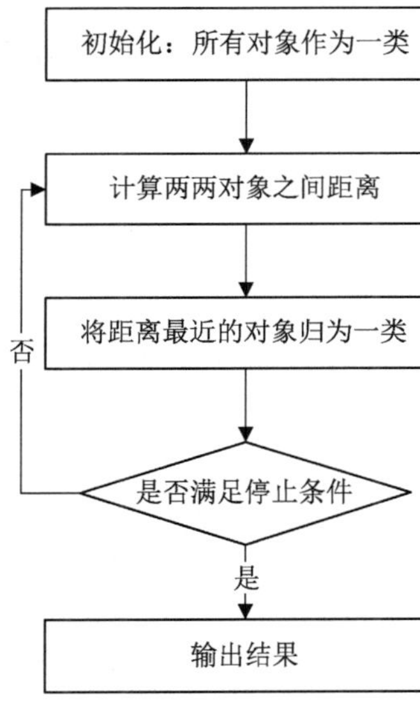

图 10-5　凝聚方法层次聚类算法流程

绝大多数层次聚类属于凝聚方法层次聚类，它们只是在簇间相似度的定义上有所不同，凝聚方法层次聚类算法的流程如图 10-5 所示。四个广泛采用的簇间距离度量方法包括最小距离、最大距离、均值距离和平均距离。

10.2.3　DBSCAN 方法

基于密度的聚类方法其主要特点包括：可发现任意形状的聚类；有利于处理噪声；需要密度参数作为终止条件等。DBSCAN 方法就是其中的代表性方法。在分析 DBSCAN 方法前，需要介绍与密度相关的一些重要概念[61]，具体如下：

(1) ε - 邻域：给定对象半径 ε 内的领域。

(2) 核心对象：一个对象的 ε - 邻域至少包含最小数目 MinPts 个对象。

(3) 直接密度可达的：给定对象集合 D，如果 p 是在 q 的 ε - 邻域内，而 q 是核心对象，对象 p 则是从对象 q 直接密度可达的。

(4) 密度可达的：存在一个从 p 到 q 的 DDR 对象链。

(5) 密度相连的：如果对象集合 D 中存在一个对象 o，使得对象 p 和 q 是从 o 关于 ε - 邻域和 MinPts 密度可达的，那么对象 p 和 q 是关于 ε - 邻域和 MinPts 密度相连的。

若 MinPts=5，ε = 1 cm，那么，密度概念示意图如图 10-6 所示，图中圆圈的半径为1 cm。

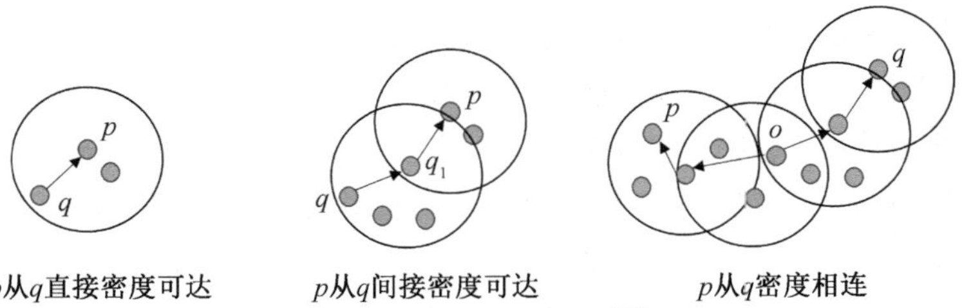

图 10-6　密度概念示意[62]

基于密度的概念，DBSCAN 方法的流程如图 10-7 所示。

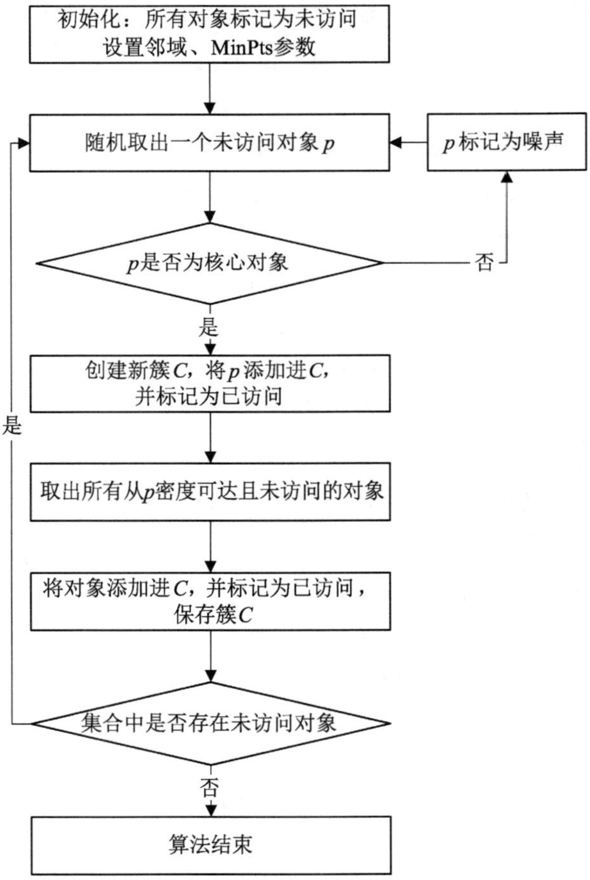

图 10-7　DBSCAN 方法流程

DBSCAN 方法存在以下一些缺陷：对用户定义的参数是敏感的；参数难以确定(特别是对于高维数据)；设置的细微不同可能导致差别很大的聚类；数据倾斜分布(因为全局密度参数不能刻画内在的聚类结构)。

第 11 章
道路交通状态描述及拥堵识别

道路交通运行状态是指某一时刻(或时段),交通流在一定路网范围内运行的顺畅或拥堵程度。本章首先介绍时段划分和道路划分原则,并列举标准规范中用以描述交通运行状态的指标体系;其次介绍拥堵的定义、分类及形成机理;最后介绍基于不同数据源的交通拥堵判别算法。

11.1 道路交通运行状态描述

道路交通运行状态在道路的不同位置存在差别,但相近位置的交通运行状态通常较为接近。类似地,交通运行状态每时每刻都在发生变化,但短时间内变化较小。为了便于数据处理、分析和展示,通常将研究的时间范围离散为多个时段,将空间范围离散为多个路段,并认为同一时段、同一路段中的交通运行状态是一致的。时间离散化尽管是一种近似化表达方法,但并不会对分析结果产生较大影响。

11.1.1 时段划分原则

由于设备和存储方式的限制,连续数据的获取和利用难以实现。一部分检测器采用周期检测的方式,每隔一定时间获取道路运行状态,例如浮动车常以 10 s 为周期上传车辆位置和车速等信息。另一部分检测器采用触发的方式,当车辆通过检测范围时记录数据,但在数据处理阶段,常将多个时刻通过的车辆信息归入时间周期,以分析道路运行状态,例如,环形检测线圈能够在车辆通过时计数,并获取单车车速和通过时间,但生成的数据通常以周期(如 20 s 或 5 min)统计经过线圈的车流量、平均车速和占有率。

为了研究交通运行状态随时间的变化趋势,通常将所研究的时间范围划分为若干周期时段。时段划分应遵循以下原则:

(1) 时段划分应采用原始数据时间间隔的整数倍。以 5 min 时间间隔的原始数据为例,分析处理过程中,时段划分通常为 10 min,15 min 或 30 min。

(2) 若干时段的加和应为常规习惯中认为的整时间段,如整小时或整天。以 5 min 时间间隔的原始数据为例,时段划分为 15 min,20 min 或 30 min,均便于加和为整小时,而一般不采用 25 min,40 min 或 45 min 时段。

(3) 时段划分应保证时段间的道路运行状态具有明显的差异,以支撑后续分析工作。例如,为了分析道路运行状态在一天中的变化趋势,通常以 15 min 或 30 min 为时间间隔,以反映道路拥堵的产生和消散;为了分析道路运行状态在一个月中的变化趋势,通常以 1 d 为时间间隔,从而反映每天交通运行状态的差异性。

（4）精确性和计算资源的权衡。划分时段越短，数据越能精确地反映真实的道路状态，但同时也会导致数据量增多，分析算法效率降低，处理时间过长；而较长的时段划分尽管能减少数据量，但同时也减少了信息量，导致数据无法充分反映时段内的交通运行状态变化，加大了分析的粗糙度。因此，研究中应当权衡考虑，采取适当的时段划分。

11.1.2 道路划分原则

将道路划分为若干路段，在每个路段中布设检测设备，采集交通运行数据并分析各路段的交通运行状态，从而分析道路交通运行状态的空间差异性，定位交通运行瓶颈点。例如，在某条道路的一个行驶方向上，下游路段通畅，而上游连续多个路段拥堵，通常说明路段分界处附近存在瓶颈点。合理的路网划分不仅保障了数据分析的准确性，而且能够控制检测设备成本和产生的数据规模。

与时间划分不同，由于路网具有不规则性，其划分并不以固定距离为间隔。路网划分应当遵循以下原则。

（1）与路网拓扑结构一致。应以交叉口、车道变化处、匝道、转接道和重要进出口等路网关键节点作为端点，并区分方向。如图 11-1 所示，以城市快速路和主干路为例，将出入口或交叉口作为关键节点，当其间距较短时，通常直接将这些节点间的道路划分为同一路段；当其间距较长时，通常将其中的道路平均划分为若干路段。

（a）快速路出入口间距较短　　（b）快速路出入口间距较长

（c）主干路交叉口间距较短　　（d）主干路交叉口间距较长

图 11-1　城市快速路和主干路路段划分示例

（2）与可能的常发性拥堵瓶颈点位置一致。即使不存在原则（1）中的路网结构性端点，若存在某些位置可能的或经实践证明的常发性拥堵瓶颈点，这些位置也应作为路段端点。非路网结构导致的常发性拥堵可能是由于弯道、上下坡、限速变化导致的。

（3）分段长度应有助于展现不同路段间的运行状态差异性。分段过短易导致多个连续路段状态一致，造成检测设备浪费、数据分析难度加大；过长的路段划分则会导致路段内的交通运行状态差异被忽略，无法体现道路运行的瓶颈点。

（4）参考现行信息发布规范。尽管研究分析中的道路分段与信息发布时采用的分段方式不一定完全相同，但考虑到信息发布的应用需要，应当参考相关规范。例如，我国公安部发布的《道路交通信息发布规范》（GA/T 994—2017）中将显示通行状态的单位路段定义显示单元，并对其长度和划分方法做出了规定[63]，如表 11-1 所列。

表 11-1　《道路交通信息发布规范》中规定的显示单元长度

道路等级		显示单元长度/m	备注
高速公路	高速公路	≤5 000	显示单元中不得有出入口
国省干线公路	一级公路	≤5 000	显示单元中不得有出入口和交叉口
	二级公路	≤5 000	显示单元中不得有交叉口
城市道路	城市快速路	≤1 000	显示单元中不得有出入口
	城市主干路	交叉口之间距离	交叉口之间距离大于 500 m 的，应分段显示
	城市次干路	交叉口之间距离	交叉口之间距离大于 500 m 的，应分段显示

(5) 对于已布设检测设备的道路，在满足上述原则(1)—(4)的前提下，应考虑设备布设位置。例如，某市已有快速路上的环形线圈检测器，以 300 m 距离间隔布设，那么，在一段较长且车道无变化的快速路段，宜考虑以 300 m 或 600 m 或 900 m 作为路段长度，并保证每个路段中至少包含一个环形线圈检测器。

11.1.3　道路交通运行状态指标

道路交通运行状态是对路段交通运行通畅程度的一种描述，用以衡量道路在一定交通需求下的实际运行状态，反映了管理者对道路运行效率的评价和出行者对所处交通环境的感受，它是一个相对的概念。道路交通运行状态通过一系列人为设定的指标进行表述，这些指标应当含义明确、获取简单、计算方便，从而可以真实且及时地反映道路交通运行状态。

道路交通运行状态指标体系具有层次性，通常可以分为宏观、中观和微观三个层面，如图 11-2 所示。微观层面为检测设备直接获取或经初步处理的具体的交通参数，常用关键参数包括：断面上的流量、时间平均车速、占有率等；路段上的车流密度、平均行程时间，空间平均车速等；交叉口的排队长度、平均停车次数、平均等候信号周期个数等。中观层面反映交叉口或路段的交通运行状态，通常根据微观交通参数来判定拥堵等级或服务水平。宏观层面反映区域路网的交通运行状态，通常是中观层面指标的统计汇总。

在实际操作中，不同国家和地区根据当地的交通系统特征和工程需求，构建了不同的指标体系，包括美国的《道路通行能力手册》(*Highway Capacity Manual*)[64]、中国国家标准《道路交通信息服务交通状况描述》(GB/T 29107—2012)[65]、中国行业安全标准《道路交通拥堵度评价方法》(GA/T 115—2020)[66]和北京市地方标准《城市道路交通运行评价指标体系》(DB11/T 785—2011)[67]。

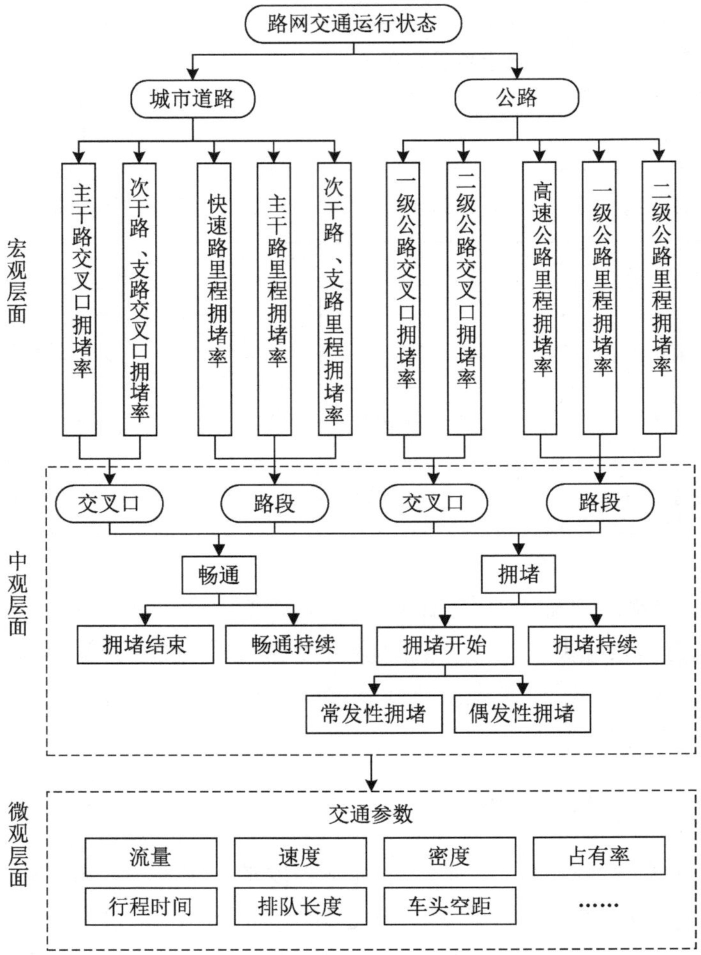

图 11-2　道路交通运行状态指标体系

11.2　道路交通拥堵机理分析

在道路交通运行状态指标体系中，最重要的就是通过微观交通参数（如流量、密度、排队长度等）来判别路段拥堵。本节首先介绍拥堵的定义，然后介绍两种拥堵类型的产生机理。对拥堵的判别将在本书 11.3 节详细介绍。

11.2.1　拥堵的定义

拥堵（或称拥挤、阻塞）是指行驶于路段上的车辆在一段时间内无法畅行、部分车辆滞留在道路上形成排队等待的现象，是道路交通运行故障的最直观表现。对于道路使用者而言，拥堵是其对所处环境交通运行顺畅程度的主观感知；对于交通管理者而言，拥堵表示交通系统运行效率降低，是交通管控措施实施的依据。然而，目前尚缺乏对拥堵的统一量化定义。

发达国家对交通拥堵的量化定义分为两类。

第一类交通拥堵通过交通流参数定义。例如，日本道路公团（Japan Highway Public

Corporation)认为，城市高速公路上出现平均车速在 40 km/h 以下，或反复启停的车辆排队 1 km以上持续 15 min，则出现拥堵；美国芝加哥运输部将道路交通拥堵定义为车道 5 min 平均占有率超过 30%时对应的交通状态[12]。

第二类交通拥堵通过延误指标定义。例如，美国得克萨斯州交通运输部将交通拥堵定义为：当出行时间超过在低交通量或自由流的出行环境下正常发生的出行时间、产生较大延误时的交通状态。当这个延误超过民众普遍能够接受的界限时，成为不可接受的交通拥堵[12]。

我国 2016 年发布、2017 年实施的国家标准《城市交通运行状况评价规范》(GB/T 33171—2016)采用第一类定义方法，通过车速这一交通流参数，将道路交通运行状态分为五级[68]：畅通、基本畅通、轻度拥堵、中度拥堵和严重拥堵。

根据道路交通拥堵的外在表现，将其分为常发性(或称周期性)拥堵和偶发性(或称非周期性)拥堵。常发性拥堵通常发生在高速公路和快速路的入口匝道、立交、主线车道减少、上坡、车流交织、视线不良等地点以及城市道路的交叉口等。常发性拥堵在时间上具有周期性和可预测性，空间上发生位置相对固定。偶发性拥堵通常由随机事件导致，如交通事故、车辆抛锚、抛洒物、道路设施故障、道路施工和养护、恶劣气象、大型活动等。偶发性拥堵在时间上具有偶然性和不可预测性，空间上发生位置随机出现。

下文利用累计曲线和时空轨迹图的方法，对常发性拥堵和偶发性拥堵的产生机理做出解释。注意下文并未对“拥堵”这一概念做出量化定义，而是采用排队、密度上升等现象做出定性描述。

11.2.2　常发性交通拥堵的产生机理

常发性交通拥堵由路段交通需求超过路段瓶颈点通行能力引发。瓶颈点通行能力一般低于上游路段通行能力。如图 11-3 所示，车辆累计曲线展示了常发性拥堵的形成机理。图 11-3(a)所示为高速公路或城市快速路在常发性拥堵下的车辆累计曲线，全程通行能力 c 保持不变，上游到达率由 a_0 提高为 a_1，之后恢复为 a_0，且 $a_0 < c < a_1$。拥堵过程分为如下几个阶段[69]：

(1) t_0 时刻前，非拥堵阶段。 车辆到达率 a_0 低于通行能力 c，到达车辆均能及时离开，累计到达曲线与累计离开曲线重合。

(2) t_0 到 t_1 时刻，拥堵加剧阶段。 通行需求上升，车辆到达率 a_1 超过通行能力 c，车辆以饱和流率(即通行能力 c)离开，但仍无法及时清空，从而形成排队积压，累计到达曲线高于累计离开曲线。记 t 时刻的排队长度为 $Q(t)$，第 n 辆车的排队时间为 $W(n)$，$Q(t)$ 和 $W(n)$ 均呈上升趋势。

(3) t_1 到 t_2 时刻，拥堵缓解阶段。 通行需求恢复正常水平 a_0，车辆仍以饱和流率(即通行能力 c)离开，排队开始消散，车辆累计到达曲线仍高于但不断接近累计离开曲线。此时，$Q(t)$ 和 $W(n)$ 均呈下降趋势。

(4) t_2 时刻后，非拥堵阶段。 排队完全消散，路段恢复畅通，累计到达曲线重新与累计离开曲线重合。

图 11-3(b)为城市道路信号交叉口位置在常发性拥堵下的车辆累计曲线，注意此时 c 指绿灯时的饱和流率，周期平均通行能力记为 c_T，$a_0 < c_T < a_1$。拥堵过程分为如下几个阶段：

(1) t_0 时刻前，非拥堵阶段。 车辆以较低的到达率 a_0 到达交叉口，绿灯亮起后，排队车辆以饱和流率 c 离开。由于周期通行能力 c_T 较高，绿灯结束前，能够清空周期内累计到达的车辆，清空后，到达车辆可直接通过交叉口，累计到达曲线与累计离开曲线重合。

(2) t_0 到 t_1 时刻，拥堵加剧阶段。 交叉口无法清空排队车辆。此时交通需求上升，车辆到达率 a_1 超过周期通行能力 c_T，绿灯结束时，仍存在车辆排队。随着时间的推移，每个周期末的排队长度不断增加。

(3) t_1 到 t_2 时刻，拥堵缓解阶段。 此时通行需求恢复至正常水平 a_0，尽管绿灯结束时仍存在车辆排队，但排队长度开始逐渐减少，累计到达曲线仍高于累计离开曲线。

(4) t_2 时刻后，非拥堵阶段。 到达车辆均能在绿灯时间内清空，周期结束时，无车辆积压。

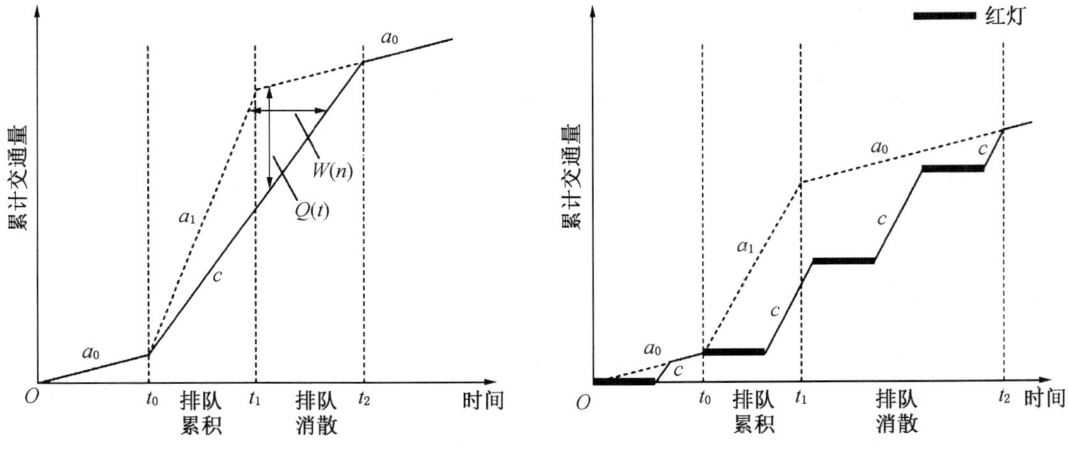

(a) 高速公路或城市快速路　　(b) 城市道路信号交叉口

图 11-3　常发性交通拥堵车辆累计曲线

从车辆行驶轨迹和所处道路交通运行状态的角度对常发性拥堵做出解释，以图 11-4 所示的快速路瓶颈点进行说明。图 11-4(a)展示了车辆行驶轨迹，并将轨迹图划分为四类区域，图 11-4(b)展示了各区域对应的交通运行状态，其中，c 表示瓶颈点和下游路段的通行能力，c_u 表示上游路段的通行能力，a_0 和 a_1 均表示上游到达率，a_0 小于下游通行能力，a_1 大于下游通行能力。图 11-4(b)以简化的三角形曲线表示路段的流量-密度关系曲线，曲线上的点与原点连线的斜率即为路段平均车速。显然，状态 A 表示路段非拥堵，流量均小于对应路段的通行能力，密度小于对应路段的拥堵临界密度；状态 B 表示路段非拥堵，但流量超过下游通行能力；状态 C 为拥堵状态，该状态只在临近瓶颈点的位置发生，由瓶颈点拥堵向上游蔓延导致，密度大于拥堵临界密度，流量下降；状态 D 表示以饱和流率运行，处于拥堵-非拥堵的临界状态。

对于不同阶段到达的车辆，所经历的交通状态不同：

(1) 上游到达率保持 a_0 时，车辆均能够不减速地通过瓶颈点。以 i 号车为例，先后所经历的交通运行状态为上游 A 和下游 A，均为畅通状态。

(2) 当上游到达率升高至 a_1 后，由于超过瓶颈点的通行能力 c，瓶颈点即使以饱和流率（即 c）疏散车辆，也无法使所有车辆立即通过，瓶颈点密度加大，发生拥堵。以 j 号车为例，先后所经历的交通运行状态为上游 B、上游（近瓶颈点）C 和下游 D，即畅通—拥堵—临界状态。

(3) 当上游到达率恢复至 a_0 后，瓶颈点仍以饱和流率（即 c）疏散车辆，瓶颈点排队长度开始逐渐减少。以 k 号车为例，先后所经历的交通状态为上游 A、上游（近瓶颈点）C 和下游 D，即畅通—拥堵—临界状态。

(4) 当瓶颈点排队消散后，后续到达车辆能够直接通过瓶颈点，拥堵消除。以 m 号车为例，其运行过程与 i 号车相同。

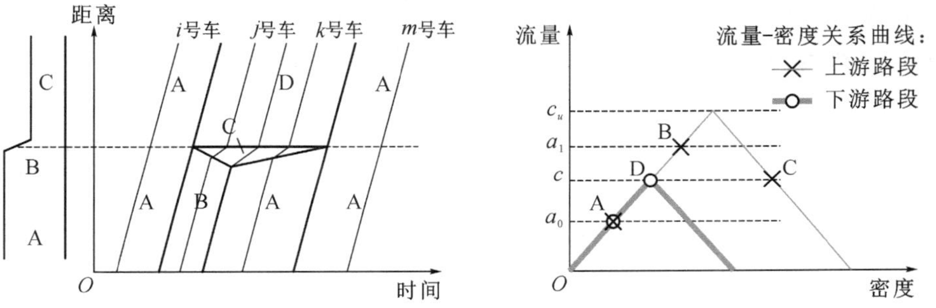

(a) 车辆行驶轨迹　　(b) 车辆所处交通运行状态

图 11-4　常发性交通拥堵下的车辆轨迹和车辆所处交通运行状态示例

11.2.3　偶发性交通拥堵的产生机理

偶发性交通拥堵是由于路段通行能力临时下降且低于当前上游通行需求引发的。如图 11-5 所示，车辆累计曲线展示了偶发性拥堵的形成机理，全程上游到达率 a 保持不变，瓶颈点通行能力由 c_0 降为 c_1，之后恢复为 c_0 且 $c_1 < a < c_0$。图 11-5(a)所示为高速公路或城市快速路在偶发性拥堵下的车辆累计曲线。拥堵过程分为如下几个阶段[69]：

(1) t_0 时刻前，非拥堵阶段。此时通行能力 c_0 高于到达率 a，到达车辆均能及时离开，累计到达曲线与累计离开曲线重合。

(2) t_0 到 t_1 时刻，拥堵加剧阶段。此时通行能力 c_0 因特殊事件降为 c_1，且 c_1 小于车辆到达率 a，车辆以饱和流率（即通行能力 c_1）离开，但仍无法及时清空，造成排队积压，累计到达曲线高于累计离开曲线。与常发性拥堵一样，排队长度 $Q(t)$ 和第 n 辆车的排队时间 $W(n)$ 均呈上升趋势。

(3) t_1 到 t_2 时刻，拥堵缓解阶段。此时影响通行能力的事件已被清除，通行能力恢复至正常水平 c_0，车辆便以 c_0 流率离开，排队开始消散，累计到达曲线仍高于但不断接近累计离开曲线。此时，$Q(t)$ 和 $W(n)$ 均呈下降趋势。

(4) t_2 时刻后，非拥堵阶段。此时排队完全消散，路段恢复畅通，累计到达曲线重新与累计离开曲线重合。

不考虑特殊事件对信号灯配时的影响，图 11-5(b)展示了城市道路信号交叉口位置在偶发性拥堵下的车辆累计曲线，注意此时 c_0 和 c_1 均指绿灯时的饱和流率，对应的周期平均通行能力记为 c_{T0} 和 c_{T1}，且 $c_{T1} < a < c_{T0}$。拥堵过程分为如下几个阶段：

(1) t_0 时刻前，非拥堵阶段。周期通行能力 c_{T0} 高于车辆到达率 a，绿灯结束前能够清空周期内累计到达的车辆，清空后，到达车辆可直接通过交叉口，累计到达曲线与累计离开曲线重合。

(2) t_0 到 t_1 时刻，拥堵加剧阶段。此时周期通行能力降至 c_{T1}，车辆到达率 a_1 超过周期通行能力 c_{T1}，绿灯结束时仍存在车辆排队。随着时间的推移，每个周期末的排队长度不断增加。

(3) t_1 到 t_2 时刻，拥堵缓解阶段。此时周期通行能力恢复至正常水平 c_{T0}，尽管绿灯结束时仍存在车辆排队，但排队长度开始逐渐减少，累计到达曲线仍高于累计离开曲线。

(4) t_2 时刻后，非拥堵阶段。到达车辆均能在绿灯时间内清空，周期结束时无车辆积压。

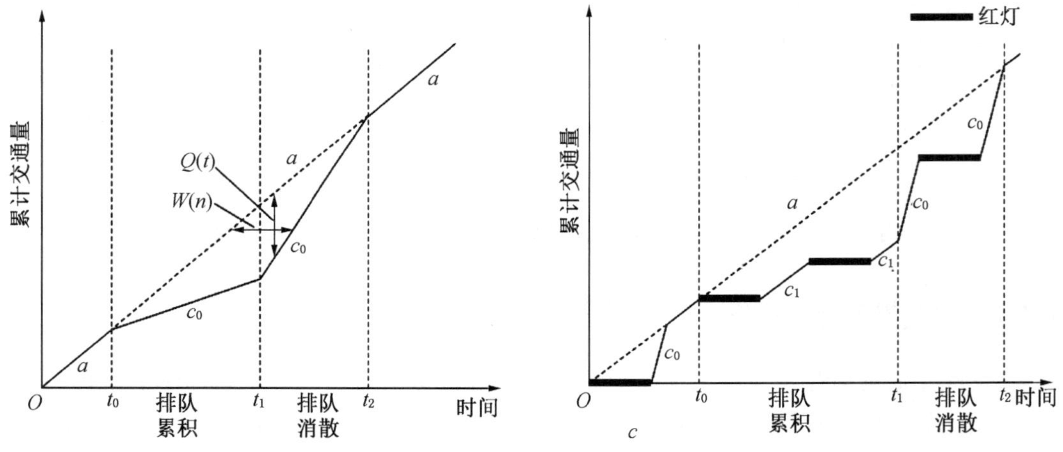

(a) 高速公路或城市快速路　　(b) 城市道路信号交叉口

图 11-5　偶发性交通拥堵车辆累计曲线

从车辆行驶轨迹和所处道路交通运行状态的角度对偶发性拥堵做出解释，以快速路主线发生事故为例进行说明。图 11-6(a)展示了车辆行驶轨迹，并将轨迹图划分为四类区域，图 11-6(b)展示了各区域对应的交通运行状态，其中，a 表示上游车辆到达率，c_0 表示主线通行能力，当事故发生后，事故路段通行能力降至 c_1。图 11-6(b)中以简化的三角形曲线表示路段的流量-密度关系曲线，曲线上的点与原点连线的斜率即为路段平均车速。显然，状态 A 表示路段非拥堵，流量均小于全线通行能力，密度小于拥堵临界密度；当事故发生后，事故路段通行能力降低，拥堵向上游蔓延，其状态用 B 表示，此处，密度超过拥堵临界密度，流量下降至事故路段通行能力 c_1；事故路段状态用 C 表示，其处于拥堵-非拥堵的临界状态，以事故路段饱和流率 c_1 运行；事故排除后，拥堵路段下游状态用 D 表示，同样处于拥堵-非拥堵的临界状态，但饱和流率上升为 c_0。

对于不同阶段到达的车辆，所经历的交通运行状态不同：

(1) 未发生事故时，车辆均能不减速地通过瓶颈点。以图 11-6(a)中 i 号车为例，车辆始终处于 A 状态，行驶畅通。

(2) 事故发生后，事故路段通行能力降低，即使以饱和流率(即 c_1) 疏散车辆，也无法使所有车辆立即通过，路段发生拥堵。以 j 号车为例，先后所经历的交通状态为上游 A、上游(近事故点)B 和事故路段 C，即畅通—拥堵—临界状态。

(3) 事故排除后，通行能力恢复为 c_1，拥堵队列队首位置的车辆开始加速，以饱和流率 c_0 驶离。后续车辆以流率 a 不断到达加入拥堵队列。由于 $a < c_0$，因此队列不断缩短。以 k 号车为例，先后所经历的交通状态为上游 A、上游(近事故点)B 和下游 D，即畅通—拥堵—临界状态。

(4) 拥堵消散后，后续到达车辆能够直接通过瓶颈点。以 m 号车为例，其运行过程与 i 号车相同。

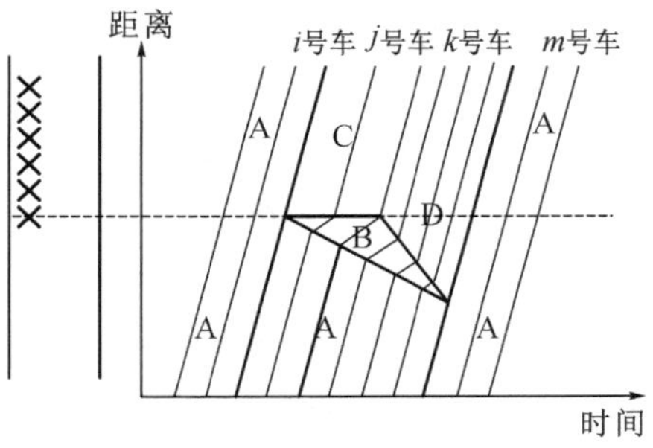

(a) 车辆行驶轨迹

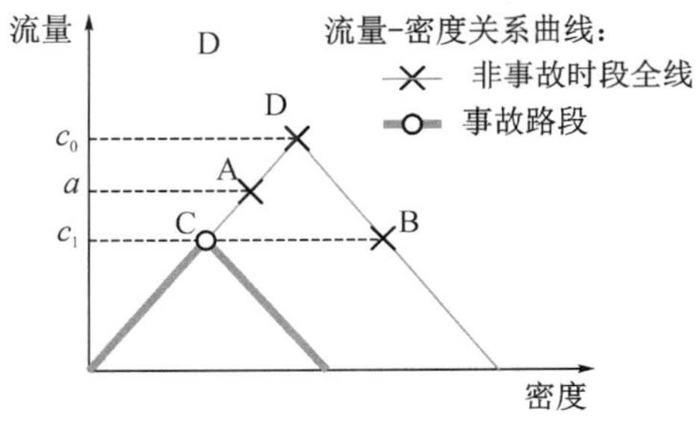

(b) 车辆所处交通运行状态

图 11-6　偶发性交通拥堵下的车辆轨迹和车辆历经的交通运行状态示例

11.3　道路交通拥堵识别算法

道路交通拥堵状态判别结果是后续交通管控措施实施的重要依据。随着交通数据检测技术的发展，在实际应用中，越来越多地采用拥堵自动判别技术(Automatic Congestion Identification，ACI)。相对于采用闭路电视监控、驾驶员呼叫、交警巡逻等人工判别方法，自动判别技术能够更准确、快速、客观地反映全路段、全时段的道路交通拥堵状态。

11.3.1　算法评价指标

对于给定的判别算法，通常采用准确率、误报率和平均判别时间三个指标来评价算法的优劣。

算法的准确率和误报率主要用以衡量算法的效果。在每次道路交通拥堵状态自动判别过程中，真实情况和判别结果均存在非拥堵和拥堵两种可能。因此，真实情况与判别结果存在四种组合，如表 11-2 所列。对于特定检测时段内的若干次检测，同时记录真实情况和判别结果，统计实际非拥堵和拥堵状态下正确判别和错误判别的次数。

表 11-2　　道路真实情况与拥堵判别结果

真实情况	判别结果	
	非拥堵($N_{00}+N_{10}$次)	拥堵($N_{01}+N_{11}$次)
非拥堵 ($N_{00}+N_{01}$ 次)	正确判别 (N_{00} 次)	错误判别 (N_{01} 次)
拥堵 ($N_{10}+N_{11}$ 次)	错误判别 (N_{10} 次)	正确判别 (N_{11} 次)

(1) 算法准确率(Identification Rate，IR)指实际发生拥堵且算法正确判别为拥堵的比例，其计算方法如下：

$$IR=\frac{N_{11}}{N_{10}+N_{11}}\times 100\% \tag{11-1}$$

(2) 算法误报率(False Alarm Rate，FAR)指算法判别为拥堵但实际未发生拥堵的比例，其计算方法如下：

$$FAR=\frac{N_{01}}{N_{01}+N_{11}}\times 100\% \tag{11-2}$$

显然，算法准确率越高，误报率就越低，算法的效果自然就越好。低准确率和高误报率都将导致交通管理者对实际交通状态的误判，并采取错误的管控措施。低准确率表示大量实际拥堵的情况未被识别，导致缓解拥堵的管控措施未启动或力度不足，拥堵持续且无法缓解；高误报率表示报告的拥堵中存在大量错误信息，导致缓解拥堵的管控措施频繁启动或偏于激进，造成资源浪费。

(3) 平均判别时间(Mean Time To Identify，MTTI)用以衡量算法的效率，指拥堵从实际发生到算法成功判别所历经的平均时间，其计算方法如下：

$$MTTI=\frac{1}{n}\sum_{i=1}^{n}[T(i)-A(i)] \tag{11-3}$$

式中　n ——一个较长的评价时段内实际发生拥堵的次数；

$A(i)$ ——第 i 次拥堵的实际发生时刻；

$T(i)$ ——算法初次成功判别该拥堵的时刻。

从算法设计的角度，通过增加判别时间，能够进一步提高算法的效果，获得更高的准确率和更低的误报率，如图 11-7 所示。然而，较长的判别时间意味着系统需要花费更长的时间对拥堵做出响应，致使拥堵影响扩大。例如，对于颗粒度为 20 s 的线圈数据，若采用 5 min 内的 15 组数据进行判别，其判别效果一般优于采用 1 min 内的 3 组数据。然而，当拥堵出现时，前者最长需要 5 min 才能报告拥堵，而后者仅需 1 min。

对于特定的 ACI 算法，参数的选择会对算法效果产生影响。理想的算法应当尽可能地提高准确率、降低误报率和平均判别时间。然而，这三者之间存在相互权衡的关系，过于追求优化一个指标通常会导致另外两个指标表现不足。因此，常规的做法是在参数比选时，通过限制误报率不得高于某一特定值，以尽可能地提高算法的准确率，降低平均判别时间。误报率被限制得越低，算法就需要越长的时间进行判别。同时，过低的误报率可能意味着算法对拥堵不敏感，导致实际发生拥堵时算法无法判别，从而降低了准确率。图 11-8 展示了同一算法下设定不同的误报率限制，算法通过调整参数后能够达到的最好准确率和平均判别时间趋势。

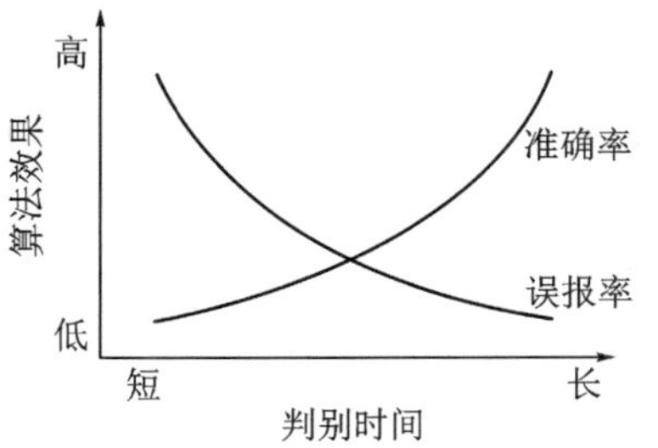

图 11-7　ACI 算法设计中评价指标三者间的关系

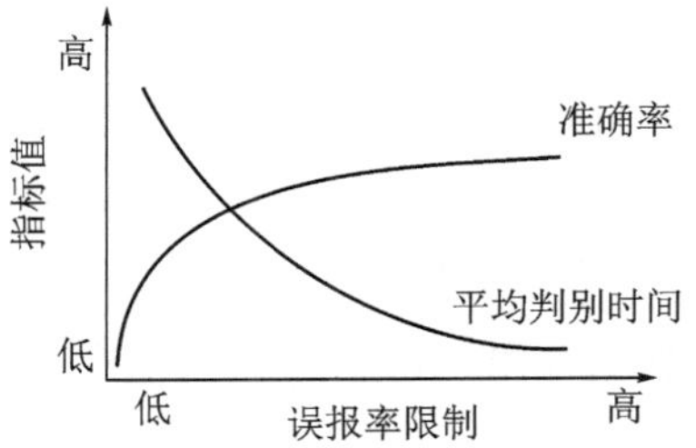

图 11-8　ACI 算法参数比选中评价指标三者间的关系

当需要统一指标对多个算法进行比选时，可以采用算法表现指数（Performance Index，PI）作为综合评判依据。该指数是一个概念值，不存在实际含义，其计算公式为

$$PI=(1-IR)^m \times FAR^n \times MTTI^p \tag{11-4}$$

式中，m，n 和 p 均为正值，分别表示准确率、误报率和平均判别时间的重要性。在不同的应用场景中，可以选择不同的重要性系数，当认为三者权重相当时，可设 m，n 和 p 均为 1。

11.3.2　基于环形线圈数据的 ACI 算法

环形线圈通常以 20 s 或 30 s 为时间间隔，上传车道及道路截面的流量、速度和占有率等数据。基于环形线圈数据的 ACI 算法在实践中广泛应用。本章介绍其中最为经典的两类：加利福尼亚算法[61]和 McMaster 算法[70]。

1. 加利福尼亚算法

以车行方向为下游方向，加利福尼亚算法基于同一路段相邻断面检测器上传的占有率数据进行拥堵判别。算法对不同断面、不同时刻的占有率数据进行计算，将结果与预设阈值进行对比，从而判别拥堵状态。

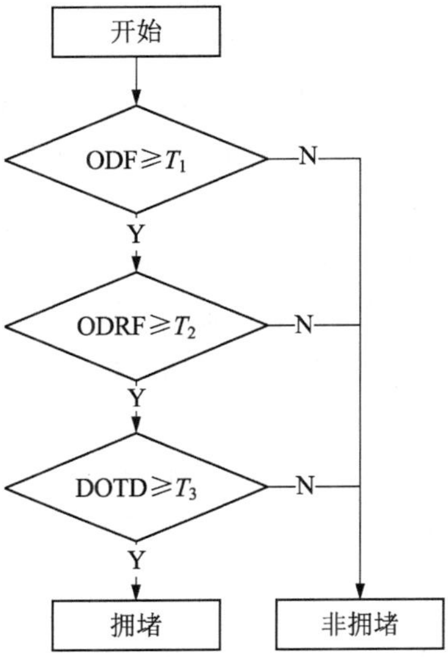

图 11-9　加利福尼亚算法基本流程

加利福尼亚算法的基本流程如图 11-9 所示。记当前断面和下游断面分别为断面 i 和断面$(i+1)$；当前时刻记为 t，以分钟为单位。算法采用的控制输入仅为占有率值，记为 $O(i,t)$。根据控制输入，计算的控制参数包括：

上、下游占有率差 ODF，上、下游占有率变化率 ODRF 和下游占有率 2 min 变化率 DOTD。其计算过程如下：

$$\mathrm{ODF}=O(i,\ t)-O(i+1,\ t) \tag{11-5}$$

$$\mathrm{ODRF}=\frac{O(i,\ t)-O(i+1,\ t)}{O(i,\ t)} \tag{11-6}$$

$$\mathrm{DOTD}=\frac{O(i+1,\ t-2)-O(i+1,\ t)}{O(i+1,\ t-2)} \tag{11-7}$$

所得三个控制参数均先后与三个预设阈值 T_1，T_2 和 T_3 进行比对，只有当所有控制参数均大于等于对应的阈值时，算法才将当前交通状态判别为拥堵，否则判别为非拥堵。

加利福尼亚算法因其逻辑简单、输入参数单一且应用效果良好，自二十世纪七八十年代起就得到了广泛应用。但加利福尼亚算法仍存在如下缺陷：

（1）算法仅对断面当前时刻是否存在拥堵进行判别，但无法区分拥堵类型，即常发性拥堵或偶发性拥堵。

（2）阈值标定对算法影响较大。当阈值偏小时，算法误报率上升；当阈值偏大时，算法准确率下降。同时，由于需要对每组相邻断面进行阈值标定，对于较长路段而言，标定工作量较大。

（3）算法受设备故障影响较大。当下游检测器发生故障而上传 0 占有率时，算法误报率上升。

2. McMaster 算法

McMaster 算法不仅可以判别拥堵是否存在，还能判别拥堵类型。该算法采用相邻断面的流量和占有率数据进行综合判别，这主要是因为当交通状态在拥堵和非拥堵状态间转换时，速度变化较快，而流量和占有率变化较为平稳。

该算法根据断面历史数据绘制流量-占有率关系图，并将绘图平面划分为四个区域，每个区域表示一种状态，如图 11-10 所示。状态 1 表示非拥堵；状态 2 表示当前断面拥堵且上游可能存在偶发性拥堵；状态 3 表示拥堵；状态 4 表示当前断面未拥堵但处于饱和流率，上游可能存在常发性拥堵。对于断面 i，在进行交通状态判别时，需要确定两个参数和一个公式，即临界占有率 OCMAX_i、临界流量 Vcrit_i 和非拥堵流量下限公式 $g_i(\mathrm{occ})$。其中，OCMAX_i 和 Vcrit_i 可通过经验或建模方法标定；$g_i(\mathrm{occ})$ 是关于占有率 occ 的函数，通常采用如下形式：

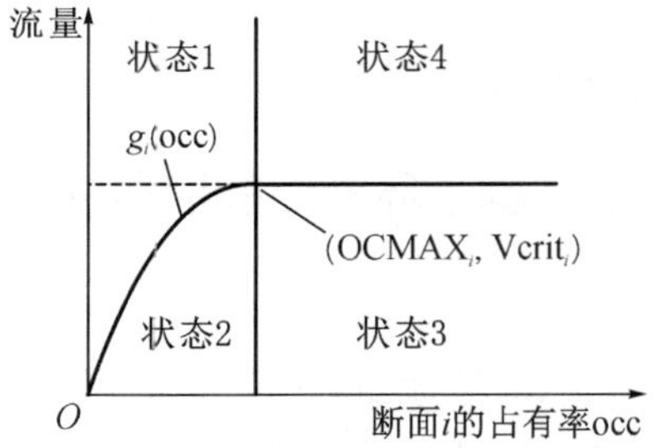

图 11-10　McMaster 算法对流量-占有率平面的划分

$$g_i(\mathrm{occ})=k_i\times \mathrm{occ}^{a_i}+e_i \tag{11-8}$$

式中，k_i，a_i 和 e_i 均为待定系数，其选取应当保证占有率为 occ 对应的历史数据中 95%均大于 $g_i(\mathrm{occ})$。

McMaster 算法分两步进行。

第一步判别当前断面 i 的拥堵状态，判别流程如图 11-11 所示。输入当前时刻上传的占有率 $O(i)$ 和流量 $V(i)$，通过参数对比来判别断面 i 所处的状态 $S(i)$。

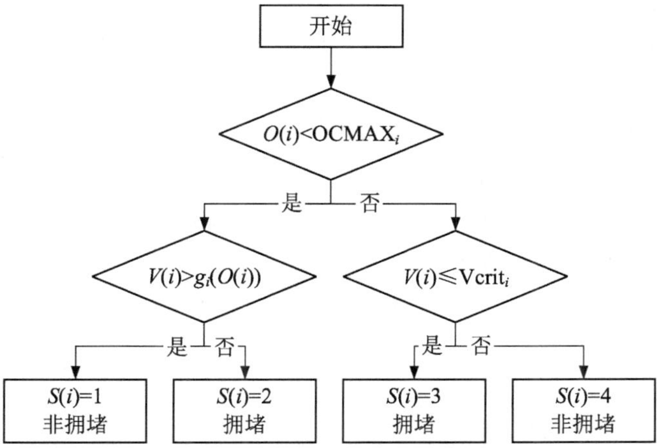

图 11-11　McMaster 算法拥堵状态判别流程

若判别结果为拥堵，则进行第二步：通过对下游断面的状态判别，确定当前断面 i 的拥堵类型，流程如图 11-12 所示。

由于 McMaster 算法仅利用当前时刻数据，不存在前、后时刻数据的比对，最长检测时间即为数据检测间隔，因此，为消除结果的波动性，在实际应用中，只有当连续 N 个检测间隔均判别为拥堵时，算法才报告拥堵状态。例如，对检测间隔为 20 s 的线圈数据，通常设 N 为 3，即最长检测时间为 1 min。

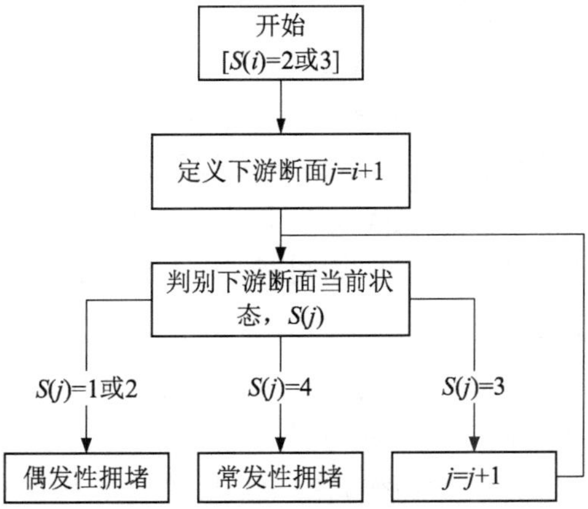

图 11-12　McMaster 算法拥堵类型判别流程

McMaster 算法与加利福尼亚算法相比，具有如下优势：

（1）弥补了加利福尼亚算法在拥堵类型判别上的缺失。

（2）每个断面的状态划分参数取决于历史数据，这相比加利福尼亚算法的阈值标定更为客观，也使自动化标定成为可能。

（3）下游检测器故障不影响对拥堵存在性的判别，只影响对拥堵类型的判别。

然而，由于 McMaster 算法依赖历史数据来标定参数，因此，在实际应用中，需要对历史数据的质量先进行评估，如此才能确定算法是否适用。同时，McMaster 算法较为复杂，需要消耗更多的离线分析和实时计算资源。

11.3.3　基于浮动车数据的 ACI 算法

浮动车每隔一段时间（如 3 s）会上传时间戳和自身定位数据。结合路网信息对浮动车数据进行处理，能够获得车辆在路段上的行程时间、车速等交通参数。基于这两种交通参数便能够有效判别路段拥堵[12]。

1. 基于路段行程时间的算法

路段行程时间能够有效反映给定路段的交通运行顺畅程度。行程时间过长，表示路段中发生拥堵，车辆减速或频繁启停。当行程时间较短，接近自由流状态下的行程时间时，路段处于畅通状态。

基于路段行程时间的 ACI 算法流程如图 11-13 所示。该算法首先判断拥堵的存在性。以 t_1 到 t_2 为目标时段，通过对浮动车数据的预处理能够获得共有 $N(t_1, t_2)$ 辆车驶出该路段，记其中第 n 辆车在该路段上的行程时间为 $T(n)$。通过式(11-9)可计算这些车辆在路段上的平均延误 $D(t_1, t_2)$：

$$D(t_1, t_2)=\frac{\sum_{n=1}^{N(t_1, t_2)}[T(n)-T_0]}{N(t_1, t_2)} \qquad (11-9)$$

式中，T_0 为预设阈值，表示自由流状态下的行程时间。将计算结果与预设阈值 d 进行比较，从而判别路段是否发生拥堵。

若判别拥堵发生，则进一步判别拥堵类型。检验前 C 天相同时段是否同样发生拥堵，若发生拥堵的比例超过阈值 k，则判定为常发性拥堵，否则判定为偶发性拥堵。若考虑道路运行情况在一周中每天的表现不同，且历史数据充足，则可检查前 C 周的相同星期数的相同时段。

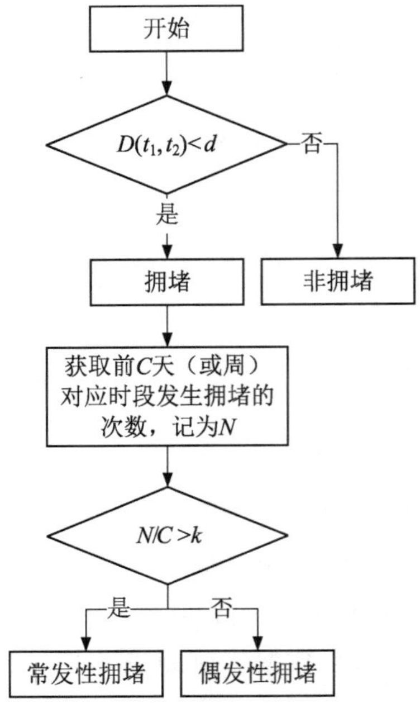

图 11-13 基于路段行程时间的 ACI 算法流程

该算法通过行程时间获得延误指标，综合考虑拥堵对车辆行驶造成的影响，在一定程度上反映了交通参与者的感受。然而，采用行驶时间作为控制参数，对拥堵的反应会较为滞后，只有当车辆驶出拥堵路段后，其行程时间才能被算法统计。因此，该算法的平均判别时间较长，适用于离线分析而不是实时控制。

2. 基于车速的算法

相比行程时间，车辆的瞬时速度能够更即时地反映其所处道路的运行状况。基于车辆在拥堵环境下车速降低这一直观现象，基于车速的算法统计所有车辆的平均速度(空间平均车速或时间平均车速)，当平均车速低于某个预设阈值时，认为拥堵存在。本书前面的章节中介绍了空间平均车速和时间平均车速的区别。当进行拥堵判别时，空间平均车速用以判别路段瞬时拥堵状态，时间平均车速用以判别断面在一段时间内的拥堵状态。本书以时间平均车速为例，对算法流程进行说明。

以 t_1 到 t_2 为目标时段，记 $N(t_1, t_2)$ 表示通过目标断面的浮动车数量，$V(n)$ 表示其中第 n 辆车的瞬时车速。平均车速通过式(11-10)计算：

$$V=\frac{\sum_{n=1}^{N(t_1,\ t_2)} V(n)}{N(t_1,\ t_2)} \tag{11-10}$$

该算法预设车速阈值为 v_0，它是划分拥堵和非拥堵状态的临界车速。若 $V \leqslant v_0$，则断面位置存在拥堵；若 $V > v_0$，则断面位置未发生拥堵。考虑到实际应用中可能还需要对拥堵程度进行划分，如我国行业安全标准《道路交通拥堵度评价方法》(GA/T 115—2020)[66]将拥堵划分为轻度拥堵、拥堵和严重拥堵，故算法可以通过设置多个阈值以区分拥堵级别。图 11-14 为多阈值判别示例，该示例以 v_0，v_1 和 v_2 作为划分畅通、轻度拥堵、中度拥堵和严重拥堵的车速阈值。

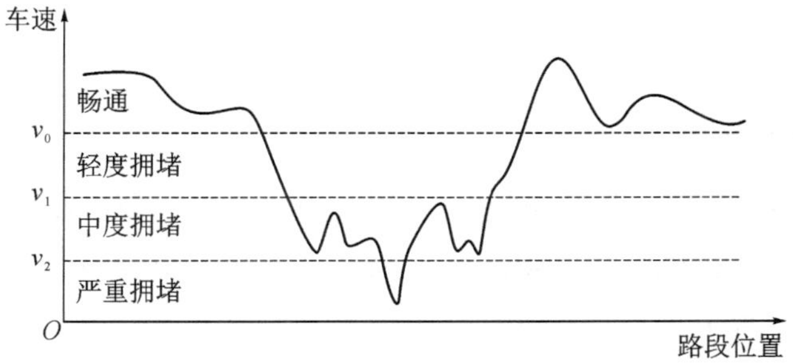

图 11-14　通过断面平均车速进行拥堵级别判别示例

以浮动车为数据源的 ACI 算法，其有效性依赖于浮动车在城市车辆总数中的比例。通常，浮动车数据由营运出租车、公交车、特种车辆等提供，在城市交通运行中具有一定的代表性。然而，这些车辆在城市中分布不均，尤其是在远郊地区分布较少。

第 12 章
公交运行状态评价分析

评价公交运行质量、监控公交运行状态是公交运营者较为关注的问题之一。其中，公交运行状态评价主要通过对公交运营数据进行处理以分析公交的服务质量和运营效率。有效的公交运行状态评价可以识别客流特征，指导公交运营者找出公交运营的问题，以便于后续进行公交运营计划改善，提升服务质量。本章基于自动获取的公交数据，介绍公交客流特征分析方法以及常见的公交运行状态评价指标。

12.1　公交客流特征分析

公交客流特征指标主要反映公交乘客的时空分布，可用于合理安排运营计划、实现精准客流匹配、降低运力浪费、提升运营效率。公交客流特征分析通常分为时间和空间两个维度，从站点、线路、OD 等方面进行评价。

1. 数据来源

公交客流特征分析的数据来源一般为人工调查数据、公交自动乘客计数(APC)数据和公交 IC 卡数据。由于 IC 卡数据能够记录连续的出行，计数准确，不需要额外增加采集设备，因此基于公交 IC 卡数据的客流特征研究已成为主流。对于公交 IC 卡数据的处理和应用(即 AFC 数据)，可详见本书 7.6 节。

2. 公交客流时间分布

1) 线路客流时段分布特征

定义：以单条线路客流全日分时段分布特征为研究对象，反映公交线路在一天中不同时段的公交客流变化。

意义：为制订单条公交线路的行车计划、排班计划等运营工作提供客流依据。

2) 站点客流时段分布特征

定义：以单个公交站点客流全日分时段分布特征为研究对象，由于一个站点存在上车与下车两类客流，因此可分为站点上车和站点下车客流时段分布特征。

意义：站点客流时段分布特征可以为在不同时段内组织开行区间车、大站快车等灵活的运营组织方式提供客流依据。

3) 高峰小时客流特征

根据居民出行特征，以城市公交客流早、晚高峰时段的客流特征为研究对象。根据研究层次的不同，可分为全网高峰小时客流、线路高峰小时客流和站点高峰小时客流。

(1) 高峰小时的确定。

将一天划分为 m 个时长为 T 的时间段，其中 T 通常取 5 min，10 min 或 15 min。在已知

各时段公交客流量 n_i 的基础上，通过合并相邻时段，可以计算得到小时客流量[36]：

$$N_i = n_i + n_{i+1} + \cdots + n_{i+m-1}, \quad i \leqslant m-h+1, \quad h = \frac{60}{T} \tag{12-1}$$

找出以上小时客流量中的最大值 $N_{\max} = \max(N_1, N_2, \cdots, N_{m-h+1})$。设 $N_{\max} = N_k$，则最大小时客流量所对应的时段 $[(k-1)T, (k+h-1)T]$ 即为高峰小时。在实际应用中，需要结合客流时变曲线来确定高峰小时。

(2) 高峰小时客流量。

高峰小时客流量为高峰小时内乘坐公交的人次数。对于大部分线路，高峰与平峰的客流量差别较大。

在已知高峰小时刷卡客流量 $N_{\max}$ 的基础上，利用高峰小时的刷卡率 η_{ph}（无数据时，可用日均刷卡率 η 替代）进行样本扩大，从而得到高峰小时客流量[36]：

$$PFV_{ph} = \frac{N_{\max}}{\eta_{ph}} \tag{12-2}$$

(3) 高峰小时乘车率。

高峰小时乘车率(riding ratio in peak hour)为高峰小时乘车人次与全日公交客运量之比，其计算公式[36]为

$$RR_{ph} = \frac{PFV_{ph}}{PFV_{24h}} = \frac{PFV_{ph}}{\sum n_i} \tag{12-3}$$

式中，PFV_{24h} 是全日公交客运量。

3. 公交客流空间分布

1) 线网客流分布

定义：通过整合公交线路站点 OD 与换乘客流，得到全网公交客流的 OD 分布，将全网公交客流 OD 分配到路网之后，可得出城市主要公交走廊的分布情况。

意义：在进行城市快速公交规划、城市公交专用道规划等相关公交规划时，可结合道路情况优先考虑这些主要公交走廊。

线路日客流量及计算方法[36]如下：将调查线路 i 所有车辆一天的刷卡记录存储到一个选择集 A 中，统计刷卡客流量 n_i，利用线路刷卡率 η_i 进行样本扩大计算，从而可得到线路全天客流量 PFV_i：

$$PFV_i = \frac{n_i}{\eta_i} \tag{12-4}$$

2) 客流断面分布

定义：公交客流断面是指公交线路在单位时段内两个相邻站点间断面的客流量。

意义：时段内开行的公交车辆的承载能力需要满足该时段内的最大断面客流，从而满足城市居民在该条线路的日常公交出行需求。

3) 客流方向不均衡性

定义：客流方向不均衡性是针对单条公交线路在某一时段的客流空间分布特征而言的，用于分析公交客流的潮汐现象。通常，公交线路分为上、下行两个方向，在某一时段，公交线路两个方向的客流量往往是不同的。特别对于郊区线路而言，早高峰期间，客流以进城方向为主；晚高峰期间，客流以出城方向为主。

意义：通过对客流方向不均衡性的定量研究，可为公交线路首末站备车数量的分配比例提供客流依据，从而减少车辆空跑距离，提高公交运营效益。

4）不均衡系数

不均衡系数是衡量公交客流时空分布均匀性的重要指标，主要可以分为时间不均衡系数、方向不均衡系数和断面不均衡系数。

（1）时间不均衡系数。

公交客流时间分布是不均衡的，尤其是对于通勤客流比重较大的线路，易形成上下班客流高峰。对于公交客流时间分布不均衡特性，一般用时间不均衡系数(time non-equilibrium factor of passenger flow)表示，即在一条线路的最大客流断面上，高峰小时客流量与全日平均小时客流量之比[36]：

$$f_{\mathrm{i}}=\frac{PFV_{ph}}{\overline{PFV_{h}}} \tag{12-5}$$

式中 f_i ——公交客流时间不均衡系数；

PFV_{ph} ——高峰小时客流量；

$\overline{PFV_{\mathrm{h}}}$ ——全日平均小时客流量。

（2）方向不均衡系数。

在相同时段内，公交线路上行和下行的客流量往往也是不同的。例如，对于一条连接城市外围居住区和城中就业集中区的公交线路而言，在上班时间，大量乘客由居住地前往工作地，下班时间则正好相反。公交客流在线路上、下行分布的不均衡性一般用方向不均衡系数(unbalanced directional factor of passenger flow)表示，即在一条线路的最大客流断面上，高单向客流量与双向客流量的平均值之比[36]：

$$f_{\mathrm{d}}=\frac{\max(PFV_{\mathrm{u}},\ PFV_{\mathrm{d}})}{(PFV_{\mathrm{u}}+PFV_{\mathrm{d}})/2}=\frac{2\max(PFV_{\mathrm{u}},\ PFV_{\mathrm{d}})}{SPFV_{\mathrm{max}}} \tag{12-6}$$

式中 f_{d} ——公交客流方向不均衡系数；

PFV_{u} ——线路上行客流量；

PFV_{d} ——线路下行客流量；

$SPEV_{\mathrm{max}}$ ——最大断面客流量。

方向不均衡系数表示公交线路上、下行两个方向客流量的差别，线路上、下行两个方向上可能一天总客流量差别较大，也可能某时段(通常为高峰小时)客流量差别较大。

（3）断面不均衡系数。

断面不均衡系数[36](section non-equilibrium factor of passenger flow)，即在一条线路上，最大断面客流量与其他断面客流量的平均值之比：

$$f_s = \frac{SPFV_{\max}}{\sum_{i=1}^{m-1} \mid SPFV_{i(i+1)} - SPFV_{\max} \mid /(m-2)} \tag{12-7}$$

式中　f_s ——公交客流断面不均衡系数；

$SPFV_{\max}$ ——最大断面客流量；

$SPFV_{i(i+1)}$ ——站点 i 和站点 $(i+1)$ 之间的断面客流量；

m ——线路的站点数量。

公交线路沿线各断面的客流量不尽相同，常常呈现中间客流量大，两端客流量小的分布特征。通过计算和分析客流断面的不均衡系数，可以分析区间车开设的必要性。当断面不均衡系数大于 1 时，该路段就可视为高峰路段；当断面不均衡系数在 1.2～1.4，属于正常调节范围，不一定需要开设区间车；当断面不均衡系数超出临界值(1.2～1.4)时，则有开设区间车的必要。

12.2　公交运营水平评价

公交运营水平评价为公交运营者提供了最为直接的指导信息，找出公交运营的问题，为运营者所做决策提供支撑，同时也为乘客提供公交服务的真实水平认知。

公交运营主要有降低运营成本与提升服务质量两个目标。因此，公交运营水平评价自然就针对这两个目标展开。常见的公交运营水平评价指标如下。

1. 客运周转量

客运周转量(passenger person-kilometres)即乘客乘坐里程的总和，单位为人公里。

若已知各站点之间的 OD 流量情况，即可通过式(12-8)计算线路的客运周转量[36]：

$$PPK = \sum l_{ij} q_{ij} \tag{12-8}$$

式中　l_{ij} ——站点 i 和站点 j 之间的线路长度；

q_{ij} ——站点 i 和站点 j 之间的客流量。

若已知公交线路的断面客流量数据(即载客量)，则可通过式(12-9)计算客运周转量：

$$PPK = \sum l_i q_i \tag{12-9}$$

式中　l_i ——站点 i 和站点 $(i+1)$ 之间的线路长度；

q_i ——站点 i 和站点 $(i+1)$ 之间的断面客流量。

其中，站点间线路长度可以实测或使用 GIS 测量；站点间 OD 流量可以采用本书 7.5 节介绍的公交客流 OD 推导算法获取，断面客流量(即载客量)可以通过人工调查或本书 6.1 节介绍的 APC 数据计算获取。

2. 平均运距

平均运距(average haul distance)即乘客每次乘车的平均距离，单位为 km/次。以一条公交线路为例，设其客运总量为 Q，则其平均运距[36]计算公式为

$$AHD=\frac{PPK}{Q} \tag{12-10}$$

3. 运力利用率

运力利用率[36](carrying capacity utilization rate)即客运周转量与客位里程之比,用公式表示为

$$CCUR=\frac{PPK}{SK}\times 100\% \tag{12-11}$$

式中 $CCUR$ ——运力利用率;

PPK ——客运周转量,人公里;

SK ——客位里程,即运营车的客位数与载客里程的乘积,表示为乘客提供的运送能力,单位为客位公里。当车辆不行驶完线路全程时(如线路区间车),车辆行驶距离用调度数据表中的发车站点与到达站点间距代替。

4. 满载率

1) 车辆满载率

车辆满载率[36](loading rate)即载客量与额定载客量之比。车辆满载率是衡量公交乘客乘坐舒适性的重要指标,计算公式为

$$LR=\frac{PV}{RPC}\times 100\% \tag{12-12}$$

式中 LR ——满载率;

PV ——车内载客量;

RPC ——额定载客量,即车厢内座位数与额定站位数之和,也称客位数。

2) 线路满载率

线路满载率[36]即公交线路上各车辆满载率的里程加权平均值,计算公式为

$$LR_{\text{line}}=\frac{\sum(LR_{\text{k}}\times l_{\text{k}})}{\sum l_{\text{k}}}\times 100\% \tag{12-13}$$

式中 LR_{line} ——线路满载率;

LR_{k} ——车辆满载率;

l_{k} ——客流通过断面长度。

3) 断面满载率

断面满载率[36]是指在单位时间内特定断面上的车辆载客能力利用率。在实际情况下,断面满载率通常是指高峰小时单向最大客流断面的车辆载客能力利用率,计算公式为

$$LR_{\text{section}}=\frac{SPFV_{\max}}{RPC\times N}\times 100\% \tag{12-14}$$

式中 LR_{section} ——断面满载率;

$SPFV_{\max}$ ——最大断面客流量,人次;

RPC ——额定载客量，人；

N ——分析时段内经过断面的公交班次数，次。

5. 发车间隔

发车间隔(departure interval)是指同一线路相邻两车次驶离始发站的时距。发车间隔由调度人员控制，可以通过调度数据获取到。由于公交车辆在线路上的实际运营情况受道路交通运行状况以及乘客上、下车等随机因素影响，因此常常产生某些站点车辆串车或间隔过大的情况，这严重影响了乘客的乘车体验，增加乘客在站点的等待时间。所以，发车间隔是衡量公交服务水平的一项重要指标。发车间隔计算方法如下：

$$DI = T_i - T_{i-1} \tag{12-15}$$

式中　DI ——发车时间间隔；

T_i ——第 i 趟车的发车时间。

6. 周转时间

周转时间(turn around time)是指车辆在营业线路上完成一次从始站到末站再从末站到始站的运输过程所耗费的时间，等于两倍的单程时间与首、末站停站时间之和，即

$$TT = T_{\mathrm{up}} + T_{\mathrm{down}} + DT_{\mathrm{od}} \tag{12-16}$$

式中　TT ——周转时间；

T_{up} ——上行行驶时间，即上行各路段的行驶时间和站点停靠时间之和；

T_{down} ——下行行驶时间，即下行各路段的行驶时间和站点停靠时间之和；

DT_{od} ——首、末站停站时间。

一天内沿线客流及道路交通量具有不均衡性，故对车辆的周转时间有直接影响。因此，车辆周转时间须按照客流峰段来确定。

1) 站点车头时距及串车情况

站点车头时距即同一线路的相邻两车次驶离某车站的时距，计算公式如下：

$$time\_interval = T_{\text{后}} - T_{\text{前}} \tag{12-17}$$

式中　$time\_interval$ ——站点车头时距；

$T_{\text{后}}$ ——后车经过站点时间；

$T_{\text{前}}$ ——前车经过站点时间。

若两辆相邻公交车在任意位置的车头时距小于 0.5 min，则可认为这两辆公交车发生了串车。通常，导致两辆相邻公交车串车的原因主要有以下几方面：

(1) 前车在站点进行上、下客服务，车速降低，后车追上前车；

(2) 前车在交叉口处等待绿灯信号放行，车速降低，后车追上前车；

(3) 前、后两车由于速度随机性的影响在路段处发生串车。

2) 路段延误

相邻两个车站之间的行程定义为路段，路段中的交通状况常常会导致车辆通过路段时间的增加，实际运营时间和自由流运营时间的差值即为延误(delay)，自由流运营时间通常

以 15%分位运营时间表示。通过分析路段延误,可以得到路段运营时间的时空分布,从而判别对公交运行影响最大的路段及时段。

$$delay\_time = T_{实际} - T_{自由流} \qquad (12\text{-}18)$$

式中 $delay\_time$ ——路段延误时间;

$T_{实际}$ ——实际运营时间;

$T_{自由流}$ ——自由流运营时间。

参 考 文 献

[1] MOSKOWITZ K，RAFF M S. Waiting for a gap in a traffic stream[C]//Proceedings of the Highway Research Board，1954，33：385-395.

[2] NEWELL G F. A simplified theory of kinematic waves in highway traffic，part I：general theory[J]. Transportation Research Part B：Methodological，1993，27(4)：281-287.

[3] DAGANZO C F.Fundamentals of Transportation and Traffic Operations[M].Oxford：Pergamon Press Ltd，1997.

[4] KLEIN L A，MILLS M K，GIBSON D，et al. Traffic detector handbook：Volume Ⅱ[R]. 3rd.Federal Highway Administration，2006.

[5] KLEIN L A，MILLS M K，GIBSON D. Traffic detector handbook：Volume Ⅰ[R]. 3rd. Turner-Fairbank Highway Research Center，2006.

[6] 洪盛国.多普勒雷达探测器 AS-MMS525[J].电子世界，2003(8)：50-52.

[7] 徐勇军，高梅国，毛二可.智能运输系统中的雷达车辆检测器[J].北京理工大学学报，2001，21(2)：256-259.

[8] LI Y A，HUNG M H，HUANG S J，et al. A fully integrated 77GHz FMCW radar system in 65 nm CMOS[C]//Proceedings of the 2010 IEEE International Solid-State Circuits Conference，2010，53：216-217.

[9] 陈超.FMCW 毫米波雷达目标特征提取及分类研究[D].成都：电子科技大学，2020.

[10] 张存保，杨晓光.基于浮动车的道路交通信息采集系统研究[C]//第二届中国智能交通年会论文集.2006.

[11] WASHINGTON S P，KARLAFTIS M G，MANNERING F，et al.Statistical and econometric methods for transportation data analysis[M]. New York：Chapman and Hall/CRC，2003.

[12] 姜桂艳.道路交通状态判别技术与应用[M].北京：人民交通出版社，2004.

[13] BASNAYAKE C. Automated traffic incident detection with GPS equipped probe vehicles[C]//Proceedings of the the 17th International Technical Meeting of the Satellite Division of the Institute of Navigation.Long Beach，CA：The Institute of Navigation，2004：741-750.

[14] 张存保.基于浮动车的交通信息采集与处理理论及方法研究[D].上海：同济大学，2006.

[15] LI Xiaolei，LI Zhenhui，HAN Jiawei，et al. Temporal outlier detection in vehicle traffic data[C]//Proceedings of the 25th International Conference on Data Engineering，2009：1319-1322.

[16] HUANG C，WU X. Discovering road segment-based outliers in urban traffic network[C]//2013 IEEE Globecom Workshops (GC Wkshps). Atlanta，GA：IEEE，2013：1350-1354.

[17] BEI P，YU Z，WILKIE D，et al. Crowd sensing of traffic anomalies based on human mobility and social media[C]//Proceedings of the 21st ACM SIGSPATIAL International Conference on Advances in Geographic Information Systems，2013.

[18] 翁剑成，刘文韬，陈智宏，等.基于浮动车数据的出租车运营管理研究[J].北京工业大学学报，2010，36

(6)：779-784.

[19] YUAN J，ZHENG Y，ZHANG C，et al. T-drive：driving directions based on taxi trajectories[C]//Proceedings of the 18th SIGSPATIAL International Conference on advances in Geographic Information Systems，2010：99-108.

[20] CAO Lili，KRUMM J. From GPS traces to a routable road map[C]//Proceedings of the 17th ACM SIGSPATIAL International Conference on advances in Geographic Information Systems，2009：3-12.

[21] FATHI A，KRUMM J. Detecting road intersections from GPS traces[J]. Geographic information science，2010：56-69.

[22] CHEN Y，KRUMM J. Probabilistic modeling of traffic lanes from GPS traces[C]//Proceedings of the 18th ACM SIGSPATIAL International Conference on advances in Geographic Information Systems，2010：81-88.

[23] 宋拯，惠聪，张帆.移动通信技术[M].2 版.北京：北京理工大学出版社，2017.

[24] 何晓明.移动通信技术[M].成都：西南交通大学出版社，2017.

[25] 范志平，邓平，刘林.蜂窝网无线定位[M].北京：电子工业出版社，2002.

[26] 刘华斌.手机信令数据背景下城市交通出行方式选择辨识方法研究[D].北京：北京交通大学，2019.

[27] AHAS R，SILM S，JäRV O，et al. Using mobile positioning data to model locations meaningful to users of mobile phones[J]. Journal of urban technology，2010，17(1)：3-27.

[28] JIANG S，YANG Y，GUPTA S，et al. The TimeGeo modeling framework for urban mobility without travel surveys[J]. Proceedings of the National Academy of Sciences，2016，113(37)：E5370-E5378.

[29] 冉斌.手机数据在交通调查和交通规划中的应用[J].城市交通，2013，11(1)：72-81，32.

[30] AGUILéRA V，ALLIO S，BENEZECH V，et al. Using cell phone data to measure quality of service and passenger flows of Paris transit system [J]. Transportation Research Part C：Emerging Technologies，2014，43：198-211.

[31] 杨彬彬.基于手机信令数据的城市轨道交通客流特征研究[D].南京：东南大学，2015.

[32] 涂平平.红外 APC 乘客计数精度改进及公交客运量预测模型研究[D].重庆：重庆大学，2008.

[33] 徐斌，陈晓冰.基于红外传感器的城市客车客流统计系统的研制[J].客车技术与研究，2010，32(5)：12-14，17.

[34] 朱晓宏，丁卫东，孙泰屹.公交客流信息采集技术研究[J].城市车辆，2005(1)：55-56，4.

[35] WALLISCHECK E Y，WEISENBERGER T，BERTHAUME A，et al. Preliminary Strategic Analysis of Next Generation Fare Payment Systems for Public Transportation [R]. Washington，D. C.：Transportation Research Board of the National Academies，2015.

[36] 陈学武，李海波，侯现耀.城市公交 IC 卡数据分析方法及应用[M].上海：科学出版社有限责任公司，2014.

[37] 康健新.基于图像的车牌识别系统的设计和实现[D].吉林：吉林大学，2014.

[38] REDMON J，DIVVALA S，GIRSHICK R，et al. You only look once：Unified，real-time object detection[C]//Proceedings of the 2016 IEEE conference on computer vision and pattern recognition，2016，1：779-788.

[39] REDMON J，FARHADI A. YOLO9000：better，faster，stronger[C]//Proceedings of the 2017 IEEE conference on computer vision and pattern recognition，2017，1：6517-6525.

[40] REDMON J，FARHADI A. Yolov3：an incremental improvement [R]. arXiv e-print：1804.02767，2018.

[41] LIU W, ANGUELOV D, ERHAN D, et al.SSD: Single shot multibox detector[C]//Proceedings of the European conference on computer vision. Springer, 2016: 21-37.

[42] NEWSON P, KRUMM J. Hidden Markov map matching through noise and sparseness[C]//Proceedings of the 17th ACM SIGSPATIAL International Conference on advances in Geographic Information Systems, 2009: 336-343.

[43] SANAULLAH I, QUDDUS M, ENOCH M. Developing travel time estimation methods using sparse GPS data[J].Journal of Intelligent Transportation Systems, 2016, 20(6): 532-544.

[44] WU W, WANG Y, GOMES J B, et al. Oscillation resolution for mobile phone cellular tower data to enable mobility modelling[C]//Proceedings of the 2014 IEEE 15th International Conference on Mobile Data Management, 2014: 321-328.

[45] 许洪波，许金辉.基于手机信令的空间位置数据计算职住地[J].北京测绘，2016(6)：69-71，90.

[46] WANG F, CHEN C. On data processing required to derive mobility patterns from passively-generated mobile phone data[J]. Transportation Research Part C: Emerging Technologies, 2018, 87: 58-74.

[47] 邹戴晓，过秀成，樊钧，等.基于手机信令数据的苏州市域职住空间和通勤出行分析[J].现代城市研究，2018(12)：16-21.

[48] JI Y, MISHALANI R G, MCCORD M R. Transit passenger origin - destination flow estimation: efficiently combining onboard survey and large automatic passenger count datasets[J]. Transportation Research Part C: Emerging Technologies, 2015, 58: 178-192.

[49] 贾奕宁.基于下车和换乘行为一体化识别的公交客流 OD 推算研究[D].武汉：华中科技大学，2019.

[50] SMITH B L, SCHERER W, CONKLIN J H. Exploring imputation techniques for missing data in transportation management systems[J]. Transportation Research Record, 2003, 1836(1): 132-142.

[51] 姜桂艳，江龙晖，张晓东，等.动态交通数据故障识别与修复方法[J].交通运输工程学报，2004，4(1)：121-125.

[52] 裴玉龙，马骥.实时交通数据的筛选与恢复研究[J].土木工程学报，2003，36(7)：78-83.

[53] TUROCHY R E, SMITH B L. New procedure for detector data screening in traffic management systems[J]. Transportation Research Record, 2000, 1727(1): 127-131.

[54] KALMAN R E. A new approach to linear filtering and prediction problems[J]. Journal of Fluids Engineering, 1959, 82D: 35-45.

[55] 盛骤，谢式千，潘承毅.概率论与数理统计[M].北京：高等教育出版社，2008.

[56] 乔治 • H.邓特曼，何满镐.广义线性模型导论[M].林毓玲，译.上海：格致出版社，2019.

[57] 司守奎，孙兆亮.数学建模算法与应用[M].2 版.北京：国防工业出版社，2015.

[58] 王劲峰，廖一兰，刘鑫.空间数据分析教程[M].北京：科学出版社，2010.

[59] TAN Pang-Ning, STEINBACH M, KUMAR V. Introduction to data mining[M]. New Jersey: Addison-Wesley, 2013: 487-533.

[60] 安德里亚斯 • 穆勒.Python 机器学习基础教程[M].北京：人民邮电出版社，2019.

[61] PAYNE H J, TIGNOR S C. Freeway incident-detection algorithms based on decision trees with states [J]. Transportation Research Record, 1978(682): 30-37.

[62] 周志华.机器学习[M].北京：清华大学出版社，2016.

[63] 公安部道路交通管理标准化技术委员会.道路交通信息发布规范：GA/T 994—2017[S].北京：中国标准出版社，2018.

[64] BOARD T R. Highway Capacity Manual[M]. Washington D. C.: Transportation Research

Board, 2016.

[65] 全国智能交通运输系统标准化技术委员会.道路交通信息服务交通状况描述：GB/T 29107—2012[S].北京：中国标准出版社,2013.

[66] 全国道路交通管理标准化技术委员会.道路交通拥堵度评价方法：GA/T 115—2020[S].北京：中国标准出版社,2020.

[67] 北京市交通委员会.城市道路交通运行评价指标体系：DB11/T 785—2011[S].北京：[s.n.],2011.

[68] 中华人民共和国交通运输部.城市交通运行状况评价规范：GB/T 33171—2016[S].北京：中国标准出版社,2016.

[69] COIFMAN B A, MALLIKA R. Distributed surveillance on freeways emphasizing incident detection and verification[J]. Transportation research part A: policy and practice, 2007, 41(8): 750-767.

[70] PERSAUD B N, HALL F L. Catastrophe theory and patterns in 30-second freeway traffic data: implications for incident detection[J]. Transportation Research Part A: General, 1989, 23(2): 103-113.